应用型高等教育财经类专业“十三五”规划教材

财政学

张立巍　主编

上海财经大学出版社

图书在版编目(CIP)数据

财政学/张立巍主编．—上海：上海财经大学出版社，2017.8
(应用型高等教育财经类专业“十三五”规划教材)
ISBN 978-7-5642-2631-2/F·2631

Ⅰ.财…　Ⅱ.①张…　Ⅲ.①财政学-高等学校-教材
Ⅳ.①F810

中国版本图书馆CIP数据核字(2017)第203145号

□ 责任编辑　徐　超
□ 联系邮箱　1050102606@qq.com
□ 封面设计　张克瑶

CAI ZHENG XUE
财　政　学
张立巍　主编

上海财经大学出版社出版发行
(上海市中山北一路369号　邮编200083)
网　址：http://www.sufep.com
电子邮箱：webmaster @ sufep.com
全国新华书店经销
上海华业装潢印刷厂印刷装订
2017年8月第1版　2019年7月第2次印刷

787mm×1092mm　1/16　14印张　358千字
印数：3 001—4 500　定价：39.00元

前 言

教育部于2015年发布《教育部 国家发展改革委 财政部关于引导部分地方普通本科高校向应用型转变的指导意见》(教发〔2015〕7号),该意见提出了我国地方高校转型的指导思想,即贯彻党中央、国务院重大决策,主动适应我国经济发展新常态,主动融入产业转型升级和创新驱动发展,坚持试点引领、示范推动,转变发展理念,增强改革动力,强化评价引导,推动转型发展。高校把办学思路真正转到服务地方经济社会发展上来,转到产教融合校企合作上来,转到培养应用型技术技能型人才上来,转到增强学生就业创业能力上来,全面提高学校服务区域经济社会发展和创新驱动发展的能力。

为贯彻教育部关于地方高校转型的指导思想,各省纷纷推进地方高校的转型。吉林省制定了《关于加强普通高等学校分类管理和分类指导的意见》,明确提出,办好研究型、应用研究型、应用型、职业技能型四类大学。云南省发布《关于加强全省高等学校分类发展和分类管理的指导意见》,提出建设高水平大学、骨干特色高校、应用型本科高校、技术技能型高职院校四大类。四川省在《四川省关于引导部分地方普通本科高校向应用型转变的实施意见》中提出,全省建成15所普通本科转型发展示范院校、200个应用型示范专业、400门应用型示范课程,实现校企合作的应用型专业在转型高校中达到70%以上,应用型专业在校生占所在院校在校生的比例不低于80%。

应用型大学的建立,不仅需要国家的政策引导,还需要各高校改变人才培养模式,加强校企合作,提高学生的实践能力。这一过程中,作为人才培养的重要依托,需要加强应用型教材的建设工作。本教材正是顺应这一趋势而编写。本教材具有以下特色:

一是构建基于对分课堂的章节体系。对分课堂的实施分为三个环节:(1)精讲。告诉学生为什么学,学什么,怎么学。(2)独立学习和作业。学生课后独立学习,并完成作业,以此作为课堂讨论的依据。(3)小组讨论和全班交流。学生通过分组讨论形成共识,并进行全班交流,老师进行适当的总结。本教材充分体现了对分课堂的教学理念:

【内容导读】精讲环节。为学生指出为何学,学什么,怎么学。

【本章重点、难点和热点】精讲环节。结合重点、难点和热点,将知识呈献给学生。

【本章小结】独立学习和作业环节。参考本章小结,课后独立学习本章的内容。

【思考题】独立学习和作业环节。完成思考题,加深对课程知识的理解和掌握。

【案例分析】独立学习和作业环节。案例分析将培养学生独立分析问题、解决问题的能力。

【翻转课堂任务列表】小组讨论和全班交流环节。学生必须完成翻转课堂任务列表,作为小组讨论和全班交流的理论依据。

【学习实践】小组讨论和全班交流环节。学生必须完成学习实践,作为小组讨论和全班交流的实践依据。

二是体现应用性。通过紧密结合实际应用的思考题、案例分析和学习实践，扩充学生开放性思维，培养学生创新性思想，充分提高学生分析和解决实际问题的能力。本教材从课堂教学环节、课后独立学习环节到小组讨论和全班交流环节，都蕴含着从实践中发现问题，以理论知识加以解释，再回到实践的路径，避免各模块设置的空泛和不切实际。

三是突出行业性。本教材在案例分析模块中设计了两类案例，即一般性案例和化工行业案例。一般性案例具有通用性，符合各专业学生的学习要求。化工行业案例可供那些隶属于化工类院校或者有志于从事化工行业的学生学习使用，使这些学生具有一定的化工底蕴，未来更好地融入化工行业和企业。

本教材分为五部分：一是财政基本理论（第一、二章），二是财政支出（第三、四、五、六章），三是财政收入（第七、八、九、十、十一章），四是预算（第十二章），五是财政政策（第十三章）。

本教材编写中以应用性作为内在的逻辑，以对分课堂作为表现形式，以行业性作为重要依托，力求教材的编写能够符合应用型人才培养的要求。在撰写过程中参考和借鉴了大量资料，主要部分在参考文献中列出，但也有一部分因未查明出处而未能标示，在此一并表示感谢。感谢出版社员工的辛勤工作，感谢爱之翼学生团队的校对工作。

尽管做了努力，但是教材中肯定存在疏漏和不当，请各位专家和广大读者批评指正。

编　者

2017 年 7 月

目　录

第一章　政府与市场

【内容导读】

1. 为何学？本章属于《财政学》的导论。通过学习充分理解政府干预经济的理由，引出财政学学科存在的必要性，为后续财政学内容的学习奠定基础。

2. 学什么？在充分肯定市场效率的同时，认识到市场存在失灵；同时，在明确政府干预经济的前提下，认识到政府干预并不一定能够纠正市场失灵，其本身也可能存在政府失灵。

3. 怎么学？主要抓住政府干预经济（财政产生）的原因这条主线来展开学习，即：一是市场失灵引起政府的干预；二是政府本身也有干预经济的需要，而政府干预的一个重要内容就是财政干预。

【本章重点、难点和热点】

1. 重点：政府失灵的原因及表现。
2. 难点：外部效应和公共物品。
3. 热点：垄断和信息不对称。

第一节　市场效率

一、市场机制的作用

市场通常被形容为“一只看不见的手”，其通过价值规律调节着经济活动的运行。机制一词最早来自希腊文，其意义是指人们为了达到某种目的而制造的工具和采取的手段的总称。因此，市场机制是通过市场竞争配置资源的方式，即资源在市场上通过自由竞争与自由交换来实现配置的机制，也是价值规律的实现形式。具体来说，它是指市场机制体内的供求、价格、竞争、风险等要素之间互相的联系及作用机理。

亚当·斯密在其1776年发表的《国富论》中指出：“人类几乎随时随地都需要同胞的协助，但是要想仅仅依赖他人的恩惠，那是绝对不行的。他如果能够刺激他人的利己心，使其有利于他,并告诉其他人,给他做事是对他们自己有利,那么他要达到目的就容易得多了……我们每天所需要的食物和饮料,不是出自屠夫、酿酒师或面包师的恩惠,而是出自他们利己的考虑。每一个人……既不打算促进公共的利益,也不知道自己是在什么程度上促进那种利益……他所盘算的也只是他自己的利益。在这种场合下……他受着一只看不见的手的引导,会去尽力达到一个并非他本意想要达到的目的。他追求自己的利益,往往使他能比在真正出于本意的情况下更有效地促进社会的利益。”①

二、市场机制的内容

市场机制包括价格、供求、竞争和风险四类机制。四者之间互为因果,相互制约,各自发挥功能,又共同发挥作用。

(一)价格机制

价格机制是市场机制的核心,是引导资源配置的指示器。价格提高,将会促进生产,增加供给,抑制需求;反之,则会减少供给,刺激需求。通过市场价格的调节,使资源在各个生产部门之间保持适当的比例。因此,价格机制是指在市场竞争过程中,市场上某种商品市场价格的变动与市场上该商品供求关系变动之间的有机联系的运动。它通过市场价格信息来反映供求关系,并通过这种市场价格信息来调节生产和流通,从而达到资源合理配置。

(二)供求机制

供求机制是市场机制的主体。供求连接着生产、交换、分配、消费等环节,是生产者与消费者关系的反映与表现。供求双方既相互对立,又相互依赖。生产者、经营者根据供求的变化不断调节生产经营活动,引导人、财、物在全社会的配置。

(三)竞争机制

竞争机制是市场机制的灵魂。通过买者之间、卖者之间、买卖双方之间围绕价格和质量方面的较量,使社会资源不断向效益高、急需发展的产业和企业流动,价值规律的要求得以贯彻。

(四)风险机制

风险机制是市场机制的基础机制。在市场经营中,任何企业在从事生产经营中都会面临着盈利、亏损和破产的风险。风险机制是指风险与竞争及供求共同作用的原理,在利益的诱惑下,风险作为一种外在压力同时作用于市场主体。风险机制是市场运行的约束机制。它以竞争可能带来的亏损乃至破产的巨大压力,鞭策市场主体努力改善经营管理,增强市场竞争实力,提高自身对经营风险的调节能力和适应能力。

市场机制就是在上述四要素之间相互联系、相互依存、相互制约中发挥着优化资源配置的作用。在风险的约束下,通过竞争,价格在供求的影响下围绕价值上下波动,引导社会资源合理配置。

三、市场机制的效率

福利经济学第一基本定理告诉我们,在满足两个假设的前提下,帕累托效率的资源配置就会出现:所有生产者和消费者的行为都是完全竞争的,也就是说,没有人拥有任何垄断权力;每一种商品都有市场。实际上,这种结论告诉我们,竞争的经济会自动地实现有效的资源配置,无须任何集权性指导。

---

① 亚当·斯密.国富论.陈星译.北京:北京联合出版公司,2013.

以化工行业为例。我国石化、化工行业“十二五”发展迅猛，行业整体规模持续增长，2015年，石化化工产值超过12.74万亿元(石化行业实现主营收入3.9万亿元，化工行业实现主营收入8.84万亿元)，中国石化、化工行业业务规模已经占到国内工业经济总量的20%，占世界石化、化工行业总量(约5万亿美元)的35%以上。国内石化化工企业规模实力明显增强。中国石化、中国石油、中国海油、中国化工、中化集团均已进入世界500强；陕西延长石油、湖北宜化、天津渤海化工、上海华谊、云南云天化的石化化工板块产值均超过500亿元；销售收入在3亿元以上的企业数量由2010年的325家增加到2015年的近900家。据初步统计，全国各级各类化工园区约850个。

如此庞大的化工行业，如果仅仅靠政府进行调控和监管的话，几乎是难以完成的任务。但是市场机制会自动发生作用，通过中国石化、中国石油、中国海油、中国化工、中化集团等大型龙头集团公司对中间产业链的数以万计的中小型企业在产品质量和数量等方面产生内在的引导功能，进而这些中小型企业又对无数原材料等小企业进行自发的调控。也就是说，在化工行业链条中由龙头企业加中小型企业和无数依附于化工企业的其他相关利益企业共同组成了整个行业。其中，错综复杂的利益关系、行业的兴衰等问题都是由市场机制在起基础调节作用。

福利经济学是研究社会经济福利的一种经济学理论体系，它是由英国经济学家霍布斯和庇古于20世纪20年代创立的。庇古在其代表作《福利经济学》《产业变动论》《财政学研究》中提出了“经济福利”的概念。福利经济学包括第一基本定理和第二基本定理。第一定理阐述了在满足假设的前提下，市场能够自动达到帕累托最优；第二定理告诉我们，政府可以通过改变要素禀赋在社会成员之间的分配，达到政府和社会追求的公平，再允许社会成员自动交换和消费，进而达到市场自动帕累托最优。第二定理提供了政府为达到社会目标而干预经济的理由；第一定理虽然强调不需要政府的干预，但是当假设条件不满足时，市场会失灵，也为政府干预提供了理由。无论如何，市场机制确实是高效率运行的，在资源配置中起到基础性作用。有一个小故事这样描述市场的作用：一群武校的学生要毕业了，老师谆谆告诫他们，出去以后，千万不能和经济学家过招，因为他们都有一只看不见的手。

第二节　市场失灵

一、市场影响力

只有当所有消费者和企业都是价格接受者时，第一福利定理才成立。如果有些人或企业是价格制定者(他们拥有影响价格的能力)，那么资源配置一般是低效的。价格制定行为可能出现在以下几种情况下：一是垄断(只有一个卖者)或寡头垄断(有几个卖者)；二是某些行业拥有许多企业，但每个企业的产品具有差异性，因而每个企业都拥有一定的市场影响力。其中，第二种情形并不具有代表性，我们主要围绕垄断问题展开分析。

在市场经济里，垄断指在生产集中和资本集中高度发展的基础上，一个大企业或少数几个大企业对相应部门产品生产和销售的独占或联合控制。垄断可以分为两种情况：国家垄断；市场垄断。国家垄断的根源是因为其手上掌握大量的资源，比如像我国的中石油、国有银行、钢铁行业等。市场垄断的根源是竞争，由于竞争所带来的规模扩大以及对利润的追求，其会不断地兼并或者消灭对手，从而形成寡头垄断，像美国的托拉斯、德国的卡特尔、日本的康采恩等。

市场机制要求自由竞争，但是自由竞争的结果却可能导致垄断的产生。垄断诞生于自由竞争，却又对自由竞争的市场机制产生制约。垄断通过影响竞争机制，进而影响供求机制和价格机制，使得消费者缺少自主消费的选择空间，也挤占了生产企业的竞争空间。

反垄断的主要措施是从政府的角度出发，颁布反垄断法，遏制企业的垄断行为，保证或恢复市场的竞争活力。2008 年 9 月 3 日，可口可乐公司宣布，计划以 24 亿美元收购汇源果汁集团。收购完成后，可口可乐公司可能利用其在碳酸软饮料市场的支配地位，搭售、捆绑销售果汁饮料，或者利用其他方式，限制果汁饮料市场竞争，进而损害饮料消费者的合法权益。品牌是影响饮料市场有效竞争的关键因素。收购完成后，可口可乐通过控制"美汁源"和"汇源"两个知名品牌，在中国的果汁市场占到约 35%的份额，对市场控制力将明显增强，加之其在碳酸饮料市场的支配地位，将明显增加潜在竞争者进入果汁市场的难度。而且，并购将挤压国内中小型果汁企业生存空间，抑制国内企业在市场中参与竞争和自主创新的能力，给中国果汁饮料市场有效竞争格局造成不良影响，不利于这一行业的健康发展。可口可乐公司收购汇源公司案在 2009 年 3 月 18 日终于尘埃落定，商务部当天通报说，由于这一收购案将对竞争产生不利影响，因此作出了禁止收购行为的决定。这是自 2008 年 8 月我国《反垄断法》实施以来，首个未通过反垄断审查的案件。

二、市场不存在

第一福利定理的论证有一个暗含假定，即每种商品都有市场。现实中，可能导致市场不存在从而产生低效率的原因有三：一是信息不对称。交易中的一方拥有信息，而另一方得不到。二是外部性。即一个人的行为影响另一个人的福利的情形。在存在外部性的情况下，私人边际成本就会背离社会边际成本，从而造成社会边际成本与社会边际收益相背离。三是公共物品，免费搭车者难题会使公共物品提供不足。

（一）信息不对称

信息不对称是指交易中的各人拥有的信息不同。在社会政治、经济等活动中，一些成员拥有其他成员无法拥有的信息，由此造成信息的不对称。在市场经济活动中，各类人员对有关信息的了解是有差异的，掌握信息比较充分的人员，往往处于比较有利的地位，而信息匮乏的人员，则处于比较不利的地位。

信息不对称会导致逆向选择和道德风险。逆向选择，是指这样一种情况，即市场交易的一方如果能够利用多于另一方的信息使自己受益而对方受损时，信息劣势的一方可能会做出与常规选择不一致的决定。比如在供求中，本来按常规降低商品的价格，该商品的需求量就会增加；提高商品的价格，该商品的供给量就会增加。但是，由于信息的不完全性和机会主义行为，有时候，降低商品的价格，消费者也不会做出增加购买的选择(因为可能担心生产者提供的产品质量低，是劣质产品，而非原来他们心中的高质量产品)；提高价格，生产者也不会增加供给。所以，可以把这种异于常规的选择称为"逆向选择"。

道德风险是 20 世纪 80 年代西方经济学家提出的一个经济哲学范畴的概念，即从事经济活动的人在最大限度地增进自身效用的同时做出不利于他人的行动。或者说，当签约一方不完全承担风险后果时所采取的自身效用最大化的自私行为。道德风险亦称道德危机。道德风险并不等同于道德败坏。在经济活动中，道德风险问题相当普遍。获 2001 年度诺贝尔经济学奖的斯蒂格里茨在研究保险市场时，发现了一个经典的例子：美国一所大学学生自行车被盗比率约为 10%，几个有经营头脑的学生发起了一个对自行车的保险，保费为保险标的 15%。按常理，这几个有经营头脑的学生应获得5%左右的利润。但该保险运作一段时间后，这几个学生发现自行车被盗比率迅速提高到15%以上。何以如此？这是因为自行车投保后，学生们对自行车安全防范措施明显减少。在这个例子中，投保的学生由于不完全承担自行车被盗的风险后果，因而采取了对自行车安全防范的不作为行为。而这种不作为的行为，就是道德风险。可以说，只要市场经济存在，道德风险就不可避免。

总之，由于信息不对称问题，人们会做出反常的经济行为，这种行为会引起价格机制的失效，市场机制的失灵。

对二手车市场的分析与研究，让美国经济学家阿克洛夫获得了2001年度诺贝尔经济学奖。阿克洛夫对信息经济学最大的贡献是不对称信息理论，而这个理论的起点就是他对美国二手车市场的研究。1970年，由阿克洛夫撰写的《柠檬市场：产品质量的不确定性与市场机制》一文在哈佛大学《经济学》季刊上发表后，在学界引起巨大反响，并在30年后帮助他拿下诺贝尔经济学奖。在美国，柠檬代表次品，与优品李子相对。根据阿克洛夫的模型，在二手车市场，由于卖家比买家拥有更多的信息，两者之间的信息是非对称的。买者肯定不会相信卖者的话，即使卖家说得天花乱坠。买者唯一的办法就是压低价格以避免信息不对称所带来的风险损失。买者过低的价格也使得卖者不愿意提供高质量的产品，从而低质品充斥市场，高质品被逐出市场，最后导致二手车市场萎缩。这也就是人们通常所说的"劣币驱逐良币"，其根源就在于买卖双方的信息不对称。阿克洛夫这篇文章发表于1970年，如果美国二手车市场按照这个理论模型走下去，肯定早就完蛋了。然而，现实却完全相反。据统计，2014年美国新车销售量1 600万辆，但二手车交易量却达到4 200万辆左右，形成了将近700亿美元的市场规模。美国二手车市场的阿克洛夫噩梦，之所以没有变成现实，主要原因在于买卖双方信息不对称僵局被打破了。为了消除二手车交易过程中的信息不对称，美国政府及同行做了大量工作，概括起来有以下四点：(1)使用识别码，建历史档案。美国有专业而且独立的汽车评估公司，利用车辆识别代码(VIN)的唯一性，为每辆车建立档案，撰写《车辆历史报告》，保证车辆信息的准确性和公正性，让车况真正透明起来。(2)健全二手车市场法规。《二手车法规》是针对美国二手车流通管理的一部最重要的规定。同时，政府规定二手车经销商在出售二手车的同时，必须填写完整的《购买指南》，并张贴在车内的明显位置，以供买方参考。其主要内容包括车辆的基本信息、质量状况、维修历史、厂家或经销商的质保承诺等重要信息。(3)推广认证制度。美国二手车质量的认证制度，是由汽车生产商或者大型经销商对二手车进行全方位的质量检测，以确保汽车的品质达到一定的出售标准。尽管认证的二手车要比没有经过认证的二手车平均售价高出1 000～1 500美元，但由于认证二手车的质量得到了保证，并可享受保修服务，消费者对二手车质量存在的顾虑便得以解决。(4)完善的售后服务保障。经过认证的二手车在一定时期内享受与新车同样的售后保障。在美国某些地方，如果消费者对已经购买的二手车不满意，在确保旧车未遭损害且行车未满300英里或购车不足3天的情况下，购车款可全额退还给消费者。这样的服务给予二手车用户充分的购买信心。

(二)外部效应

外部效应又称为外部性、外在性和外部经济等，指一个人或一群人的行动和决策使另一个人或一群人受损或受益，而且没有补偿或获得任何好处的情况。外部效应是经济主体(包括厂商或个人)的经济活动对他人和社会造成的非市场化的影响，即一方市场主体不是通过市场机制来影响另一方市场主体。外部效应分为外部正效应和外部负效应。外部正效应是指某个经济行为个体的活动使他人或社会受益，而受益者无须花费代价；外部负效应是指某个经济行为个体的活动使他人或社会受损，而造成负外部性的人却没有为此承担成本。

以外部负效应为例。如图1－1，假设有一家捕鱼公司，同时期附近有一家往河水中排污的钢铁企业。*MB* 是钢铁企业的边际收益；*MPC* 是钢铁企业的私人边际成本，即不考虑社会成本；*MD* 是钢铁企业对捕鱼公司造成的边际损害，即钢铁公司每生产一单位的产量往河中排放的污染物将会对捕鱼公司造成的损害；*MSC* 是社会边际成本，即钢铁公司每生产一单位的产量的私人边际成本加上边际损害的总和。根据边际收益等于边际成本的企业生产要求，钢铁公司会选择产量为 Q_1 的数量生产。但是这时并没有真实反映钢铁公司的成本，并没有把边际损害计算在内。如果考虑社会边际成本，对社会最优的产量为 Q^*。从 Q_1 到 Q^* 过程中捕鱼公司减少的损害（也就是获得的利益）为面积 *cdhg*，钢铁企业失去的利益为面积 *cdg*，整个社会获得了面积为 *dhg* 净收益。边际损害就是钢铁企业对捕鱼公司造成的外部负效应，钢铁企业只会选择私人边际成本作为参考，即产量为 Q_1，而不会自动考虑对捕鱼公司的损害，产量不会到达 Q^*。换句话说，考虑了边际损害，社会产量 Q^* 能够获得净收益 *dhg*，而实际上的产量 Q_1 使得社会没有获得应该获得的面积 *dhg*。这就是由于外部负效应的存在所导致的一种效率损失。

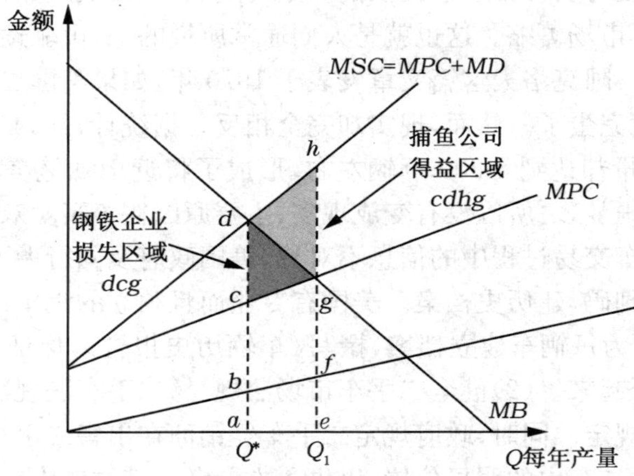

图1－1 外部效应的产生

解决外部效应的方法有两大类：

一是从私人部门角度解决，包括运用科斯定理、合并和社会传统。科斯定理是将产权分配给市场主体的一方，这样另一方就会拉拢这一方达成协议，最终解决外部效应；合并是将涉及外部效应的两方组成一个新的主体；社会传统是通过传统习俗，如不准乱扔垃圾、不准大声喧哗等道德因素消除外部效应。

二是公共部门的解决方法。其一，税收和补贴，通过税收提高企业的成本或者给予补贴减少污染企业的生产都会促使污染企业产量减少。其二，征收排污费和总量控制与交易。针对污染企业的污染量征收排污费，或者发行社会认可数量的污染许可证，并允许企业之间交易污染许可证，获得污染许可证的企业可以按照污染许可证上标示的数量排污。这两者归为一类是因为它们都会使得企业减少最后一单位污染的边际成本相等。其三，是命令和控制手段，即通过政府的行政命令一刀切地减少污染数量，比如可以通过将污染减少量在所有企业中均分指标，强制所有企业安装减少污染的净化装置等。

（三）公共物品

公共物品是指公共使用或消费的物品。公共物品是可以供社会成员共同享用的物品，严格意义上的公共物品具有非竞争性和非排他性。所谓非竞争性，是指某人对公共物品的消费并不会影响别人同时消费该产品并从中获得效用，即在给定的生产水平下，为另一个消费者提供这一物品所带来的边际成本为零。所谓非排他性，是指某人在消费一种公共物品时，不能排除其他人消费这一物品，或者排除的成本很高。从消费角度来说，不交钱可以消费是非排他性，谁交钱谁消费是排他性。

由于公共物品的非竞争性和非排他性，一个理性的人通常会做免费搭便车的行为。免费搭车，是指不承担任何成本而消费或使用公共物品的行为。有这种行为的人或具有让别人付钱而自己享受公共物品收益动机的人成为免费搭车者。公共物品一旦提供了，由于其非竞争和非排他的特性，无法将任何消费者排除在该公共物品的消费范围之内，在消费上没有交钱的消费者会获得同样的效用。如果每一个有理性的人都是秉承这一思路，就没有人愿意提供公共物品，最终导致公共物品的提供数量不足。

解决免费搭车者难题的方法有两大类：

一是政府的干预。如政府通过税收，使用强制权力迫使人们为公共物品付款。

二是市场角度的解决方法。其一，市场的自我解决。免费搭车者难题并不是始终存在的，在某些领域人们会自主地提供某些公共物品，如希望小学等。这可以看作是“送温暖”的慈善行为，属于市场的道德层面的解决方法。其二，有计划的市场措施。例如，采用新技术，比如通过新型电视卫星信号的加密技术，使得那些通过私自安装“卫星信号接收器”即俗称小锅盖来接收公共电视信号的消费者须通过交费才能收看电视节目；捆绑销售，即将私人产品和公共产品结合在一起，比如通过将房屋的公共面积和私人面积捆绑在一起销售，当消费者为私人面积买单时，也不得不为公共面积掏钱；转移服务，即将公共服务转移到更容易实现付款业务的其他服务上，比如将灯塔服务转移给港口主，当船只进港时，船主必须为其享受的灯塔引导服务付出费用；产权分配，即通过将公共物品的产权分配给私人或私人团体，使得公共物品的提供更有保证，比如一些非洲国家在面对野生大象被盗猎，数量急剧减少时，通过将野生大象种群按照区域分配给各部落，由各部落拥有野生大象的产权，从而这些部落对野生大象的态度发生了极大转变，积极保护大象，严禁盗猎行为，有规划地开发大象资源，一段时间后，野生大象数量迅速回升。有计划的市场措施可以归类为市场经济层面的解决方法。

第三节　政府干预

市场失灵为政府干预经济提供了一个很好的理由；同时，政府为了实现既定的经济目标也会主动干预经济。政府干预经济主要有如下渠道：经济手段；行政手段；法律手段。

一、经济手段

经济手段是指政府在自觉依据和运用价值规律的基础上借助于经济杠杆的调节作用，对国民经济进行宏观调控，调节各方利益关系、控制公共目标的管理方法。经济手段在作用方式上表现为利用利益引导机制间接影响被管理者行为，凝聚实现管理目标的组织力量，调动社会成员的积极性，使社会成员将个人利益与公共利益进行有机的统一，促进经济效益与社会效益协调发展。

经济手段一般指财政政策和货币政策。财政政策是指国家根据一定时期政治、经济、社会发展的任务而规定的财政工作的指导原则，通过财政支出与税收政策来调节总需求。增加政府支出，可以刺激总需求，从而增加国民收入；反之，则压抑总需求，减少国民收入。税收对国民收入是一种收缩性力量，因此，增加政府税收，可以抑制总需求从而减少国民收入；反之，则刺激总需求，增加国民收入。货币政策主要是指通过中央银行调节货币供应量，影响利息率及经济中的信贷供应程度来间接影响总需求，以达到总需求与总供给趋于理想的均衡的一系列措施。

二、行政手段

行政手段，是指国家通过行政机构，采取带强制性的行政命令、指示、规定等措施，来调节和管理经济的手段。行政手段在现实生活中是很常见的，比如工商局的检查、税务的查税、政府的命令等。

行政手段有一定的长处，不能忽视。一是能维持行政管理系统的集中统一，便于充分发挥行政组织的管理功能。我国的各级行政机关，按照人民的意志和愿望，通过各种命令、指示、规定、决定和严格的组织纪律，以及计划、组织、指挥、协调、监督、控制等活动，可以保证整个国家行政管理系统及其管理活动，朝着一个共同的目标前进，并逐步达到既定目的。二是具有一定弹性，能比较灵活地处理各种特殊问题。行政领导者可以根据行政管理过程中出现的新情况、新问题，比较灵活地、有针对性地发布指示、命令等，及时处理问题。在处理特殊问题上，它比法律方法灵活；在排除管理故障上，它比经济方法及时有效。三是有利于政府直接领导、协调和控制关系国计民生的重大事业的发展。

但是，行政手段也有一定的局限。一是不利于发挥下级的积极性、主动性和创造性。不适当地单纯运用它，就会形成权力过分集中于上级、下级有职无权，养成对上级的依赖性以及执行上级指示的被动习惯和消极意识。二是信息传递迟缓，容易失真。如果发讯者的权威小，则信息传递缓慢，接受率低；尤其在机构庞大、层次繁多的情况下，则信息传递必然拖延、失真。因此，对于行政指令方法，不能单纯依靠，而应与法律、经济诸法有机配合使用；特别需从实际出发，按客观规律办事，正确命令指示，防止主观主义、瞎指挥和简单强迫命令。

三、法律手段

法律手段是指国家依靠法律的强制力量来规范经济活动，保障经济政策目标实现的手段。国家通过立法和司法，调节和规范经济活动。运用法律手段进行宏观调控的作用在于，把市场经济主体行为、市场经济运行秩序、国家对市场经济的宏观调控等纳入法制轨道，依法调控，增强宏观调控行为的合法性和权威性。为了进一步提高宏观调控政策的约束力，对需要长时间坚持的重要的政策应将其纳入法制轨道，上升为法律，以加大执行力度。比如，为了应对垄断，国家制定《反垄断法》就是法律手段的表现。

第四节　政府失灵

市场经济需要政府干预，这是毫无疑问的；但政府干预并非总是有效的，市场机制存在失灵问题，政府干预也存在失效的问题。政府的运行是以政治权力为基础和前提的，而经济是政治的基础，政治权力不能创造财富，却可以支配财富，甚至凌驾于经济之上支配经济，这正是政府可以干预经济及政府干预失效的根本原因。恩格斯在论述暴力在历史中的作用时指出："在政治权力对社会独立起来并且从公仆变为主人以后，它可以朝两个方向起作用。或者按照合乎规律的经济发展的精神和方向去起作用，在这种情况下，它和经济发展之间就没有任何冲突，经济发展就加速了。或者违反经济发展而起作用，在这种情况下，除去少数例外，它照例总是在经济发展的压力下陷于崩溃。"[①]政治体制和经济体制是相辅相成的，政治体制改革和经济体制改革必须相互适应，政治体制改革迟滞，必然会导致经济改革效率的损失并制约经济的发展。因此，建立"统一、高效、公正、廉洁"的政府，健全政府机制，转变政府职能，简政放权，以政府权力的"减法"换取市场活力的"乘法"，是经济改革的内在要求，也是社会经济发展的重要保证。

政府干预经济失效的原因及表现可能发生在诸多方面：

一、政府决策失误

大的方面包括发展战略和经济政策失误，小的方面包括一个投资项目的选择或准公共物品提供方式选择不当等，而政府决策失误会造成难以挽回的巨大损失。比如，提供居民出行便利的城市交通是由政府举办还是由企业举办？是发展公共交通还是鼓励购买私家车？是建设地铁还是地上轻轨？

二、寻租行为

在市场经济特征下，几乎不可避免地会产生由于滥用权力而发生的寻租行为，也就是公务员（特别是领导人员）凭借人民赋予的政治权力，谋取私利、权钱交易、化公为私、受贿索贿，为"小集团"谋福利，纵容亲属从事非法商业活动，等等。在西方经济学体系中还有一类特殊利益集团，为了获得超额利润，特殊利益集团会游说政府颁发特别法令或规制，以有利于特殊利益集团攫取利益。

三、政府提供信息不及时甚至失真

政府提供信息不及时甚至失真，也可视为政府干预失误。这里且不说政府提供的经济信息有可能失真或不及时，仅就政府提供的信息是多方面的而言，诸如经济形势判断、气象预报、自然灾害预测等都是引导经济运行的重要信息，一旦失误，都会带来不可估量的损失。

四、政府职能的"越位"和"缺位"

这种政府干预失效主要可能发生于经济体制转型国家。经济体制转型的一个核心是明确政府与市场的关系，规范政府的经济行为，转变政府的经济职能，其中包括转变财政职能。如前所说，政府干预是为了弥补市场失灵，而政府干预失效，是指政府干预非但没有弥补市场失灵，反而干扰了正常的市场规则，损害了市场效率。财政职能的"越位"，是指应当而且可能通过市场机制办好的事情，政府却通过财政手段人为地参与，如政府热衷于竞争性生产领域的投资，代替了市场职能。财政职能的"缺位"，是指该由政府通过财政手段办的事情，财政没有办

---

① 崔伟奇，翟俊刚.《反杜林论》导读.北京：中国民主法制出版社，2012.

或者没有办好,如公共设施、义务教育、公共卫生、环境保护等投入不足等,都是政府干预失效或财政失职的表现。当然,政府职能和财政职能的规范和转变,要靠经济体制和政治经济体制整体改革的逐步到位来实现,需要一个相当长的过程。但可以说,规范政府的经济行为,转变政府职能和财政职能,是建设社会主义市场经济体制的一个基本理论和实践问题。政府的经济行为缺乏规范,政府职能和财政职能没有真正转变,就不能说已经建成社会主义市场经济体制,从而政府干预效率也就不能达到理想状态。

【本章小结】

市场机制对资源配置起到基础性作用,通过价格、供求、竞争和风险四类机制发生作用。由福利经济学第一定律可知,市场能够自动达到帕累托最优;然而,当存在垄断等对市场有影响力的情况和因为信息不对称、外部效应和公共物品等原因导致的市场不存在情况都会引起市场失灵。因此,政府可以通过经济手段、行政手段和法律手段进行干预。但是,市场失灵只是为政府提供了干预经济的理由,并不意味着政府就一定比市场做得好,也可能会出现政府干预失灵,其原因和表现可能是政府决策失误、寻租行为、政府提供信息不及时甚至失真、政府职能的"越位"和"缺位"。

【思考题】

1. 辨析题:政府干预的是经济而不是市场。

2. 辨析题:当市场失灵时,政府做得一定比市场好。

3. 知识应用题:应用信息不对称知识分析,现如今流行的情感相亲节目中情感专家的作用。

4. 知识应用题:有人认为,即使节假日期间龙潭山公园人多拥挤,但该公园仍然是公共物品。请应用公共物品的知识分析,上述论断是否正确?

【案例分析】

案例一(外部效应案例)

20 世纪初的一天,列车在绿草如茵的英格兰大地上飞驰。车上坐着英国经济学家 A.C.庇古。他边欣赏风光,边对同伴说:列车在田间经过,机车喷出的火花(当时是蒸汽机车)飞到麦穗上,给农民造成了损失,但铁路公司并不用向农民赔偿。这正是市场经济的无能为力之处,称为"市场失灵"。

将近 70 年后,1971 年,美国经济学家乔治·斯蒂格勒和阿尔钦同游日本。他们在高速列车(这时已是电气机车)上想起了庇古当年的感慨,就问列车员:铁路附近的农田是否受到列车的损害而减产。列车员说:恰恰相反,飞速驰过的列车把吃稻谷的飞鸟吓走了,农民反而受益。当然,铁路公司也不能向农民收"赶鸟费"。这同样是市场经济的无能为力,也称为"市场失灵”。

同样一件事情在不同的时代与地点结果不同，两代经济学家的感慨也不同。但从经济学的角度看，火车通过农田无论结果如何，其实说明了同一件事：市场经济中外部性与市场失灵的关系。

（资料来源：第一文库网）

请回答：

(1)在这个案例中外部效应是正的还是负的？怎么体现的？

(2)如何解决外部效应？可举例说明。（至少3种解决方法）

案例二(公共物品案例)

2004年，我国发生了举世震惊的阜阳劣质奶粉事件。由于安徽某农民的举报，销售和贩卖劣质婴儿奶粉的行为被揭露，在新闻媒体和国务院调查组的多次深入调查和密切关注下，不法商贩和相关责任人受到了法律的制裁。仅在阜阳地区，受劣质奶粉危害而住院的婴儿就有189名，而且这些奶粉还流入其他省份，造成了广泛的恶劣后果，引发了全国范围内对于奶粉质量的大检查。对于这次事件，某著名政治学者在一份影响甚大的刊物上有详尽的评论，他认为：“在消费意义上，奶粉是一种私人物品，但在市场意义上，它是公共物品。任何公共物品，都可能导致公共问题。要解决公共问题，就需要有一个良好的公共空间，让各个方面来表达各自的意见和利益，在自由、开放、公平的公共空间里，消费者、生产厂商和政府官员，都能够多方面了解有关奶粉的信息，更好地理解奶粉的问题，并采取相应的有利于自身利益又有利于公共利益的对策。高质量的公共空间，可以说是高质量的奶粉市场的公共智慧基础。”

某新闻媒体在对网吧、超市、饭店等公共场所的卫生状况进行采访后，在一则新闻中写道：“公共马桶蹲着用，这是因为人们担心卫生安全。但是，每天与人进行‘亲密接触’的公共物品还有很多：网吧里的电脑键盘、小饭馆的菜单、大卖场的手推车和购物篮、公交车上的抓手……”

（资料来源：百度文库）

请回答：

(1)判断公共物品的标准是什么？

(2)奶粉是公共物品吗？“某著名政治学者”的观点错在哪里？“网吧里的电脑键盘、小饭馆的菜单、大卖场的手推车和购物篮、公交车上的抓手”，这些是公共物品吗？“新闻报道”的内容错在哪里？给出具体分析。

(3)请举出2个纯公共物品的例子，分析其为什么是纯公共物品。并谈谈你对公共物品的理解。

案例三(外部效应和公共物品综合案例)

资料一：2009年7月30日《法制日报》报道，广州拟对车辆征收道路拥挤费遭质疑。记者从广州市市政部门获悉，历时3年多研究规划的《广州市城市交通改善实施方案》已经获得全国专家评审通过，目前正抓紧形成最终报告报广州市政府批准。一旦获批，该方案将成为广州未来10～15年交通发展的参考依据。据悉，该方案将学习新加坡收取道路拥挤费，尝试通过红外线感应等方式，对进入某收费区域的车辆实施自动计费。

该方案中建议：减少繁忙时段和繁忙路段的交通负荷，收取道路拥挤费。道路拥挤收费在广州采用先小范围试点，再逐步扩大的策略，收费试点区域先考虑老城区或者天河地区。

该方案一露面，立即引来质疑声一片。记者来到或将成为收费试点的广州市天河路采访。

这里正在进行快速公交系统(BRT)的建设,道路十分拥堵。记者问了几位驾车者,他们对此方案大都表示不解。

司机胡先生说:"作为车主,我们已经向政府缴纳了所需的所有行政规费及税费,就应该有权自由使用公共道路,额外再加收车主的费用,显然没有道理。"

从事法律工作的张小姐表示,政府向车主征收道路拥挤费,有点本末倒置了。车主向政府缴纳了相关的规费,政府就有义务向车主提供便利畅通的交通条件,道路拥挤给驾车者及纳税人带来了不便,是政府的责任,类似于前两年发生的因"高速公路不高速"而被驾车者诉讼赔偿一样,政府理论上应赔偿车主的损失。

"政府已经收取用车者行政规费,额外加收费用是不合理的,显失公平,而且也欠缺实际操作性。"广东合邦律师事务所主任杨爱斌这样认为。他说,轿车走入普通家庭正进入普及阶段,征收对象已经是大数量的普通市民群体,通过行政权力额外增加普通市民的经济负担,在合理性、公平性和可行性上均存在问题。

资料二:新加坡是最早将道路拥挤收费理论付诸实践并获得成功的国家。其发展经历了从最初的区域通行证方案(Area Licensing Scheme)到电子收费系统(ERP)两个阶段。政府将中心商业区最拥挤的725公顷划做拥挤收费控制区,高峰时段出入该地的车辆必须出示事先购买的通行证。经十多年的运行,证明了该措施的有效性。高峰时段出入该区域的车辆减少了44.5%。车辆行驶速度从25公里/小时提高到33公里/小时。出行方式向公共交通转移,乘坐公共交通的比例从33%提高到69%。1995年,新加坡在其东海岸公园大道施行了交通拥挤收费,1998年5月改为ERP系统,该系统更加方便、公平、可靠。方案实施后,同样取得了很好的效果。

挪威政府分别在奥斯陆实施了环行通行收费系统(Tool Ring System),在卑尔根采用了手动收费系统,在特斯赫姆实施了自动车辆识别系统。环行收费系统的做法是在环绕奥斯陆周围划定环行收费线,所有进入市中心商业区的车辆都要交纳拥挤税。通过该措施,使进入城市中心商业区的交通量减少了6%~7%。

美国1995年在加州的S. R. 91线上首次施行道路拥挤收费,事实证明效果很好。出行高峰时段,尽管收费道路大约占道路总容量的33%,却承载了48%的交通量,并且车速达到105公里/小时左右,而免费车道行驶速度在16~30公里/小时。调查显示,收费道路的使用者以30~50岁的女性居多,尽管拥挤收费使她们的直接利益受损,但她们感受到了更高的驾驶舒适度和安全感。

(资料来源:网易新闻)

请回答:

(1)结合材料和所了解的知识分析,为什么拥挤费被广受质疑?可从公共物品角度分析。

(2)结合外部效用理论分析拥挤费征收的合理性。

案例四(市场失灵和政府失灵案例)

目前,产能过剩问题已成为中国经济摆脱下行风险的最大障碍之一。自国务院发布《关于化解产能严重过剩矛盾的指导意见》以来,国家发展改革委、工业和信息化部等管理部门再次提出要求,并明确了政府的主体责任。事实上,在治理产能过剩的过程中,不仅需要政府首先"正己",如何引导自发竞争的市场避免落入产能过剩的陷阱,也同样是一件重要的工作。

近年来,由于经济刺激计划的后发效应,我国的产能过剩问题呈现日益严重和扩散的态势。根据有关部门的统计,目前在钢铁、煤炭、水泥、电解铝、平板玻璃、船舶、风电以及服装、鞋帽等行业，均存在着不同程度的产能过剩现象。仅以服装行业为例，目前我国服装企业库存的衣服足够全国民众至少穿 3 年。产能过剩不仅造成了企业利润的直线下降，还是资源浪费、环境破坏的根源。不仅如此，产能过剩还容易诱发金融风险，并加剧就业形势的紧张。

毫无疑问，政府行为失当是导致产能过剩的主要原因之一。在预算软约束的情况下，一些地方政府存在着比较严重的“投资饥渴症”，为了追求 GDP 规模，对重复建设的项目盲目放行，采取各种手段鼓励上马。事实上，地方政府的保护已成了中央治理重复建设、防止产能过剩政策无法落实的最大阻碍。

值得警惕的是，在产能过剩的形成和发展过程中，不仅出现了“政府失灵”的问题，还伴随着“市场失灵”的同时出现。由于市场信息的不完善，生产厂商往往难以把握市场的真实供给和需求变动。当某种产品出现巨大需求时，就会有大量的企业涌入争抢蛋糕；而一旦市场需求出现逆转，一些信息不灵的企业却可能仍在继续生产甚至扩大产能。比如，在政府干预较少的服装、电子等行业出现的产能过剩现象，就是典型的“市场失灵”的例证。

由此可见，我国的产能过剩现象，是由“政府失灵”和“市场失灵”双重影响而形成的。这也就是说，要治理好产能过剩问题，必须既抓“政府”也要抓“市场”，两手都要硬。一方面，政府必须加快职能转变的步伐，尽快实现从“建设型政府”“投资型政府”向“服务型政府”的转变。改革现行的“数字出官”“唯 GDP”论的考核机制，真正做到“不以 GDP 论英雄”，削弱地方政府盲目追求投资的冲动，同时建立健全政策纠错机制，对出现明显产能过剩的行业必须果断停止扶持政策。比如 2013 年 3 月，在 LED 行业显现产能过剩症状的时候，深圳市政府就主动停止执行该产业的发展规划。这一做法就产生了很好的市场效果。另一方面，加强对市场竞争制度的建设，采取有效的宏观调控政策对企业进行引导。具体来说，在财政政策上，要改变补贴过多过滥的局面，改革出口退税政策，使企业更多地依靠自身的竞争力到国际市场上闯荡。在货币政策上，对产能过剩行业实行严格的信贷审批，防止新增贷款的继续流入。当然，还要注重充分发挥市场价格机制和竞争机制的功能，利用市场调节的力量达到资源最优配置的目的。

（资料来源：新浪新闻）

请回答：

(1)政府失灵的表现有哪些？资料中存在哪种政府失灵？

(2)市场失灵的表现有哪些？资料中存在哪种市场失灵？

(3)市场失灵怎么办？政府失灵怎么办？

案例五

环境保护部在 2015 年 4 月 21 日通报，截至 2014 年 12 月，环境保护部“12369”环保举报热线受理群众举报 122 件。其中，举报量最多的 4 个省份是：河南(22 件)、广东(14 件)、山东(13 件)、江苏(10 件)，所有举报件已转交各地方环保部门调查处理。群众举报企业类型最多的是化工业(31 件)，其次为加工制造业(19 件)，金属冶炼与加工业和非金属矿产加工业并列第三(17 件)。这些企业因为污染物处理不到位、管理不善、设备故障等原因，污染物不能稳定达标排放，对群众生产生活造成影响。存在污染问题的案件中，大气污染排名首位，其次为噪声和水污染。

（资料来源：人民网）

常州化工厂污染致学生患病：氯苯超标近 10 万倍。因化工厂严重污染，常州外国语学校 493 名学生出现不良反应，严重的还被查出淋巴癌、白血病等恶性疾病。环评报告显示，附近地下水氯苯超标近 10 万倍。调查发现，该学校在环评报告发出之前即开工，属于典型的未批先建。央视新闻2016年4月17日消息，常州外国语学校是江苏省内较好的一所初中学校，因为教学水平高，是不少家长择校的首选。然而，自2015年年底开始，很多在校学生不断出现不良反应和疾病，家长怀疑与旁边的化工厂污染土地有关。央视记者随即展开了调查。学校搬新址后493名学生出现环境异常反应。3月下旬，记者来到常州外国语学校。有学生反映，自从去年9月份搬到这个新校址后，很多学生因为环境污染，出现了各种不适症状。12岁的学生小曾从去年以来，一直咳个不停，皮肤上出现了多种异常反应。13岁的小金也出现了大面积红疹，还伴随剧烈头痛，一直查不出病因。从今年1月17日以后，他被迫让父母转到了另一所学校。据了解，常州外国语学校先后有641名学生被送到医院进行检查。有493人出现皮炎、湿疹、支气管炎、血液指标异常、白细胞减少等异常症状，个别的还被查出了淋巴癌、白血病等恶性疾病。学校原址旁是三家相邻化工厂，临近土地污染严重。这么多学生同时出现不良反应，家长们把问题指向了学校北边的一片工地，据他们反映说，这个地块上原来是三家化工厂，怀疑污染来自对土壤进行的开挖作业。三家化工厂中，最大的化工厂叫常隆化工有限公司，紧接着的是长宇化工和华达化工。一名在常隆化工工作了30多年的老员工说，在他记载的生产日志上，像克百威、灭多威、异丙威、氰基萘酚这样的都属于是剧毒类产品。而厂里职工有时候为了省事，不光将有毒废水直接排出厂外，还将危险废物偷偷埋到了地下，对环境带来了很大隐患。由于长期在车间里接触污染产品，一些员工患上了皮肤病等职业病，在被开具相关的诊断证明后，很多人被要求提前离厂。后来，这几家企业也陆续搬离，当地政府准备在环境修复后将该地块用于商业开发。

（资料来源：央视新闻网）

请回答：

(1)案例中是否存在外部效应？

(2)如何治理化工企业的污染问题？结合外部效应知识。

【翻转课堂任务列表】

1. 梳理本章知识框架，厘清内在逻辑联系。

2. 理解和掌握本章的重点、难点和热点。

3. 完成本章的思考题和案例分析题。

4. 提交一份学习笔记作业，可以是任务列表中的任务，也可以是学习过程中的"亮考帮"① 等，为课堂讨论和展示提供支撑。作业评价标准为提交、认真和创新三个等级。

【学习实践】

观看任一期的新闻联播节目，能够自行分析出某条新闻背后的市场与财政的关系。

---

① "亮考帮"是"亮闪闪"、"考考你"和"帮帮我"的简称。"亮闪闪"是指列出学习过程中自己感受深、受益最大、最欣赏的内容等，至少一条，更多不限。"考考你"是指列出自己弄懂了，但是觉得别人可能存在困惑的地方，用来挑战别人，至少三个，更多不限。"帮帮我"是列出自己不懂的问题，讨论时向别人请教，至少三个，更多不限。

第二章 财政基本知识

【内容导读】

1. 为何学？本章为《财政学》的基本理论内容，为财政学课程的总纲。在理论上，对财政学的基本概念、内涵、研究对象、研究方法和职能等有一个全面理解。在实践上，本章内容提供了一个财政学角度的观察视角，引入了一个新的学科理论，对学生今后解读财政现象、财政职能以及区分和使用分析方法提供了新的维度。

2. 学什么？在掌握财政概念的基础上，了解财政研究对象和方法，掌握财政基本职能。

3. 怎么学？首先，抓住财政内涵和职能等重点学习内容；其次，对实证分析和规范分析方法加以区分，最好能够找到一篇使用实证分析方法对财政现象分析的论文加以研读。

【本章重点、难点和热点】

1. 重点：财政职能。

2. 难点：规范分析与实证分析。

3. 热点：财政的特征。

第一节 财政的内涵

一、财政一词的来源

从人类社会发展史来看，财政是伴随国家的产生而产生的，财政活动是一种历史悠久的经济现象。综观我国几千年留存下来的古籍，可以看到“国用”“国计”“度支”“理财”等一类用词，都是关于古代财政即政府理财之道的记载；“治粟内史”“大农令”“大司农”一类用词，则是有关古代财政管理部门的记载。我国使用“财政”一词，如今已习以为常了，但“财政”一词出现在中文词汇中至今却只有百余年的历史。据考证，清朝光绪二十四年，即 1898 年，在戊戌变法“明定国是”诏书中有“改革财政，实行国家预算”的条文。这是在政府文献中最初启用“财政”一词。“财政”一词的使用，是当时维新派在引进西洋文化思想的指导下，间接从日本“进口”的，而日本则是来自英文“public finance”一词。孙中山先生在辛亥革命时期宣传三民主义，曾多次应用“财政”一词强调财政改革，民国政府成立时，主管国家收支的机构被命名为财政部。美国政府财政机构的英文词为“Department of Treasury”，本来的意思是金库或国库，在我国也译为财政部。

20世纪40年代中华书局出版的《辞海》对“财政”一词作如下解释：财政谓理财之政，即国家或公共团体以维持其生存发达之目的，而获得收入、支出经费之经济行为也。显然，这种解释也是从英文“public finance”译为中文引入的概念。因此，“财政”一词目前在中文词汇中的含义，虽然在学术研究上还有不同的理解，但在日常生活中，已经是一个耳熟能详、十分确定的词语，例如，管理国家收支的工作名曰财政工作，管理机关名曰财政部、财政厅、财政局等，研究财政的学问名曰财政学。这些已经约定俗成，为社会所公认。

不过，这里涉及对英文“public finance"一词的译法问题。该词译为中文的当时就有意译和直译两种译法。意译是译为财政或财政学。这种译法的含义就是中文中的财政和财政学是由英文的“public”和“finance”两个词组成的。与此同时，也有人直译为公共财政，即将“finance”译为财政，前面又添加“公共”两字。但这种译法过去多是在书本上使用，实际工作中则很少使用。这里有一点是清楚的，就是中文中财政与公共财政两词都是从国外引进的，都是来自英文“public finance”一个词，而且习惯上是看作含义相同的两种不同译法。这样就形成了在英文中是一个词，即“public finance”，而在中国则是同义语的“财政”和“公共财政”两个词。这是在中国启用财政一词的特殊的历史事实。

西方经济学最初对财政的表述是用一个词，即“finance”；后来巴斯塔布尔于1892年最先提出英语财政学专用术语“public finance”，当时还专门在脚注中解释了采用“public”定义“finance”的原因，是因为“finance”一词的用意更为广泛，需要加上“public”一词加以修饰和限制，才能确切地表达财政这个特殊的事务。因此，在中文中译为财政是最为准确的，加上“公共”两字则是画蛇添足。

这里讲“财政”一词的来源，是为了说明“财政”一词是准确的，“财”与“政”两个字的合成可以明确无误地表达财政的本义。“财”是指政府收支，而“政”则是治理，所以，财政就是政府收支及其治理。

二、财政的概念

从实际工作来看，财政是指国家(或政府)的一个经济部门，即财政部门，通过其收支活动筹集和供给经费和资金，保证实现国家(或政府)的职能。从经济学的意义来理解，财政是一个经济范畴，是一种以国家为主体的经济行为，是政府集中一部分国民收入用于满足公共需要的收支活动，以达到优化资源配置、公平分配及经济稳定和发展的目标；也可以理解为，财政是以国家为主体的分配活动，这里的“分配”既包括生产要素的分配，也包括个人收入的分配。由于本书是从经济学角度研究财政问题，所以将财政定义为：财政是国家或政府为了满足社会公共需要，以国家或政府为主体对一部分社会产品与服务的分配活动。

三、财政的特征

(一)财政分配的主体是国家或政府

财政体现的是一种分配关系，其分配关系的主体是政府，没有政府为主体的分配就不能称其为财政。这也是财政分配区别于其他分配范畴的基本特征。所谓以政府为主体，是指政府在财政分配中居于主导地位，并形成政府与其他分配主体之间的分配关系。当然这并不是说政府对经济可以为所欲为，财政根本上是由经济决定的。在现代市场经济条件下，市场机制应在经济运行中起基础性作用，财政应该尊重市场的活动范围及运行规律，市场有效的经济活动，政府应该积极配合。

（二）财政分配的对象是部分社会产品与服务

财政分配一部分社会产品与服务，即一部分国民收入。一个国家在一定时期内（通常是一年）所生产的最终产品与所供给的全部服务的市场价值的总和，是国家取得财政收入的基本源泉。政府通过税收、国有资产收益、收费和国债等收入形式，将一部分社会资源从企业、公民等转移到公共部门，形成财政收入。

（三）财政分配的目的是满足社会公共需要

社会公共需要是相对于私人需要和微观主体需要而言的。所谓社会公共需要是指政府向社会供给安全、秩序、公民基本权利和经济发展的社会条件等方面的需要，诸如政府的行政管理、国防、文化教育、公共卫生、生态环境保护的需要，基础设施、基础产业、支柱产业和风险产业的投资，以及为调节市场经济运行而采取各种措施和政策供给的服务等。私人需要可以通过市场的价格、竞争机制得以实现；而社会公共需要则要通过政府的收支活动来满足。这是财政学研究的核心内容之一。

公共需要和公共物品是财政学的两个基础性概念，两者是一个事物的两个方面，公共物品是从供给方面表达的，公共需要则是从需求方面表达的。这里需要说明一下，有了公共物品的概念，为什么还要提出公共需要的概念？这是因为：第一，我们是研究经济学的，要通过“物”的关系来透视人们的社会关系，而公共物品是指商品和服务的使用价值形态，它们的社会性需要是通过以货币表现的价值形态来体现的。例如，在当前市场经济条件下，国家机关和公共部门提供公共物品，不是实物供给，而是通过货币形式的征税和拨款等财政收支过程提供的。因此，提出公共需要的概念是为了明确提供公共物品的目的，并有利于从货币价值形态上分析提供公共物品所体现的社会关系。第二，我们这里是研究财政学的。需要说明的是，提供公共物品是所有国家机关和公共部门的职责，而财政部门并不直接生产或提供公共物品，而是为国家机关和公共部门提供经费和资金，通过各机关和部门提供公共物品，最终满足社会的公共需要。因此，公共需要概念对于财政学更为确切和适用。

第二节　财政学的研究对象

从现代经济的角度看，财政学应该是一门应用的理论科学，它的研究对象不能只局限于抽象的理论规范研究。因为财政是政府的经济行为，在现代市场经济中，国家对经济的职能主要通过财政来体现，通过财政的支出和收入，利用支出和收入政策的变化来促进经济的发展，而一定的财政收支活动也必须在一定的法律和制度的规范下进行。

财政学以公共部门（核心是政府）的经济行为作为研究对象，它对政府经济行为的研究主要集中在政府与预算有关的收支活动，诸如税收、政府支出、国债等经济活动方面。虽然财政学的研究对象和范围在不断扩展，但它仍然以政府的收支活动为研究主线，围绕收支活动展开。具体而言财政学的研究范围应包括以下几个方面。

一、财政的基本理论

主要研究财政是什么，财政作为政府的经济行为，财政与政府、政府与市场之间关系如何。还要重点关注财政与经济的关系，即财政的收与支与社会总供给和总需求之间的关系。

二、财政收支

财政学是关于研究政府财政活动的科学，政府的财政活动要具体化为财政的收入和支出。财政学首先要研究的是政府如何取得收入、如何安排支出以及财政收支有哪些规律，在收支过程中对经济运行产生什么样的影响，或者说怎样通过收支来影响经济运行，达到政府既定的经济目标和社会目标。

三、财政制度

市场经济是法制经济，财政进行收支活动时，必然要在一定的法律规范和制度的框架下进行，所以，研究财政收支活动离不开财政制度的研究。例如，税率的高低、税种的设置要通过税收制度来确定；财政收支安排要通过预算制度来规范，并通过一定的审计程序给予审定；中央和地方财政的支出划分，要通过一定的财政管理制度来规范；国债的发行、管理及市场活动都要通过相应的制度来规范。财政制度的确定和执行是政府财政活动的一项重要内容，同时也是财政学的研究内容。

四、财政政策

现代市场经济运行中，政府的宏观调控作用进一步加强，财政作为政府的经济行为，政府的经济政策主张必定要通过财政收支活动贯彻到经济运行之中去。同样的道理，一定的财政收支活动也必然要体现政府的政策意图。从现代国家的宏观经济政策来说，财政政策和货币政策是其两大支柱，财政政策的选择和实施、财政政策与货币政策之间的关系已成为现代财政理论的重要组成部分。因此，财政政策目标是什么，传导机制如何，以及政策工具、政策效果都包括在财政学的研究范围之内。

第三节　财政学的研究方法

一、理论与实际相结合

实践是理论的基础和源泉，又是检验理论正确与否的唯一标准，其基本精神是达到主观和客观、理论和实践、知和行的具体的历史的统一。

财政学理论的发展伴随着经济自由和经济干预的交替（见图 2－1）。在经济发展史上，当与古典学派相关时，自由竞争思想占据主导，财政对经济的干预力度就会减少；当与凯恩斯学派相关时，政府干预思想占据主导，财政对经济的干预力度就会增强。

二、规范分析与实证分析相结合

实证分析，就是按事物的本来面目描述事物，说明研究对象“是什么”，它着重刻画经济现

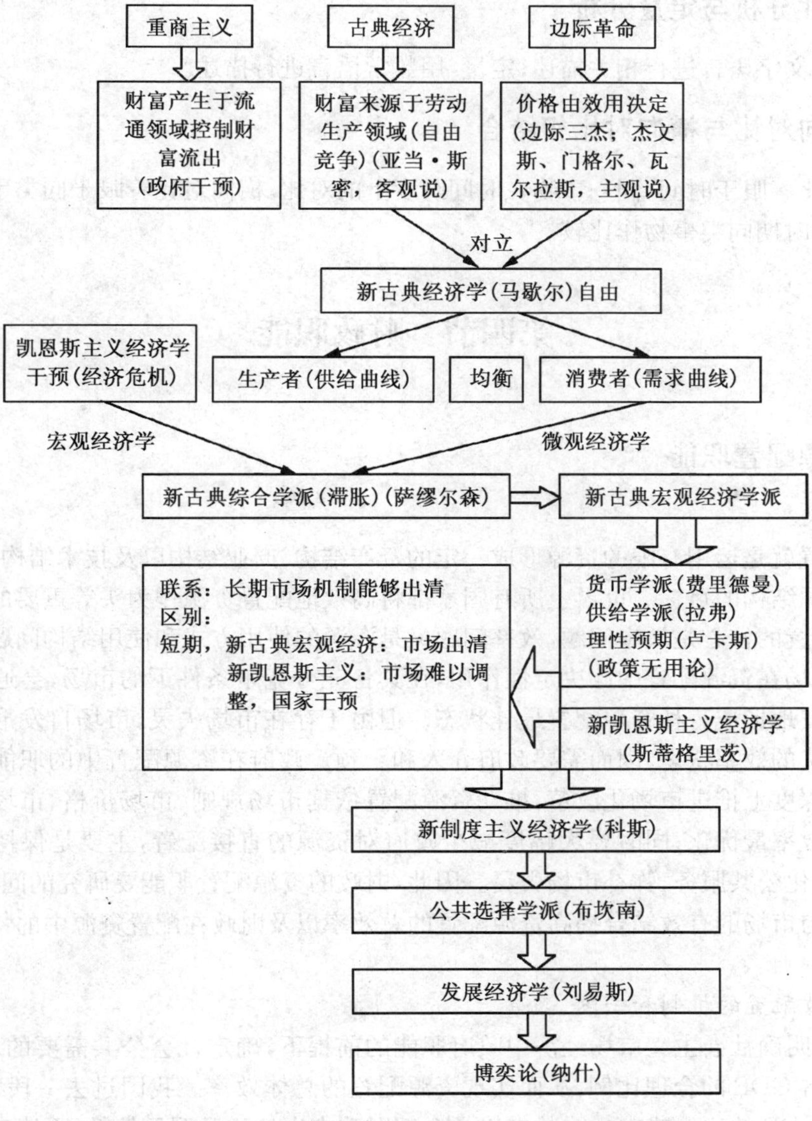

图 2—1　西方经济学说演变（财政干预和自由政策演变）

象的来龙去脉，概括出若干可以通过经验证明正确或不正确的基本结论。实证分析法运用于财政学，就是要按照财政活动的原貌，勾勒出从财政取得收入直至安排支出的全过程及其产生或可能产生的经济影响，财政活动同整个国民经济活动的相互作用，以及组织财政活动所建立的机构、制度和各种政策安排。

规范分析要回答的问题是“应当是什么”，即确定若干准则，并据以判断研究对象目前所具有的状态是否符合这些准则，如果存在偏离，应当如何调整。规范分析运用于财政学，就是要根据社会主义市场经济这一制度前提，根据公平与效率这两大基本社会准则，来判断目前的财政制度是否与上述前提和准则相一致，并探讨财政制度的改革问题。

三、定性分析与定量分析

定性，用文字语言进行相关描述；定量，用数学语言进行描述。

四、纵向对比与横向对比相结合

纵向对比着眼于时间，同一事物在时间跨度上的对比；横向对比着眼于同类事物的共时性比较，即在同时期同类事物作比较。

第四节　财政职能

一、资源配置职能

（一）定义

资源配置就是运用有限的资源形成一定的资产结构、产业结构以及技术结构和地区结构，达到优化资源结构的目标。世界上所有国家都将高效地配置资源作为头等重要的政治经济问题，而资源配置的核心是效率问题，效率问题又是资源的使用方式和使用结构问题。在市场经济体制下，市场在资源配置中起决定性作用，在具备充分竞争条件下的市场，会通过价格与产量的均衡自发地形成一种资源配置最佳状态。但由于存在市场失灵，市场自发形成的配置不可能实现最优的效率状态，因而需要政府介入和干预。政府在资源配置中的职能是积极稳妥地从广度和深度上推进市场化改革，推动资源配置依据市场规则、市场价格、市场竞争实现效益最大化和效率最优化；同时要大幅度减少政府对资源的直接配置，主要是保持宏观经济稳定，加强和优化公共服务，弥补市场失灵。因此，财政的资源配置职能要研究的问题主要是，如何通过政府与市场的有效结合提高资源配置的总效率以及财政在配置资源中的特殊机制和手段。

（二）财政配置的机制和手段

第一，在明确社会主义市场经济中政府职能的前提下，确定社会公共需要的基本范围，确定财政收支占 GDP 的合理比例，从而实现资源配置的总体效率。我国过去一段时间内，公共财政收入占 GDP 的比重或中央财政支出占全部财政支出的比重明显偏低，不能有效地保证理应由财政承担的重要投入，对引导社会资金的合理流动也缺乏力度，这是财政资源配置职能弱化的表现。当前，我国财政收入占 GDP 的比重已经达到相当水平，通过改革中央财政支出占全部财政支出的比重也将有所提高，但也要防止财政收入增长速度过快，以致影响甚至冲击市场在资源配置中的决定性作用。

第二，优化财政支出结构，保证重点支出，压缩一般支出，提高资源配置的结构效率。我国国民经济和社会发展战略规划明确规定了当前优化财政支出结构的要求：向教育、公共卫生、社会保障、农业、就业等民生性支出倾斜；向困难地区和群体倾斜；向科技创新和转变经济发展方式倾斜。

第三，合理安排财政投资的规模和结构，保证在经济运行新常态下，坚持稳中求进的总基调，着力稳增长、调结构、促改革。财政投资要坚持退出竞争性领域，主要投向公共设施、基础设施以及大型的国家建设工程，因而财政投资对稳增长、调结构、促改革起着至关重要的作用。

过去曾有一段时间，预算内投资占全社会投资比重过低，形成公共设施和基础设施发展滞后，对经济增长形成了"瓶颈"制约。自实施积极财政政策以后，大有改观，今后仍要从财力上支持基础性投资和具有战略性的国家重大建设工程。但是，也要切忌越俎代庖，防止排挤市场的决定性作用。

第四，通过政府投资、税收政策和财政补贴等手段，带动和促进民间投资，吸引外资和对外贸易，提高经济增长率。

第五，提高财政资源配置本身的效率。对每项生产性投资的确定和考核都要进行成本—效益分析，对于公用建筑和国防工程之类的属于不能回收的投资项目，财政拨款应视为这种工程的成本，力求以最少的耗费实现工程的高质量。

二、收入分配职能

(一)定义

在市场经济体制下，国民生产总值分配的起始阶段是由价格形成的要素分配，即各种收入首先以要素投入为依据，由市场价格决定，要素收入与要素投入相对称。我国明确实行按劳分配与要素分配相结合的分配原则，各阶层居民的收入分为劳动收入与非劳动收入。鼓励城乡居民进行储蓄和投资，允许属于个人的资本等生产要素参与收入分配，国家依法保护法人和居民的财产与合法收入。在个人消费品的分配上，实行按劳分配原则，个人通过诚实劳动和合法经营取得收入，个人劳动投入和劳动报酬相对称。这既符合公平原则，又符合效率原则。但在市场经济条件下，由于各经济主体或个人投入的生产要素不同、资源的稀缺程度不同以及各种非竞争因素的干扰，各经济主体或个人获得的收入会出现较大的差距，而收入差距过大将涉及社会公平问题。这里，所谓社会公平是指将收入差距维持在现阶段各阶层居民所能接受的合理范围内。

收入分配的核心问题是实现社会公平，因而财政分配职能所要研究的问题主要是显示社会公平的标准和财政调节收入分配的特殊机制和手段。实际上，由于各国的经济发展水平和历史传统的差异，不可能有一个统一的衡量公平分配的标准，当前各国几乎都公认采取由洛伦兹曲线计算的基尼系数来显示公平分配的程度。一般认为，系数处于 0.3～0.4 之间为合理区间。我国目前基尼系数已接近 0.5，说明收入差距已经偏大，而且有继续扩大的趋势，因此缩小收入分配差距已经被政府确定为当前的一项重要经济政策。按我国现行的经济核算体系，商品流转税作为商品价格的附加，直接构成要素分配的一个项目，而所得税则是要素分配的再分配，因此财政既参与由价格形成的起始阶段的要素分配，又参与要素分配基础上的再分配。

(二)财政实现收入分配职能的机制和手段

第一，划清市场分配和财政分配的界限和范围，凡属市场分配的范围，财政不能越界；凡属财政分配的范围，财政应尽其职。比如，财产收入、股息收入、租金收入，甚至作为法人经济主体的企业的工资收入，一般财政不宜直接介入，而是通过再分配进行间接调节；而医疗卫生、社会福利、社会保障，则应改变过去"企业办社会"的陈规，由财政集中举办，实行社会化。

第二，规范工资制度。这里是指由国家预算拨款的政府机关公务员的工资制度和视同政府机关的事业单位职工的工资制度。凡应纳入工资范围的收入都应纳入工资总额，取消各种明补和暗补，提高工资的透明度；实现个人收入分配的货币化和商品化；适当提高工资水平，建立以工资收入为主、工资外收入为辅的收入分配制度。

第三，加强税收调节。税收是调节收入分配的主要手段：通过间接税调节各类商品的相对价格，从而调节各经济主体的要素分配；通过企业所得税调节企业的利润水平；通过个人所得税调节个人的劳动收入和非劳动收入，使之维持在一个合理的差距范围内；通过资源税调节由于资源条件和地理条件而形成的级差收入；通过遗产税、赠与税调节个人财产分布等。

第四，通过转移性支出，如社会保障支出、救济金、补贴等，使每个社会成员得以维持起码的生活水平和福利水平。

三、经济稳定与发展职能

（一）定义

经济稳定包含充分就业、物价稳定、国际收支平衡等多重含义。充分就业并非指可就业人口百分之百就业。由于经济结构不断调整，就业结构也在不断变化，在任一时点上，总会有一部分人暂时脱离工作岗位处于待业状态，经过一段时间培训后重新走上工作岗位，因而充分就业是指可就业人口的就业率达到了由该国当时社会经济状况所能承受的最大比率。物价稳定也不意味着物价冻结，上涨率为零。应当承认，即使在经济运行正常时期，物价的轻度上涨也是一个必须接受的事实，而且有利于经济增长；相反，物价长时间低迷并不利于经济的正常运行。所以物价稳定是指物价上涨幅度维持在不至于影响社会经济正常运行的范围内。国际收支平衡是指一国在国际经济往来中维持经常性项目收支（进出口收支、劳务收支和无偿转移收支）的大体平衡，因为国际收支与国内收支是密切联系的，国际收支不平衡同时意味着国内收支不平衡。

发展和增长是两个不同的概念。增长是指一个国家的产品和劳务的数量的增加，通常用国内生产总值（GDP）及其人均水平来衡量。发展比增长的含义要广，不仅意味着产出的经济增长，还包括随着产出增长而带来的产出与收入结构的变化以及经济条件、政治条件和文化条件的变化，表现为在国民生产总值中农业的比重相应下降，而制造业、公用事业、金融贸易、建筑业和现代服务业等的比重相应上升，随之劳动就业结构发生变化，教育程度和人才培训水平逐步提高，社会和谐、人民乐业。简言之，发展是一个通过物质生产的不断增长来全面满足人们不断增长的基本需要的概念，对发展中国家来说，包括消除贫困、失业、文盲、疾病和收入分配不公等现象，发展的总目标就是构建和谐社会。

（二）财政实现经济稳定与发展职能的机制和手段

第一，经济稳定的目标集中体现为社会总供给和社会总需求的大体平衡。如果社会总供求保持了平衡，物价水平就是基本稳定的，经济增长率也是适度的，而充分就业和国际收支平衡也是不难实现的。财政政策是维系总供求大体平衡的重要手段。当总需求超过总供给时，财政可以实行紧缩政策，减少支出和增加税收或两者并举；一旦出现总需求小于总供给的情况，财政可以实行适度宽松政策，增加支出和减少税收或两者同时并举，由此扩大总需求。在这个过程中，财政收支发生不平衡是可能的而且是允许的。针对不断变化的经济形势而灵活地变动支出和税收，被称为“相机抉择”的财政政策。

第二，在财政实践中，还可以通过一种制度性安排，发挥某种“自动”稳定作用，例如累进税制度、失业救济金制度，都明显具有这种作用。原则上说，凡是业已规定了的，当经济现象达到某一标准时就必须安排的收入和支出，均具有一定的“自动稳定”作用。不可否认，我国目前这种“自动稳定”的机制还是不完善的，难以全面发挥应有的作用。

第三，通过投资、补贴和税收等多方面安排，加快农业、能源、交通运输、邮电通信等公共设施的发展，消除经济增长中的“瓶颈”，并支持第三产业的兴起，加快产业结构的转换，保证国民经济稳定与高速发展的最优结合。

第四，财政首先应切实保证民生性的社会公共需要。诸如，加快文教事业的发展，提高公共卫生水平，完善社会福利和社会保障制度，治理污染、保护生态环境，使增长与发展相互促进、相互协调，避免出现某些发展中国家曾经出现的那种“有增长而无发展”或“没有发展的增长”的现象。

【本章小结】

财政概念强调了国家为主体的分配关系，进而对财政特征进行了阐述。我国财政研究对象从理论到现象和规律都应纳入研究范围。财政学研究方法中的实证分析越来越成为主流。在学习财政三大职能过程中应注意与市场职能的区分和结合。

【思考题】

1. 辨析题：公共需要就是公共物品。
2. 知识应用题：小马过河的故事中怎样体现实证分析和规范分析的方法？
3. 知识应用题：请结合淘宝平台论述我国财政职能应该如何发挥作用。
4. 综合论述题：请结合“中国梦”论述实施财政职能的重要意义。

【案例分析】

案例一

2016 年国家发布了《中共中央、国务院关于全面振兴东北地区等老工业基地的若干意见》（中发〔2016〕7 号），促进东北老工业基地创新驱动发展。

实施东北地区等老工业基地振兴战略，是党中央、国务院在 21 世纪作出的重大决策。当前和今后一个时期是推进老工业基地全面振兴的关键时期。为适应把握引领经济发展新常态，贯彻落实发展新理念，加快实现东北地区等老工业基地全面振兴，现提出如下意见。意见主要针对东北地区，全国其他老工业基地参照执行。意见认为，振兴东北老工业基地有重大意义，并提出了总体要求。

（一）面临形势

党中央、国务院对东北地区发展历来高度重视，2003 年作出实施东北地区等老工业基地振兴战略的重大决策，采取一系列支持、帮助、推动振兴发展的专门措施。10 多年来，在各方面共同努力下，东北老工业基地振兴取得明显成效和阶段性成果，经济总量迈上新台阶，结构调整扎实推进，国有企业竞争力增强，重大装备研制走在全国前列，粮食综合生产能力显著提高，社会事业蓬勃发展，民生有了明显改善。实践证明，党中央、国务院关于实施东北地区等老工业基地振兴战略重大决策是正确的，东北老工业基地实现全面振兴的前景是广阔的。当前，国际政治经济形势纷繁复杂，我国经济发展进入新常态，东北地区经济下行压力增大，部分行业和企业生产经营困难，体制机制的深层次问题进一步显现，经济增长新动力不足和旧动力减弱的结构性矛盾突出，发展面临新的困难和挑战，主要是：市场化程度不高，国有企业活力仍然不足，民营经济发展不充分；科技与经济发展融合不够，偏资源型、传统型、重化工型的产业结构和产品结构不适应市场变化，新兴产业发展偏慢；资源枯竭、产业衰退、结构单一地区（城市）转型面临较多困难，社会保障和民生压力较大；思想观念不够解放，基层地方党委和政府对经济发展新常态的适应引领能力有待进一步加强。这些矛盾和问题归根结底是体制机制问题，是产业结构、经济结构问题，解决这些问题归根结底要靠全面深化改革。

（二）重大意义

东北地区是新中国工业的摇篮和我国重要的工业与农业基地，拥有一批关系国民经济命脉和国家安全的战略性产业，资源、产业、科教、人才、基础设施等支撑能力较强，发展空间和潜力巨大。东北地区区位条件优越，沿边沿海优势明显，是全国经济的重要增长极，在国家发展全局中举足轻重，在全国现代化建设中至关重要。加快东北老工业基地全面振兴，是推进经济结构战略性调整、提高我国产业国际竞争力的战略举措，是促进区域协调发展、打造新经济支撑带的重大任务，是优化调整国有资产布局、更好发挥国有经济主导作用的客观要求，是完善我国对外开放战略布局的重要部署，是维护国家粮食安全、打造北方生态安全屏障的有力保障。要充分认识推进东北老工业基地全面振兴的重要性和紧迫性，坚定不移地把这项宏伟事业推向新阶段。

（三）总体思路

全面贯彻落实党的十八大和十八届三中、四中、五中全会精神，以邓小平理论、“三个代表”重要思想、科学发展观为指导，深入学习贯彻习近平总书记系列重要讲话精神，坚持“四个全面”战略布局，按照党中央、国务院决策部署，牢固树立并切实贯彻创新、协调、绿色、开放、共享的发展理念，适应和把握我国经济进入新常态的趋势性特征，坚持稳中求进工作总基调，做好与“一带一路”建设、京津冀协同发展、长江经济带发展“三大战略”互动衔接，以提高经济发展质量和效益为中心，保持战略定力，增强发展自信，坚持变中求新、变中求进、变中突破，着力完善体制机制，着力推进结构调整，着力鼓励创新创业，着力保障和改善民生，加大供给侧结构性改革力度，解决突出矛盾和问题，不断提升东北老工业基地的发展活力、内生动力和整体竞争力，努力走出一条质量更高、效益更好、结构更优、优势充分释放的发展新路，推动我国经济向形态更高级、分工更优化、结构更合理的阶段演进，为实现“两个一百年”奋斗目标做出更大贡献。

（四）发展目标

到 2020 年，东北地区在重要领域和关键环节改革上取得重大成果，转变经济发展方式和结构性改革取得重大进展，经济保持中高速增长，与全国同步实现全面建成小康社会目标。产业迈向中高端水平，自主创新和科研成果转化能力大幅提升，重点行业和企业具备较强国际竞争力，经济发展质量和效益明显提高；新型工业化、信息化、城镇化、农业现代化协调发展新格局基本形成；人民生活水平和质量普遍提高，城乡居民收入增长和经济发展同步，基本公共服务水平大幅提升；资源枯竭、产业衰退地区转型发展取得显著成效。在此基础上，争取再用 10 年左右时间，东北地区实现全面振兴，走进全国现代化建设前列，成为全国重要的经济支撑带，具有国际竞争力的先进装备制造业基地和重大技术装备战略基地，国家新型原材料基地、现代农业生产基地和重要技术创新与研发基地。

（资料来源：中华人民共和国中央人民政府网站）

请回答：

(1)东北老工业基地振兴的意义和措施有哪些？

(2)如何发挥政府职能，加速振兴东北老工业基地？

案例二

供给侧改革，吉林怎么改——代表委员聚焦供给侧改革。“既要充分发挥市场‘无形之手’的作用，也要更好发挥政府‘有形之手’的作用”；“推进供给侧结构性改革，要进一步推进简政放权、放宽市场准入，激发市场活力和社会创造力”；“供给侧结构性改革重点应该突出创新和制度供给，通过全面深化改革解放和发展生产力，释放经济活力”……

2016年，正值“十三五”开局之年，决胜全面小康的关键之年，推进供给侧结构性改革的攻坚之年，今年的全国“两会”，自然被赋予了更多希望，承载了更多关注与期待。“两会”期间，吉林省人大代表、政协委员们就政府工作报告的内容，围绕去产能、去库存、去杠杆、降成本、补短板五大重点任务，在激辩与思考中，共同探讨吉林如何做好“加减乘除”。

扶“新”整“旧”，加快实现发展动力转换。“供给侧结构性改革是适应和引领经济发展新常态的重大创新，为推动中国经济转型升级开出了一剂标本兼治的良方。”赵静波代表在审议政府工作报告时一语中的。吉林省作为老工业基地，传统产业比重大，很多行业都面临着化解结构性产能过剩的难题。经济发展步入新常态后，部分行业产能过剩越发成为企业转型升级的羁绊。“作为国家‘一五’时期重点建设的老工业基地城市，吉林市面对当前国内‘三期叠加’的经济下行压力和当前经济形势，急需通过推进供给侧改革来加快转型升级，实现有质量、有效益、可持续的发展。”赵静波说，目前，吉林正处在新旧动能转换过程中，不可避免地会出现阵痛，但要看到，新动能正在快速成长。去年，吉林市实施了以哈达湾老工业基地整体搬迁改造为代表的“腾笼换鸟”工程，以吉化公司、吉林化纤等企业为重点的“提质增效”工程，主动减压和淘汰落后产能，优化结构，效果明显。“十三五”期间，吉林市将构建“6411”现代产业体系，培育旅游、航空、先进装备制造等六大新兴产业，扩大规模，增加有效供给；推动化工、汽车等四大支柱产业补链、上量、转型、提质；优先发展现代服务业，大力发展现代农业。到时，工业一柱擎天的产业格局必将改变。“我们对新动能精心培育、充满信心，对旧动能要下决心淘汰一批，更多地改造、升级一批。”李秀林代表立场鲜明。

有堵有疏，破除机制体制障碍。政府工作报告提出，围绕解决重点领域的突出矛盾和问题，加快破除体制机制障碍，以供给侧结构性改革提高供给体系的质量和效率，进一步激发市场活力和社会创造力。代表委员们认为，当前阶段推进供给侧结构性改革，既要充分发挥市场“无形之手”的作用，也要更好发挥政府“有形之手”的作用，给市场新活力、给企业新动力、给社会创造力。“‘松绑’后才能‘轻松上阵’，要激发企业活力，就必须完善市场环境，在制度和政策上为企业营造宽松的市场经营和投资环境，进一步减轻企业负担。”李维斗委员对政府工作报告理解深刻。他建议，从鼓励企业增加创新投入、减少行政审批事项、减少创新型企业税收负担、降低创新型企业的融资成本等方面入手，提高企业创新积极性。对此，赵静波也深有同感：“降低企业运行成本，是做好供给侧改革的一个重要着力点。当前推进供给侧结构性改革，要进一步推进简政放权、放宽市场准入，激发市场活力和社会创造力，同时通过降低企业税费，有效减轻企业负担，让企业把更多资源用于结构调整和产品升级。”“面对异常激烈的市场竞争，成本已经成为许多企业的‘生死线’。”王欣委员表示，目前企业经营成本提高过快，一方面导致产能过剩，产品不好卖；另一方面成本进一步提高，企业两头受压，削弱了企业特别是实体经济企业的盈利能力。所以我们要深刻领会供给侧结构性改革的精髓，降低制度性交易成本，让企业做事更方便、更容易。这样才有利于增强企业创新能力，提高供给质量与效率，改善供给结构，最终提高全要素生产率。

两端发力，精准推进结构性改革。“当前，到底应当更侧重于供给侧改革还是需求侧改革？这个问题颇有争论。”王欣说，其实这两端改革并不存在谁先谁后或谁取代谁的问题，而应当在供给侧和需求侧两端共同发力，推进结构性改革。

“近两年，中国游客海外扫货的新闻频频见诸报端。有数据也表明，我国出境游人数和购买力连续三年居世界第一。”李维斗说，与内地游客在境外购买力相反，我国的制造业却陷入了产能过剩的烦恼。两个变化，折射出中国市场需求结构的变化。“中低端产品过剩、高端产品供给不足，传统产业产能过剩，同时存在着结构性的有效供给不足，这是当前我国经济结构的真实写照。”李秀林说，多年来我国的经济发展主要是依靠投资、消费、出口这“三驾马车”带动。与传统的需求侧管理依靠消费、投资、出口三驾马车不同，供给侧结构性改革重点应该突出创新和制度供给，通过全面深化改革解放和发展生产力，释放经济活力。“如同企业经营转型要去库存、降成本、提效率一样，我们同样要追求效率驱动，而要实现这一驱动，就一定要抱着壮士断腕的决心做减法。”李维斗说，目前，吉林省的装备制造企业已经具备了国际竞争力，但轻工产品的竞争力仍亟待提升。因此他建议，企业要多出精品，只有这样才能提高供给端的质量和效率，才能做出满足用户需求的好产品。

（资料来源：《吉林日报》）

请回答：

(1)案例中提出怎样对吉林市化工等行业实施供给侧改革？

(2)结合财政职能的知识分析，财政应该发挥怎样的职能来加速吉林市化工等行业的供给侧改革？

【翻转课堂任务列表】

1. 梳理本章知识框架，厘清内在逻辑联系。
2. 理解和掌握本章的重点、难点和热点。
3. 完成本章的课后题。
4. 提交一份学习笔记作业，可以是任务列表中的任务，也可以是学习过程中的“亮考帮”等，为课堂讨论和展示提供支撑。作业评价标准为提交、认真和创新三个等级。

【学习实践】

观看任一财经类节目，分析该节目背后的财政职能。

第三章 财政支出概述

【内容导读】

1. 为何学？在理论上，本章概括介绍了财政支出的基本理论，是财政支出的导入篇。在实践上，对财政支出的总体和具体支出项目有一个总体把握，并引入西方财政支出的可借鉴机制。

2. 学什么？掌握财政支出的主要分类，理解财政支出规模和结构的理论及我国实际，理解财政支出效益的分析方法，借鉴西方财政理论。

3. 怎么学？学习本章内容时，应先理解基本理论，再结合理论研究实际，最终研究西方财政学理论的借鉴之处。

【本章重点、难点和热点】

1. 重点：购买性支出和转移性支出；财政支出规模理论。
2. 难点：财政支出结构理论；成本效益法；最低成本法。
3. 热点：影响财政支出规模的因素；公共选择理论。

第一节 财政支出分类

一、按财政支出功能(政府职能)分类

新的《政府收支分类科目》在财政支出分类改革中设置了新的支出功能分类体系。功能分类体系更为清楚地反映政府各项功能活动，这是财政收支分类改革的核心。从分类结构来看，不再按基建费、事业费等经费性质设置科目，而是根据政府管理和部门预算的要求，按支出功能设置类、款、项三级科目。类级科目综合反映政府的职能活动，如国防、外交、科技、社会保障、环境保护等；款级科目反映为完成政府某项活动的某一方面的工作，如“教育”类下的“普通教育”；项级科目反映为完成某一方面工作所发生的具体事项，如“水利”款下的“抗旱”、“水土保持”等。根据经调整的《2014 年政府收支分类科目》，支出功能分类科目中类级科目包括：一

般公共服务支出、外交支出、国防支出、公共安全支出、教育支出、科学技术支出、文化体育与传媒支出、社会保障和就业支出、社会保障基金支出、医疗卫生与计划生育支出、节能环保支出、城乡社区事务支出、农林水支出、交通运输支出、资源勘探信息等支出、商业服务业等事务支出、金融支出、援助其他地区支出、国土海洋气象等支出、住房保障支出、粮油物资储备支出、预备费、国债还本付息支出、其他支出、转移性支出。一般公共服务和国防主要是为了实现政治职能，教育、社会保障、住房支出等主要为了实现社会职能，经济服务类支出主要为了实现经济职能。

二、按财政支出经济类型分类

新的财政收支分类还设置了支出经济分类体系。按国际货币基金组织对支出的经济分类方法，实际上是按支出产生效益的时间分类，即根据财政支出所产生收益的时间将财政支出分为经常性支出、资本性支出和净贷款三大类。这是现代公共经济学研究财政支出的一种重要分类方法。经常性支出是维持公共部门正常运转或保障人们基本生活所必需的支出，主要包括人员经费、公用经费及社会保障支出。这种支出的特点是，它的消耗会使社会直接受益或当期受益。比如，行政管理费包含公务员的工资、办公费、差旅费、修缮费等，这些费用的消耗就会形成为当期服务的公共物品——行政管理、社会秩序、社会安定、经济信息等。由此可见，经常性支出直接构成当期公共物品的成本。按照公平原则，当期公共物品的受益应与本期公共物品的成本相对应，如果人们消费了本期公共物品却没有支付相应的代价，那就会违背公平原则。因此，从理论上说，经常性支出的补偿方式应为税收，如果以公债方式来对经常性支出筹资，实际上就是将本期公共物品的成本递延到未来，这样就会使公共物品的受益与公共物品的付费在时间上发生差异。资本性支出则不同。资本性支出是用于购买或生产使用年限在一年以上的耐久品所需的支出，其中有用于建筑厂房、购买机械设备、修建铁路和公路等生产性支出，也有用于建筑办公楼和购买汽车、复印机等办公用品等非生产性支出。这种支出的明显特点是，它的耗费的结果将形成供一年以上长期使用的固定资产。所以，资本性支出不能全部视为当期公共物品的成本，因为它所形成的成果有一部分是在当期受益，但更多的是在以后的较长时间内受益。与此相对应，资本性支出的一部分应在当期得到补偿，而大部分应分摊到未来的使用期。如果用当年税收去补偿全部的资本性支出，就等于将未来公共物品的成本提前到本期，这样也会使公共物品的受益与公共物品的付费在时间上发生差异。这就是说，资本性支出的补偿方式有两种：一是税收，意味着本期享用的公共物品，本期付出代价；二是国债，意味着未来享用的公共物品，未来时期付出代价。

支出经济分类科目仅设置类、款两级。款级科目是对类级科目的细化，主要体现部门预算编制和单位财务管理等有关方面的要求，如将基建支出细化为房屋建筑物购建、大型修缮、土地资源开发等各种形态。支出经济分类的类级科目现行规定包括：工资福利支出、商品和服务支出、对个人和家庭的补助、对企事业单位的补贴、转移性支出、赠与、债务利息支出、债务还本支出、基本建设支出、其他资本性支出、贷款转贷及产权参股、其他支出。

三、按照财政支出与经济活动的关系分类

购买性支出直接表现为政府购买商品和服务的活动，包括购买进行日常政务活动所需的或用于国家投资所需的商品和服务的支出。前者如政府各部门的事业费，后者如政府各部门的投资拨款。购买性支出分析中应该注意如下事项：政府是一个市场主体，一手交钱，一手接

货(商品或者劳务);等价交换,双方竞价,对政府和商家都是预算硬约束;直接干预经济的资源配置,与私人购买是一种替代作用;间接干预收入分配。

财政转移支出指政府单方面把一部分收入无偿地转移出去的支出,包括财政补贴支出和社会保障支出等。转移支出对社会总供求、社会总储蓄,以及经济增长具有间接的影响,即对生产和就业的影响是间接的,但对分配产生直接影响。转移性支出分析中应该注意如下事项:政府是一个"慈善家"(非市场主体)(和李嘉诚的区别在于收入来源不同);非等价交换,受益人向政府游说获得,对政府和受益人都是预算软约束;直接干预收入分配,受益人收入提高;间接干预经济的资源配置,政府控制不了受益人怎么花这些钱。

购买支出和转移支出的比例关系受到一国政府职能的影响。一般来说,发达市场经济国家的政府较少直接参与生产活动,所以,购买支出所占的比重较小,但社会福利水平较高,转移支出所占的比重较大。处于经济发展初期的大多数发展中国家,因为政府直接参与的生产活动较多,且公共设施基础较差,需要大量的政府投资,因此,购买支出所占份额较大。

购买性支出所起的作用,是通过支出使政府所拥有的资金与市场上企业和个人提供的商品与劳务相交换,直接增加了社会购买力,从而对社会生产、就业以及社会供给与社会需求的总量与结构均衡有着直接的影响,并对收入分配产生间接的影响。转移性支出则是通过支出过程,将财力从政府转移到受领者手中,支出结果是资金所有权的转移(购买力转移),对收入分配有直接影响,但对社会生产和就业以及社会总供需状况的影响,则是间接的,是要通过资金接受者的反应来实现的。

第二节　财政支出规模

一、衡量财政活动规模的指标

(一)反映财政活动规模的两个指标

衡量财政活动规模可以用财政收入和财政支出的绝对数指标来表示,但通常是以两个相对数指标来表示,即财政收入占 GDP(或 GNP)的比重和财政支出占 GDP(或 GNP)的比重。财政收支与企业和个人的收支在性质上是不同的,但从会计学原理上说,这几类收支并无任何差别,即有支必有收,收支必相等。这就是说,对于任何收支主体来说,在任一时点上,无论是收入大于支出,还是支出大于收入,都是不可能的。但是,在大多数国家的大多数财政年度中,财政收入的量与财政支出的量是不相等的,通常的情况是后者大于前者。那么,如何理解财政支大于收或者财政收大于支的现象呢?关键在于对财政收入定义的理解。

在各种名目下支用财政资金,都要形成财政支出,对此一般不存在歧义,而对财政收入则可能有不同的理解和不同的处理方法。有些国家是将仅以税收为主和包括少量收费的经常性收入界定为财政收入;而有的国家则把财政收入的概念扩大,将政府向国内外发行的债券所取得的收入,也包括在财政收入之内。世界各国通常采用的收入概念为上述的第一种。在这种概念下,债务收入不列入财政收入,而使用债务收入所形成的支出必然列入财政支出,于是形成支大于收,表明存在财政赤字,债务收入则被视为弥补财政赤字的收入来源。1993 年以前,我国曾采用第二种收入概念。在这种概念下,债务收入被列入财政收入,债务支出列入财政支出,于是收支平衡,不存在财政赤字,也就是说债务收入不被视为弥补财政赤字的收入来源,当时只将向银行透支或借款视为弥补财政赤字的来源。在采用第一种收入概念的情况下，作为衡量财政活动规模的指标，财政支出占GDP的比重比财政收入占GDP的比重更能反映实际情况。理由有三：第一，财政收入占GDP的比重常常被人们看作衡量财政集中程度的指标；其实，论集中程度，倒是财政支出占GDP的比重更贴近实际。因为财政支出无论采取何种形式，无一例外地都表现为财政对GDP的实际使用和支配的规模，而财政收入则只是标示了财政可能使用和支配的规模，它常常并不代表实际发生的规模。第二，财政收入反映的是财政参与GDP分配过程的活动，财政支出反映的则是财政在GDP使用过程中的活动，从川流不息的社会再生产过程来看，是通过财政支出的规模和结构实现资源的配置，直接影响社会再生产的规模和结构，财政分配的全过程固然始于财政收入，但最终完成于财政支出。第三，财政收入和财政支出都体现了财政对宏观经济运行的调控，但后者更能全面而准确地反映财政对宏观经济运行的调控能力。因为举凡财政的职能特别是其中的配置资源职能，更主要的是通过财政支出来实现的。

（二）反映财政支出规模及其变化的指标

1. 财政支出增长率

财政支出增长率，以$\Delta G(\%)$表示。财政支出增长率表示当年财政支出比上年同期财政支出增长的百分比（%），即所谓“同比”增长率。用公式表示为：

$$\Delta G(\%)=\frac{\Delta G}{G_{n-1}}=\frac{G_n-G_{n-1}}{G_{n-1}}$$

其中，ΔG代表当年财政支出比上年增（减）额，G_n代表当年财政支出，G_{n-1}代表上年财政支出。

2. 财政支出增长弹性系数

财政支出增长弹性系数，以E_g表示。财政支出增长弹性系数是指财政支出增长率与GDP增长率之比。弹性（系数）大于1，表明财政支出增长速度快于GDP增长速度。用公式为：

$$E_g=\frac{\Delta G(\%)}{\Delta GDP(\%)}$$

式中，$\Delta GDP(\%)=\frac{\Delta GDP}{GDP_{n-1}}=\frac{GDP_n-GDP_{n-1}}{GDP_{n-1}}$代表$GDP$增长率，$\Delta GDP$代表当年$GDP$相对于上年$GDP$的增长额。

3. 财政支出增长边际倾向

财政支出增长边际倾向，以MGP表示。该指标表明财政支出增长额与GDP增长额之间的关系，即GDP每增加一个单位的同时财政支出增加多少，或财政支出增长额占GDP增长额的比例。用公式表示为：

$$MGP=\frac{\Delta G}{\Delta GDP}$$

二、财政支出规模增长变化的一般趋势

（一）瓦格纳法则

19世纪德国经济学家阿道夫·瓦格纳最先提出财政支出扩张论，他的研究成果被后人称为“瓦格纳法则”。瓦格纳法则指，当人均收入增加时，财政支出中用于这些方面的支出也会大

幅度增加，即随着经济中人均收入的增长，财政支出的相对规模也增长了。

瓦格纳的结论是建立在经验分析基础之上的，他对19世纪的许多欧洲国家加上日本和美国的公共部门的增长情况做了考察。他认为，现代工业的发展会引起社会进步的要求，社会进步必然导致国家活动的扩张。他把导致政府支出增长的因素分为政治因素和经济因素。所谓政治因素，是指随着经济的工业化，正在扩张的市场与这些市场中的当事人之间的关系会更加复杂，市场关系的复杂化引起了对商业法律和契约的需要，并要求建立司法组织执行这些法律，这样，就需要把更多的资源用于提供治安的和法律的设施。所谓经济因素，是指工业的发展推动了都市化的进程，人口的居住将密集化，由此将产生拥挤等外部性问题，这样也就需要政府进行管理与调节。此外，瓦格纳把对于教育、娱乐、文化、保健与福利服务的公共支出的增长归因于需求的收入弹性，即随着实际收入的上升，这些项目的公共支出的增长将会快于GDP的增长。

（二）替代—规模效应理论

皮科克和威斯曼在瓦格纳分析的基础上，根据他们对1890～1955年英国的公共部门成长情况的研究，提出了导致财政支出增长的内在因素与外在因素，并认为，外在因素是说明财政支出增长超过GDP增长速度的主要原因。他们对内在因素的分析是建立在这样一种假定上：政府喜欢多支出，公民不愿意多缴税，因此，当政府在决定预算支出规模时，应该密切注意公民关于赋税承受能力的反应，公民所容忍的税收水平是财政支出规模的约束条件。在正常条件下，经济发展，收入水平上升，以不变的税率所征得的税收也会上升，于是，政府支出上升会与GDP上升呈线性关系，这是内在因素作用的结果。但一旦发生了外部冲突，例如战争，政府会被迫提高税率，而公众在危急时期也会接受提高了的税率。这就是所谓的“替代效应”，即在危急时期，公共支出会替代私人支出，财政支出的比重上升。但在危急时期过去以后，公共支出并不会退回到先前的水平。比如，一个国家在结束战争之后，总会积累大量的债务，公共支出会持续较高水平，因此，每一次较大的经济和社会动荡，都会导致财政支出水平上一个新的台阶。这种财政支出上升的规律，即称为替代—规模效应理论。

三、我国财政支出规模发展变化的特殊性

从1979年到2016年，中国财政支出绝对额，除了20世纪80年代头几年，基本上是一直增长的，但中国财政支出占GDP的比重从1979年开始，经历了一个迅速下滑的过程，1995年和1996年甚至降到了11.7%。这一趋势从1997年开始得到扭转，此后该比重才逐步上升，到21世纪才重新超过了20%。1998年实行的积极财政政策（扩张性财政政策），增加了政府用于基础设施投资等方面的支出，使财政支出有较大的增长。近几年来，中国财政收入连年高速增长，税收自1998年以来每年都大规模增收。相应地，财政支出也随之增加。

我国财政支出占GDP比重发展变化原因有以下方面：第一，从计划经济体制到市场经济体制的改革，本身就意味着政府从市场的退出过程，这一趋势的出现是政府支出内在减少趋势的反映；第二，预算内收入占GDP的比重下降，根据收支平衡政策，财政支出相应下降；第三，政府支出秩序方面与西方国家相比，中国财政支出不仅包括预算内支出，还包括预算外支出和制度外支出；第四，有的学者认为，中国的GDP统计存在水分，财政支出与GDP的比重并没有20%左右那么低。

四、财政支出的影响因素暨合理规模选择的路径

（一）影响财政支出规模的宏观因素

1. 经济性因素

经济性因素主要指经济发展的水平、经济体制以及中长期发展战略和当前经济政策等。世界各国的实践证明，经济性因素始终是影响财政支出规模的主要因素，甚至是决定性因素。经济发展水平决定财政支出规模的明显例证，是经济发达国家高于发展中国家。我国总的情况是长期内仍是一个发展中国家，经济体制仍处于转型过程中。从经济性因素来看，经济改革之初曾导致财政收入占GDP比重的下滑，这是财政为经济改革必须付出的成本和代价。随着经济体制改革的进展和经济稳定的增长，财政收入增长加快了，但为了构建和谐社会，实现建设新农村、大力发展教育卫生事业、扩大就业和完善社会保障制度、推进产业结构优化升级、保护生态环境等任务，就要求在一段时间内仍然适度提高或维持财政支出占GDP的比重，因而财政收入增长的可能性和财政支出规模增长的必要性将是今后一段时间内财政运行的主要矛盾。

2. 政治性因素

政治性因素对财政支出规模的影响主要体现在三个方面：一是政局是否稳定；二是政体结构和行政效率；三是政府干预政策。关于政局稳定问题，皮科克与威斯曼的分析认为，当一国发生战争或重大自然灾害等突发性事件时，财政支出的规模必然会超常规地扩大，而且事后一般难以降到原来的水平。关于政体结构和行政效率，首先是与一国的政治体制和市场经济模式有关。一般而言，倾向于集中的单一制国家，财政支出占GDP的比重高一些，倾向于分权的联邦制国家则相对低一些，北欧各国由于政府包办高福利而导致财政支出规模最高。至于行政效率，则涉及政府机构的设置问题。若一国的行政机构臃肿，人浮于事，效率低下，经费开支必然增多，这是确定无疑的。我国当前的关键还是在于正确处理政府与市场的关系，进一步转变政府职能。这里要抓好四个环节：一是坚决实行政企分开。把政府不该管的事务交给企业、市场、社会组织和中介机构，充分发挥市场在资源配置中的决定性作用，把政府经济管理职能转换到主要为市场主体服务和创造良好发展环境上来，主要运用法律手段和经济手段管理经济。二是全面正确履行政府职能，进一步简政放权，深化行政审批制度改革，加快投资体制改革，凡是市场机制能有效调节的经济活动，一律取消审批，确立企业投资主体地位，使行政审批走向制度化、规范化和法制化。三是在政府履行合理的经济调节和市场监督职能的同时，更加重视社会管理和公共服务职能。当前特别要建立和健全各种应急机制，提高应对突发事件的能力，大力推进教育、卫生、科技、文化等公共事业的发展，扩大就业，提供社会保障，建设公共设施，提高公共服务水平。四是树立以人为本的管理思想，坚持全面协调和可持续的发展观。统筹兼顾经济和社会、城市和农村、东部地区和中西部地区、人与自然的协调发展，全面提高人民的物质文化水平和健康水平。

3. 社会性因素

如人口、就业、医疗卫生、社会救济、社会保障以及城镇化等因素，都会在很大程度上影响财政支出规模。我国仍是一个发展中国家，人口基数大、增长快，相应的义务教育、卫生保健、社会保障、失业和贫困救济、生态环境保护以及城镇化等支出的增长压力较大。比如，我国在尚未实现工业化之前人口的老龄化已经来临，农村富余劳动力的增加迫切要求加快城镇化速度，加快经济建设与生态环境保护的矛盾日益突出，等等，诸如此类的社会问题会对财政支出

不断提出新的需求，构成扩大财政支出规模的重要因素。

（二）影响财政支出规模的微观因素

为了寻求合理的财政支出规模，不仅需要分析影响财政支出的宏观因素，而且需要分析和控制影响财政支出的微观因素。福利经济学对财政支出增长的分析主要是从微观角度进行的，它采用效用最大化的分析方法，将市场有效供给原理运用到政府公共物品的供应中，通过影响财政支出增长的变量，如公共物品的需求、公共物品的成本和价格、公共物品的质量、生产组织形式等，来分析和研究财政支出规模。如成本—效益分析法、最低成本法等分析方法，不仅是事后考核支出效用的方法，而且也是事前测定经济性支出和非经济性支出项目支出规模的方法，即从具体支出项目来分析和控制财政支出总规模。在随后的有关章节中讲到的我国近年来财政管理中所采取的诸多加强预算管理的制度和措施，如政府采购制度、国库集中支付制度等，其目标都是从微观管理入手，以提高财政支出效益、控制财政支出规模。

（三）政治决策程序

财政是国家（或政府）的一种经济行为，可以说财政学是名副其实的政治经济学，财政是经济与政治的汇合点，因而政治决策必然是确定财政支出规模的重要因素。从由上分析可知，财政支出规模是随着经济发展而逐步上升，达到一定阶段而相对稳定；但各经济发达国家相对稳定的财政支出规模却是高低不一的，同样是所谓自由市场经济的国家，美国财政支出占GDP的比重只有35%左右，而英、法两国则高达50%左右。经济发达国家目前相对稳定的水平，主要是由几百年市场经济运行中市场与政府的磨合形成的，而各国水平的差异则是由各国具体国情的不同决定的。这个水平也就是适合该国的市场与政府之间资源配置的最佳模式。可以说，没有一种精确的模型能够测算出某一个国家的财政支出规模的最佳水平，除了由市场运行自发形成这个主要因素外，无疑还含有政治决策的因素。应当看到，达到相对稳定水平以后，不可能是绝对停止的，不同时期甚至每年都会存在一定幅度的波动，而这种波动则必然是由各国政府通过政治决策程序来决定的。正是因为政治决策与财政支出规模之间的紧密关系，才出现了所谓的公共选择理论；而公共选择理论则是将经济分析工具和方法应用于政治决策过程，深入研究政府决策程序和选举制度，以寻求财政决策的最佳途径。

我国的特殊性在于，社会主义市场经济体制是在政府推动下由计划经济体制转换过来的，市场经济体制是在政府推动下建立和形成的，因而政治决策对我国财政支出规模的发展变化以及最终形成最佳的相对稳定水平具有重要作用。为此，必须遵循党的关于市场在资源配置中起决定性作用的相关政策，加快政府职能的转变，全面正确履行政府职能，完善科学民主决策机制，健全重大问题集体决策机制和专家咨询制度，实行社会公示和社会听证制度，大力推进依法治国、依法执政，严格按法律规定的权限和程序行使权力和履行职责，形成对行政权力的制约和监督。

第三节　财政支出结构

一、财政支出结构理论

（一）经济发展阶段论

美国著名财政学家马斯格雷夫和罗斯托用经济发展的阶段论来解释财政支出的增长原

因,将财政支出划分为投资支出、消费支出和转移支出分别予以考察,具体探讨了财政支出的增长在经济发展不同阶段的不同特点。

经济发展早期阶段的财政支出中用于公共投资部分比重很大,增长的速度也很快。因人们的生活水平不高,主要是满足人们的基本需要,如吃、穿等,因而对政府的公共性消费支出需求不大。这一时期主要考虑经济的发展速度,因而转移性支出也不大。经济发展中期阶段,此时私人资本积累开始上升,公共积累支出的增长率就会下降,从而公共投资支出在GNP的比重下降。政府用于教育、卫生和安全等方面的消费性支出增加,其在整个财政支出中的比重相应上升,用于解决收入分配问题的转移性支出也开始增加。经济发展成熟阶段,这一时期的政府公共性投资支出又呈增长势头,表现为一种对私人消费品的补偿性公共投资。但从总体上而言,公共性投资占GNP的比重呈不断下降趋势;公共消费支出占社会总消费支出中的比重上升;用于解决社会公平的转移性支出将会大幅度增加。

(二)内生增长理论

内生增长理论对财政政策在经济增长中的作用做出了新的解释。在现代经济增长理论中,新古典增长理论是最成熟也最具有代表性的,该理论将经济增长解释为生产要素(特别是物质资本)的积累过程,认为只要投资超过重置的原有机器(或者人口增长带来的人均资本下降),人均产出就会增加,经济就会增长。但是,资本积累存在收益递减趋势,当投资减少到只足以抵补折旧时,资本积累就会稳定下来,人均产出和经济增长则将停滞。尽管有的经济学家已经意识到,如果物质资本的载体在技术上更加先进,资本积累收益递减的趋势就会得以克服,即可实现人均产出和经济的持续增长,然而,该理论没有构建起相关的模型,仍然是将技术进步视为经济增长的一种外生因素。从20世纪80年代开始,以罗默、卢卡斯为代表的一批学者,针对新古典模型的缺陷,提出了一种新的经济增长理论。该理论的基本思想是,劳动投入过程中包含着因教育、培训及职工再教育而形成的人力资本,物质资本积累过程中包含着因研究开发活动而形成的技术进步,生产性公共投资的增加也有助于提高物质资本的边际收益率,因此,生产要素积累的收益率不会出现递减趋势,长期增长率将大于零。显然,这一理论的贡献在于将原来认为是促进经济增长的外在要素内在化,据此人们将这种理论称为内生增长理论。这一理论对财政政策在经济增长中的作用也做出了崭新的诠释,认为生产性公共资本、人力资本和研究开发活动是一个国家长期经济增长的内在因素和内在动力,而这些因素具有明显的非竞争性、非排他性和外溢效应,具有“公共物品”的某些属性。也就是说,这些因素在财政政策变量的范围之内,所以,财政政策对经济增长和经济结构的调整,特别是对长期经济增长和经济结构的调整,具有重要的特殊作用。财政支出结构不是一成不变的、不是僵化的。从客观上说,它取决于一个国家所处的经济发展阶段,财政支出结构的发展变化带有一定的规律性。但从政府制定财政政策的角度看,则必须根据一定时期的发展战略和政策目标以及经济形势的发展变化,推动财政支出结构的调整和优化,而内生增长理论为调整和优化财政支出结构提供了重要思路。

总之,内生增长理论是产生于20世纪80年代中期西方宏观经济理论的一个分支,其核心思想是认为经济能够不依赖外力推动实现持续增长,内生的技术进步是保证经济持续增长的决定性因素。人力资本、技术进步和生产性公共投资促进资本收益的不断提高,即提高了边际收益率,而不是原来的边际收益递减。因而,随着经济的发展,政府应该在教育、技术和公共投资上增加支出。

二、我国财政支出结构的变化与优化财政支出结构的思路

(一)我国财政支出结构变化的历史进程

改革开放之初,为了激发经济活力,财政收入一度下降,首要应对措施是压缩基本建设支出。随着财政收入的恢复和增长,基本建设支出规模也有所恢复和增长,但基本建设支出和经济建设支出占财政支出的比重仍然呈下降的趋势。

1992年10月中共十四大确立经济体制改革的目标模式是建立社会主义市场经济,并明确"建立社会主义市场经济体制,就是要使市场在国家宏观调控下对资源配置起基础性作用"。这也就明确了财政支出结构调整变化的方向和发展趋势。国有企业要转换经营机制,建立"产权清晰、权责明确、政企分开、管理科学"的现代企业制度,政府管理经济的职能要转变为以经济手段和法律手段以及必要的行政手段为主的间接的宏观调控;相应地,财政投资则要退出一般的竞争性领域,集中于提供那些具有非排他性和非竞争性的公共物品,满足社会公共需要。

2002年召开的中共十六大明确我国已初步建立起社会主义市场经济体制的基本框架;十六届三中全会提出了"坚持以人为本,树立全面、协调、可持续的发展观,促进经济社会和人的全面发展"的科学发展观,要求统筹城乡发展、统筹区域发展、统筹经济社会发展、统筹人与自然和谐发展、统筹国内发展和对外开放。进入21世纪,我国社会经济发展进入一个新阶段,我们既面临前所未有的发展机遇,也面对严峻的挑战。在战略机遇与矛盾凸显的时代,必须坚定不移地以经济建设为中心,把构建和谐社会摆在更加突出的地位。我国已经进入注重加强各项社会事业的发展阶段,要求优先发展教育,提高医疗卫生服务,实行积极的就业政策,完善社会保障体系;我国也已经进入二元结构转化的关键阶段,要坚持以工补农的方针,加强社会主义新农村建设,推动城乡协调发展;坚持可持续发展的路线,保护生态环境,合理利用资源,推动发展方式的转变。总之,随着经济体制改革的不断深化和社会主义市场经济体制基本框架的初步建立,我国已经为财政支出结构的调整变化确立了基本目标和基本格局。按原财政支出的功能性质分类计算,经济建设费与社会文教费相比,"五五"时期至"十五"时期,前者由59.9%下降为29.1%,后者由14.4%上升为26.6%;按原财政主要支出项目分类计算,基本建设支出与文教、科学、卫生事业费相比,前者由35.1%下降为12.9%,后者由11.0%上升为18.0%。"十一五"时期财政收入的快速增长,为优化财政支出结构提供了较大的空间,财政支出结构发生了明显的变化,朝着构建和谐社会的方向转变已经迈出重大的一步。"十二五"时期是我国全面建设小康社会的关键时期,公共投资支出进一步让位于消费性支出和转移性支出。

(二)优化财政支出结构,建立保障社会民生的长效机制

一是促进社会民生事业建设与经济的协调发展。经济发展是社会事业建设的前提和基础,是社会事业建设的重要保证,而社会事业建设则是社会经济协调发展的重要组成部分。正如前文介绍的"经济发展阶段论"所指出的那样,当经济发展到一定阶段时,要求加快发展与之相匹配的社会事业;社会事业发展了,会对经济的进一步发展提供内在动力和支撑。两者相辅相成、相互促进,共同发展,这是一条不可逾越的经济发展规律。经济发展与社会事业建设是互融的而不是对立的。一方面,内生增长理论诠释了教育、科技以至医疗卫生事业等构成经济增长的内在因素,它可以克服资本积累效益递减的效应,推动经济的持续增长;另一方面,社会事业支出属于社会消费性支出,一部分将转化为个人消费,所以社会事业建设具有直接扩大内需和为扩大个人消费解除后顾之忧的功能。为此,财政既要促进国民经济又好又快发展,在此

基础上不断壮大财政实力，为改善社会民生提供坚实的财力保证；同时，财政又要注重推动社会事业建设，注重改善民生，解决群众关心的突出问题，为经济发展创造和谐的社会环境，促使经济发展与社会事业两者相互促进、协调发展。

二是突出重点，统筹兼顾。我国是一个发展中的大国，人口多、底子薄，仍处于并将长期处于社会主义初级阶段，目前经济发展总体水平不高而且发展很不平衡，社会事业发展相对滞后，建设社会事业需要有足够的投入，但财政承受能力毕竟是有限的。因此，财政既要统筹兼顾，全面支持各项社会事业加快发展，又要突出重点，从我国具体国情和发展阶段出发，充分考虑各方面的条件和财政承受能力，适当集中财力，着力支持解决人民群众最关心、最直接、最现实的利益问题，优先保障基本公共服务需要，并随着经济发展逐步提高社会事业发展和民生保障水平。

三是大力推动社会参与，广泛发挥社会各界的积极性。在社会主义市场经济条件下，改善民生，加快社会事业建设，既要充分发挥财政的职能作用，也要积极调动社会各方面参与的积极性。教育、医疗卫生、社会保障等社会事业具有明显的公益性质，直接关系社会公众利益和福祉，直接关系社会公平正义，要切实发挥财政的职能作用，不断增强各级政府提供公共产品和服务的财政保障能力，减轻群众在教育、医疗卫生、养老、住房等方面的支出负担。同时，必须认识到，广大人民群众多样性、多层次和不断变化的社会需求不可能完全由政府(财政)直接提供，公益性事业发展形式不是单一的，运行机制也各异，政府不应当也不可能包办一切。对于那些可以而且能够通过市场满足的社会需求，要充分调动各类市场主体和社会组织的积极参与性，尽可能地发挥市场机制在建设社会事业中的作用。中国经济要转型升级，向中高端迈进，关键是要发挥亿万中国人的智慧，把“人”的积极性更加充分地调动起来。

四是加强制度建设。加快发展社会事业，不断改善民生，既要增加财政投入，更要加强制度建设。不增加投入，社会事业就不能加快发展。而没有相应的制度保障，增加的投入也难以有效发挥作用。要在加大财政投入力度、提高财政资金使用效益的同时，针对管理体制和运行机制中存在的不适应、不符合科学发展观的问题，着力支持改革创新，不断完善管理体制与运行机制，建立健全民生保障的长效机制，确保取得长远效果，更有力地促进社会事业的发展。

五是推进预算绩效管理，注重民生投入的使用绩效。在财政支出规模既定的条件下，提高支出绩效则成为关键。投入的绩效与投入的规模是密切相连的。相同的一笔投入，只要绩效好，就可以办更多的事；同一个投入项目，只要绩效好，就可以减少投入。比如，中央财政对部分专项转移支付项目和县级财政支出管理等开展了重点绩效评价，并积极探索实施评价结果公开、绩效约谈、绩效奖惩等绩效评价，取得了良好效果。这方面要进一步扩大实施绩效管理的部门范围和资金规模。

六是厉行勤俭节约，加强厉行节约、反对浪费的制度建设。认真贯彻中央八项规定精神。仅两年时间，整个中国都被这八条表述简洁、指向清晰的党内规定所改变，从遭受重创的公款吃喝，到被压缩的会议文件；从批判懒政庸政，到狠刹节日送礼风；从违规人员被曝光，到颁布一系列规章制度，可以说，整个中国，都在适应并且欢迎这些八项规定所带来的“新常态”。按5%比例压减中央本级一般性支出，腾出的资金转入中央预算稳定调节基金，留待以后年度经预算安排使用。围绕落实《党政机关厉行节约反对浪费条例》，贯彻执行中央和国家机关会议费、培训费、差旅费、外宾接待经费、因公临时出国经费和因公短期出国培训经费等管理办法，增强制度的可操作性和权威性，建立健全厉行节约、反对浪费长效机制。

第四节　财政支出效益

一、财政支出效益的内涵

所谓效益，就是人们在有目的的实践活动中"所费"和"所得"的对比关系；所谓提高经济效益，就是"少花钱、多办事、办好事"。对于微观经济主体来说，提高经济效益，有着十分明确且易于把握的标准，即花了一笔钱，赚回了更多的钱，这项活动便是有效益的。从原则上说，财政支出效益与微观经济主体的支出效益是一样的；但是，由于政府处于宏观调控主体的地位，支出项目在性质上也千差万别，财政支出效益同微观经济主体支出的效益又存在着重大差别。具体而言，一是两者计算的所费与所得的范围大相径庭。微观经济主体只需分析发生在自身范围内的直接的和有形的所费与所得；政府则不仅要分析直接的和有形的所费与所得，还需分析长期的、间接的和无形的所费与所得。二是两者的选优标准不同。微观经济主体的目标是追求利润，绝不可能选择赔钱的方案；政府追求的则是整个社会的最大效益，为达到此目标，在力求少花钱多办事的同时，局部的亏损也是可行的、必要的。所以，政府在提高财政支出效益的过程中，面临需要处理的各种复杂问题。从全社会的角度看，资源永远是稀缺的，资源的稀缺性是财政收支研究的理论支点。所以财政对公共物品的资源配置是否达到了最优化、提供成本是否最低、提供的水平和结构是否合理、是否达到社会福利最大化的目标，这是财政收支活动所追寻的永恒主题。资源稀缺性往往表现为财政收入不能满足财政支出，财政支出又不能满足公共需要，这就要求财政支出的安排和使用必须效率优先，保证重点，照顾一般，厉行节约，提高效益。

财政支出效益内涵有三个层次的内容：一是财政支出的内源性效益，指财政支出本身所产生的效益，包括直接效益和间接效益。内源性效益又可分为三个方面，即财政支出总量效益、财政支出结构效益和财政支出项目效益。二是财政支出的部门绩效，指使用（管理）财政支出的公共部门（如教育、文化、农业等）财政年度内的工作绩效。三是财政支出的单位绩效。任何一项财政支出最终都要通过公共部门分配到具体的使用单位，因而资金使用单位既是支出链中的最终环节，又是资金使用效益的直接体现者。财政支出能否得到相应的产出，能否发挥最大的效益，最终取决于使用单位。

二、财政支出效益分析方法

（一）成本—收益分析法

该分析法是将项目的受益收入与支出成本、经营成本相对比，用净收入和收入成本率来评价项目经济效益的一种方法，适用于项目发生的收益能用货币计量的情况。

假设一个项目的寿命为 n 年，第 i 年的折现率为 r_i，第 i 年的效益和成本分别为 B_i 和 C_i，$i=0,1,2,3,\cdots,n$，则第 i 年的净收益为 B_i-C_i。那么该项目的未来净效益的现值（NPV）为：

$$NPV=\sum_{i=0}^{n}\frac{B_i-C_i}{(1+r_i)^i}$$

式中，B_i 为第 i 年的收益；C_i 为第 i 年的成本，r_i 为第 i 年的贴现率，n 为该项目使用年限。

根据上式计算出来的结果，我们就可以对某一项目的投资可行性做出判断：

如果 $NPV>0$，该项目可行；如果 $NPV=0$，计算内部收益率（净现值等于零的贴现率），如果内部收益率大于银行贷款利率，该项目可行；如果 $NPV<0$，该项目不可行。对于不同项目进行选择时，则比较它们的 NPV 取值大小，同等条件下选择 NPV 高的项目。

采用成本—效益分析法进行评估时要注意两点：(1)对折现率 r 的选择，应采用社会折现率。这种贴现率一般比私人企业的投资收益率要高。这是因为社会贴现率是站在国家宏观经济角度，对其投资所应达到的收益率标准，不但要考虑该项投资在当代的收益，还要考虑下一代人的获益，即使不考虑下一代的因素，私营部门也往往较为短视，将投资的收益率估计过低，公共支出项目往往会带来外部效应，这种外部效应也要纳入项目效益之中。(2)对公共项目的投入、产出物的价格应采用影子价格。所谓影子价格，是指当社会经济处于某种状态下时，能够反映社会劳动消耗、资源稀缺程度和最终产品需求情况的价格。将影子价格应用于公共支出项目评价中，有利于促进资源配置的优化。

成本—效益分析法可以广泛应用于成本和收益都能准确计量的项目的评价，如公共工程项目等；但其局限性也显而易见，即不能应用于成本和收益无法用货币计量的以社会效益为主的支出项目的评价。

（二）最低成本法

最低成本法，也称最低费用选择法。这种评价方法与成本—效益分析法的主要区别是不用货币单位计量备选项目的社会效益，只计算项目的有形成本，并以成本最低作为择优的标准。因此，最低成本法适用于评价那些成本易于计算而效益不易计量的支出项目。

运用最低成本法来选择支出项目，其基本原理与成本—效益分析法大体相同，只是由于免去了计算支出效益和无形成本的麻烦，操作程序要简化得多。首先，根据已确定的建设目标提出几种备选方案；其次，分别计算各种备选方案的有形费用，如果是多年持续的支出项目，还要采取贴现法折算出“费用流”的现值；最后，按费用的高低排列顺序，供决策者选择。

最低成本法多被用于教育、卫生、文化以及政治、军事等支出项目。下面举例加以说明。假定政府为适应“三农”建设要求今后每年要多培养 1 万名农学专业的大学生，经专家论证提出可以达到这一目标的四种方案：(1)新建 5 所农学院，各校招生 2 000 人，这就要求兴建校舍，招聘教师和管理人员。(2)现有农学院扩大招生规模，这就要求新建部分校舍，增聘部分教师和管理人员。(3)兴办广播电视大学，这就不仅要求新建校舍及新聘教师和管理人员，而且要求购置与广播电视教学有关的各种设备。(4)组织农学专业自学考试，这仅要求增加辅导、考试等一系列的工作量。我们假定四种方案都可以培养出 1 万名质量相同的农学专业大学生，但四种方案之间的成本费用肯定存在相当大的差距，显然以成本费用最低者为最优选择。这个例子是十分浅显的，它旨在说明当确定每一个支出项目特别是重大的支出项目时，不是随意的，而是应当认真而仔细地估量这项支出的成本和效益。这是一个财政工作者应有的职责。

三、财政支出效益评价体系

评价指标体系设置的基本原则包括经济性（economy）、效率性（efficiency）与有效性（effectiveness）兼顾的原则，即所谓“3E 原则”；针对性与兼容性相结合的原则；定量指标与定性指标相结合、相衔接的原则；工作需要与可操作性相结合的原则。具体指标体系设计如下：

规模效益指标体系：

财政支出(分类别支出)占 GDP 的比重＝当期财政支出(分类别支出)/当期 GDP×100％

财政支出(分类别支出)贡献率＝当期 GDP 的增加值/当期财政支出(分类别支出)总额×100％

财政支出(分类别支出)公共物品产出率＝当期公共物品总额/当期财政支出(分类别支出)×100％

结构效益指标体系：

本级财政支出占本区域的比重＝当期本级财政支出总额/当期本区域财政支出总额×100％

各类支出占财政总支出的比重＝当期某类支出总额/当期财政总支出×100％

各项目支出类别的比重＝当期某项目支出总额/当期类别支出总额×100％

支出项目效益指标体系：

支出项目的成本收益率＝期间支出项目的经济收益/期间项目支出总额×100％

财政资源使用成果率＝财政支出项目成果/财政项目支出总额×100％

这两个指标仅提供了一种思路，在具体的指标设计中，还需综合考虑多重因素的影响，如对社会经济可持续发展能力、生态环境的保护、社会收入公平分配、区域性经济发展战略等，针对不同支出项目设立相应的评价指标。与此同时，还要寻找出各有关支出项目的外源性制约因素，以期能提供财政支出效益最大化的模式，建立起科学的支出项目评价指标子系统。

公共部门(单位)效益指标体系：

履行职能的标准成本率＝履行某项职能的实际成本/履行某项职能的标准成本×100％

政策目标(计划)完成率＝政策目标(计划)数量/政策目标(计划)完成数量×100％

对公共部门(单位)的评价是一项较为复杂的工作，无论是行政管理成本的高低还是政策目标的完成情况，其影响因素多种多样，且具有不确定性。标准成本的制定也只能是一个大致的状况，因而要进行准确的评价难度是相当大的。

第五节　财政支出的民主化和法制化

我国财政民主化和法制化程序主要包括四方面的内容：确定国家预算收支规模，实现国家预算效益最大化的目标；按国家的方针政策确定公共项目的种类，包括公共支出项目和公共投资项目，确定各公共项目的支出数额及其所占比例；通过立法确定预算收入的筹资方式和制度，即确定税种、税率、纳税人和合法收费等事项；对预算执行实施日常财政监督，审核国家决算。本节重点讨论公共选择理论对财政支出民主和法制的影响。

按照美国学者缪勒的说法，公共选择理论可以定义为非市场决策的研究，或简单地定义为将经济学运用于政治科学。公共选择的主题与政治科学的主题是相同的，涉及国家理论、投票规则、投票者行为、政党政治、官僚机构等；公共选择的民主要包括直接民主决策机制中的一致性原则、多数票原则、互投赞成票理论，以及间接民主决策机制中的政治家追求选票最大化、政府雇员追求声誉、权利最大化和特殊利益集团追求自身利益最大化而游说政府。本节简单通过多数票原则进行说明。

多数票原则要求一项政策必须超过半数或者多数选民同意才能被通过和执行。虽然每个选民会投出符合自己意愿的选票，但是可能会产生投票循环和投票结果被操控的结果。

如果有3个选民，对某项政策进行投票。甲第一偏好为A，第二偏好为B，第三偏好为C，其他选民以此类推。按照多数票原则，选举结果为B>C>A。但是如果将乙的偏好略加改变，由C、B、A变换为C、A、B，选举结果为B>C>A>B。当进行两两投票的时候，最后参与投票的选项将获胜。如先让C和A参与投票，结果C胜出，再让C与B参加投票，B胜出。这意味着选举结果可被操控。

表3—1　　公共选择理论偏好模型

选　择	选民		
	甲	乙	丙
第一	A	C	B
第二	B	B	C
第三	C	A	A

其原因在于他人虽然仍为单峰偏好，但改变后的乙的偏好是双峰偏好（见图3—1）。峰是指左边和右边的点都低于该点，该点即为峰。

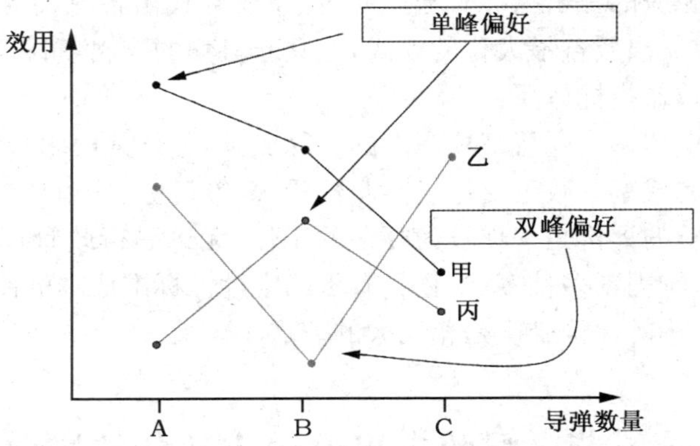

图3—1　公共选择理论单峰和双峰偏好

公共选择理论对我国财政法制化和民主化的借鉴意义：

首先，对合理解决政府与市场关系具有指导意义。市场会存在失灵，政府多数票原则也会被控制而失灵，因而要把握好政府干预经济的限度，要有对市场的敬畏感，不要有干预的冲动，牢记市场起基础作用。

其次，对政治体制及行政体制的改革具有借鉴意义。间接民主中每个人都有自己的利益最大化目标，应该设计好的政治和行政体制让每个人在实现自己利益最大化的时候满足社会的利益。

再次，对实现公共决策（政府决策）的法制化和民主化具有重要的实践意义。公共选择理论中的任何民主机制都是一种把人民的利益诉求转化为政府行为的一种机制，以多数票为例，要让每个选民表达出自己的投票偏好来，也就是允许选民及其代表争论、讨论、辩论等。

最后，对在政府决策过程中，正视政府行为的"经济人"特征具有借鉴意义。要意识到"经济人"假设在市场和政府中同样发挥作用。

【本章小结】

财政支出要明确财政的分类、规模和结构，并通过财政分析方法对财政效益进行研究。与此同时，合理借鉴西方财政的公共选择理论。

【思考题】

1. 辨析题：购买性支出分为投资性支出和转移性支出。

2. 知识应用题：日本和俄罗斯因北方四岛（俄罗斯称"南千岛群岛"）争端如果爆发冲突的话，会对财政规模产生什么影响？适用哪个理论？

3. 知识应用题：在安排公益岗位时，有人认为，公益岗位不应该算作成本，而算作收益，请用成本—效益法中的影子价格和社会折现率加以解释。

4. 综合论述题：论述我国应如何控制好财政支出的规模。请结合我国城镇化和老龄化实际。

【案例分析】

案例一

《增长的极限》从 1972 年公开发表以来，1/4 世纪过去了。在这新世纪即将来临的年代里，在我们这个人口数量最多、经济增长速度最快的发展大国，重新出版这本"旧书"，仍然有深远意义。增长的极限来自于地球的有限性。在米都斯小组看来，增长是存在着极限的，这主要是由于地球的有限性造成的。他们发现，全球系统中的五个因子是按照不同的方式发展的，人口、经济是按照指数方式发展的，属于无限制的系统；而人口、经济所依赖的粮食、资源和环境却是按照算术方式发展的，属于有限制的系统。这样，人口爆炸、经济失控，必然会引发和加剧粮食短缺、资源枯竭和环境污染等问题，这些问题反过来就会进一步限制人口和经济的发展。书中提出了循环经济的方法对增长的极限问题加以解决。

（资料来源：根据《增长的极限》内容和相关评论整理）

请回答：

(1)增长的极限理论依据是什么？

(2)是否存在增长的极限？请用内生增长理论分析。

案例二

国务院于 2009 年 8 月 30 日正式批准了吉林省提交的《长吉图开发开放先导区规划》方案，这意味着吉林省区域发展战略获得国家认可。从 20 世纪 90 年代开始，联合国开发计划署就曾经着手推动图们江流域的中国、俄罗斯、朝鲜、蒙古、韩国、日本等国家进行区域合作开发。吉林省长吉图开发开放先导区的建立延续了区域合作的成果，巩固了多国区域合作的框架。但是，吉林省希望借国际区域合作的契机，从外而内地推动吉林省产业体系和经济结构优化、升级的意愿并没有实现。2014年，长吉图战略实施5年后，吉林省经济滑出合理区间，增速跌破底线，各类经济指标全线告急。2014年4月，当年第一季度数据公布之后，李克强总理赶赴吉林举行经济形势座谈会；同年7月，当年半年数据公布之后，经济情况依旧没有改善，习近平总书记亲赴吉林调研。2016年1月26日，吉林省十二届人大五次会议上，吉林省省长蒋超良在2016年政府工作报告中指出，吉林省2015年GDP增速6.5%，领先于辽宁省和黑龙江省，但仍低于全国平均水平的6.9%。被寄予厚望的长吉图区域如何重新发力，更好地履行其吉林省经济发展引擎的功能，也许立足于长吉图区域的重化工业轻型化的发展思路是吉林省目前自内而外破解经济难题的有益思考。

《基于重化工业轻型化构建吉林省新型产业体系——兼论长吉图地区的产业布局》一文指出，将吉林省经济不振归因于重化工业的周期性萎靡是不全面的，吉林省经济发展缓慢至少受到了以下四个因素的制约：工业体系倒序发展、国有经济严重侵扰民营经济、体制内固有思维与创新思维的矛盾、人口总量减少和人口外流对工业劳动力市场双重挤压。这些制约使得吉林省产业体系陷入两难境地：一方面重化工支柱产业支不住；另一方面信息、服务等新兴产业新而不兴。在这种情况下，吉林省应该挖掘产业体系中的积极因素，认识到以重化工业为主的循环经济已经拥有一定基础，新兴产业也积累了一些底蕴，国家创新布局正在强力突破吉林省的内在桎梏。

（资料来源：中国知网）

请回答：

(1)资料中指出吉林省经济发展存在哪些问题？

(2)结合经济发展阶段论，财政应该加大哪类支出优化吉林省的工业体系结构？

【翻转课堂任务列表】

1. 梳理本章知识框架，厘清内在逻辑联系。
2. 理解和掌握本章的重点、难点和热点。
3. 完成本章的课后题。
4. 提交一份学习笔记作业，可以是任务列表中的任务，也可以是学习过程中的“亮考帮”等，为课堂讨论和展示提供支撑。作业评价标准为提交、认真和创新三个等级。

【学习实践】

现场观看任一晚会或表演，分析财政支出应侧重哪些方面？

第四章　消费性支出

【内容导读】

1. 为何学？在理论上本章完成了行政管理、国防和教科卫支出的论述，对财政支出的三类支出中的第一类支出——消费支出进行完整阐述。在实践上，通过学习能够对消费支出中的各项具体支出给出现状判断和合理化的支出建议。

2. 学什么？将行政管理和国防支出作为一类支出学习，了解两者的现状，并分析影响因素；将教科卫支出作为一类支出学习，对其现状、问题和建议进行深入分析。

3. 怎么学？学习各节内容时，尽量按照现状、纵横向对比、问题和建议的逻辑顺序进行研学。

【本章重点、难点和热点】

1. 重点：政府干预教育的理由；我国科技投入政策。

2. 难点：政府介入卫生医疗事业的理由。

3. 热点：影响行政管理支出的因素；我国教育支出的工作重点；我国卫生医疗体系的进一步改革。

第一节　行政管理与国防支出

一、行政管理和国防支出的属性

行政管理费和国防费以及由这些费用支持的各种活动，究竟对经济产生了好的影响还是不好的影响，并不是三言两语可以说清楚的。对此，我们至少可以有三个观察的角度：一是从直接的生产和消费社会财富角度来看，这两类费用纯属社会财富的“虚耗”，因为行政活动和国防活动是非生产性劳动，从而与生产性劳动相对立。就此而论，这两类支出越少越好。二是从财富生产的社会条件看，国防保护了人民生产与生活的安全，行政活动维持了生产与生活的秩序，因而，用于这两类活动的费用又不是在“虚耗”社会财富。三是从社会经济的循环来看，生产是产品的创造，消费则是产品的实现，若无消费，生产不仅是一种无实际内容的概念，而且也不能正常进行。行政和国防支出，正是全社会消费的一个必要的组成部分。

二、行政管理支出

(一)行政管理支出的构成

广义的行政管理支出包括现行《政府收支分类科目》中以一般公共服务为主的三类科目：一般公共服务，包括人民代表大会、政协、党派团体、政府各部门等；公共安全，包括武装警察、公安、检察、司法等；外交，包括外交管理事务、驻外机构、对外援助、对外合作交流等。为了满足这类公共需要，必然形成项目众多而且数量可观的财政支出。按费用要素区分，行政管理支出包括人员经费和公用经费两大类。人员经费中主要包括工资、福利费、离退休人员费用及其他；公用经费中包括公务费、修缮费、设备购置费和业务费等。

(二)行政管理支出的规模

在不同国家的不同时期，行政管理支出的规模也有所不同。自由资本主义时期，强调靠“看不见的手”调节经济，提倡“廉价政府”，因而当时的财政支出主要是行政管理支出，当时支出规模较小，占GDP的比重较低。行政管理既然是政府的一项基本职能，行政管理费当然不可能从财政支出中完全消失，甚至它的绝对规模不断增长也带有必然性。我们不妨对行政管理费包含的几项支出进行简略分析。一般公共服务支出的增加显然是党政机关扩大的结果，原有机关的扩大和机关新设，都会使机关经费——“人头费”和行政业务费增加。随着社会经济的发展，经济活动日趋复杂，“公共事务”也日益增多，则必然带来行政管理支出的增长。安全、检察、司法支出是维持社会经济运行秩序的保障，随着社会经济活动日趋复杂，社会交往的规模日益扩展，犯罪和违法事件以及经济和社会纠纷也必然增多，相应地，公共安全经费的增长也是不可避免的。国际交往也会随着经济发展和外事活动的频繁而增多起来，于是，驻外机构的费用、迎来送往的支出也将呈不断增加的趋势。将上述各方面总括起来看，不得不承认，行政支出不断增长是一个历史已经可以证实的不争的事实。然而，行政管理支出的绝对数虽然是增长的，但它在财政支出总额中所占的比重却应呈下降趋势，世界各国一般都是如此。

新中国成立之初，“一五”至“四五”期间，行政管理费占财政支出的比重呈现持续下降的趋势，但自改革开放以来非但没有做到继续下降或维持原有的相对规模，反而是财政支出中增长最快的一个项目，占财政支出的比重有所上升。这一比重按2007年《政府收支分类科目》改革前的分类科目计算，由1978年的4.37%上升到1995年的12.8%，随后有所下降，至2001年明显下降为6.4%，但随后又持续上升，2005年达到14.3%。近年来，按照中央“八项规定”以及《党政机关厉行节约反对浪费条例》等有关精神，行政管理支出有了下降趋势，从2010年的占公共财政支出比重的16.5%，降低至15.6%。2013年我国行政管理支出中一般公共服务支出13 755.1亿元，外交支出355.8亿元，公共安全支出7 786.8亿元，共计21 897.7亿元。由此看来，经济体制改革的不断深化，要求加快政治体制改革，与之相适应，精简机构、压缩党政人员编制，加强行政管理费的管理和约束，提高行政经费的效率，已是当前经济发展和经济改革的一种内在要求。

(三)直接影响行政管理支出的主要因素

直接影响行政管理费规模的主要因素有政府职能、机构设置、行政效率以及管理费本身的使用效率等。行政管理费是由人员经费和公用经费两部分组成的，政府职能范围的大小，机构设置的多少，以及由此而决定的政府机关工作人员的多少，自然是决定行政管理费规模的关键因素。我国在较长时间内政府机构及其人员过分膨胀，是不争的事实。社会主义市场经济改革的目标之一就是要转变政府职能，削减政府机构，然而，我国的实际情况却不能令人满意。例如，与社会主义市场经济的运行有关的若干机构继续在扩大或者增设，而那些与新体制运行不那么协调的机构却得不到有效的压缩，新旧叠加的结果自然是行政支出的增加。改革开放以来，我国对政府机构先后进行了五次改革，但机构和人员膨胀的势头依然没有减缓。由于机构设置的上下对口，中央每设一个机构，全国县以上就要设 3 000 多个机构，还有庞大的乡镇一级政府机构。在削减政府机构的同时，各种仍然和政府机构尚未完全脱钩的事业单位、学会、协会和基金会等却有增无减。据有关统计资料显示，中国财政供养人口在 1978 年时为 2 015万人，至 1997 年初已增长到 3 675 万人，增长了 82.4%，相当于中国总人口同期增幅的 3 倍。1978 年时为 50 个人供养一个财政供养人口，至 1997 年则要 30 个人供养一个财政供养人口。2008 年财政供养人员 3 946 万，需要 34 人供养一个财政供养人口。财政供养人口增大，直接增大了财政压力，也增大了人民的负担。此外，行政管理费理应向公用经费倾斜，但我国的公用经费缺乏明确的界定，预算约束软弱，且不说人员、车辆、会议、电话等开支的增幅过快，而且掺杂某些变相的私人消费，诸如公费旅游、公款招待、大吃大喝等不正之风屡禁不止。行政机构和人员队伍庞大，政企不分，经费增长过快，滋长了官僚主义，助长了铺张浪费，也成为潜在的贪污腐败的温床。

三、国防支出

(一)我国的国防政策

中国奉行防御性的国防政策。依照宪法和法律，中国武装力量肩负对外抵抗侵略、保卫祖国，对内维护社会大局稳定、保卫人民和平劳动的神圣职责。建设与国家安全和发展利益相适应的巩固国防和强大军队，是中国现代化建设的战略任务，是中国各族人民的共同事业。

中国的发展道路、根本任务、对外政策和历史文化传统决定中国必然实行防御性的国防政策。中国坚定不移地走和平发展道路，对内努力构建社会主义和谐社会，对外推动建设持久和平、共同繁荣的和谐世界。中国坚定不移地推进改革开放和社会主义现代化建设，既利用和平的国际环境发展自己，又通过自己的发展维护世界和平。中国坚定不移地奉行独立自主的和平外交政策，在坚持和平共处五项原则的基础上同所有国家发展友好合作。中国坚定不移地秉承中华民族优秀文化传统和以和为贵的和平理念，主张用非军事手段解决争端、慎重对待战争和战略上后发制人。不论现在还是将来，不论发展到什么程度，中国都永远不称霸，永远不搞军事扩张。新时期中国国防的目标和任务主要有：一是维护国家主权、安全、发展利益；二是维护社会和谐稳定；三是推进国防和军队现代化；四是维护世界和平稳定。

(二)我国国防费构成和支出

中国国防费主要由人员生活费、训练维持费和装备费三部分组成，各部分大体各占 1/3。人员生活费用于军官、文职干部、士兵和聘用人员的工资津贴、住房保险、伙食被装等。训练维持费用于部队训练、院校教育、工程设施建设维护以及其他日常消耗性支出。装备费用于武器装备的研究、试验、采购、维修、运输和储存等。国防费的保障范围包括现役部队、预备役部队和民兵，同时也负担部分退役军人、军人配偶生活及子女教育、支援国家和地方经济建设等社会性支出。

随着国家经济社会的发展，中国国防费保持适度合理增长。近年来，国防费占国内生产总值的比重相对稳定，占财政支出的比重略有下降，如表 4—1 所示。

表 4—1　　　　我国国防费支出

年　份	2010	2011	2012	2013
国防费(亿元)	5 333.4	6 027.9	6 691.9	7 410.6
占 GDP 的比重(%)	1.3	1.3	1.3	1.3
占公共财政支出的比重(%)	5.9	5.9	5.3	5.3

2005 年我国与部分国家的国防费比较如下:2005 年,中国国防费相当于美国的 6.19%,英国的 52.95%,法国的 71.45%,日本的 67.52%。特别是从军人人均数额角度相比,更明显偏低。2005 年中国军人人均国防费仅为 1.33 万美元,而美国为 35.66 万美元、日本为 18.85 万美元,中国是美国的 3.7%、日本的 7%。可见,与几个大国相比,我国国防费无论从绝对额还是相对水平来看,都处于较低水平。

第二节　教育、科学技术和医疗卫生支出

一、教科卫支出的属性

教科卫支出是归类于生产性支出还是非生产性支出一直都有争论。比如,企业的科研支出直接作用于生产环节,具有生产性支出的特性。但是,更多学者倾向于将教科卫支出归类于非生产性支出。因为教科卫支出在经济中所占地位越来越重要,因此将教科卫支出归类为非生产性支出恰好是一种重视的体现。在做这种归类时,需要强调三点,也是对教科卫支出非生产性支出属性的解释:(1)将教育、科学技术和医疗卫生支出归入非生产性范畴,只具有某种静态的、相对的意义,它只是说,用于这些事业的支出不能对当年的物质财富的生产做出直接的贡献。(2)从动态的、绝对的意义上说,教育、科学技术和医疗卫生事业的发展将不断提高劳动者、劳动工具和劳动对象的素质并改善三者的结合方式,随着 21 世纪已经进入知识经济时代,它们对物质财富生产的贡献将越来越大。(3)将教育、科学技术和医疗卫生支出计入非生产性一类,其实际意义只是要求社会在安排全部国民收入的用途时,应全面考虑生产的当前需要和未来发展的需要。教育、科学技术和医疗卫生支出应占据一个重要的位置,并且,随着劳动生产率的提高和国民收入的增长,要保证这一类支出的比例不断提高,甚至超过 GDP 的增长速度。

二、教育支出

(一)教育支出的提供方式

教育本身具有明显的私人物品的特征。中国历史上最早办私学的是孔子,是他把"学子官府"的历史改变,而使平民甚至奴隶也有了接受教育的机会。这是破天荒的伟大壮举,使中国历史的走向发生了改变。如果没有这种举动,中国五千年历史文化没有断绝是难以想象的。正因为这样,才使文化由贵族转向平民,由官府转向百姓。也正是文化的普及,用孔子的话叫作"天不丧斯文",后来的成语叫"斯文不坠"。斯文就是这种文化。孔子传授的文化是六经,是六艺,是 2000 多年前形成并一直流传到春秋时代的典章制度、饮食习俗、生活习惯、社会伦理

思想与制度。正因为孔子教书,"有教无类",弟子众多,才使这种文化普及并流传下来。那么,孔子教书到底收不收学费呢?关于这一点,孔子在《论语·述而》中有明确记载:"子曰:'自行束脩以上,吾未尝无诲焉。'"即孔子说:"只要主动送给我十条干肉的,我没有不收留做学生的。"美国著名财政专家、学者哈维·罗森明确提出,教育具有竞争性和排他性,属于私人物品。竞争性在于其他同学会分散老师的注意力,排他性在于很多美国的私立学校要缴纳高昂的学费才能入校。

但是,从教育带来的好处来看,初中等教育使国民的素质显著提升,整个社会从中获得益处,具有非竞争性和非排他性,具有公共物品的特征。而随着教育程度的提高,这种教育带来的好处逐渐向个体而非社会倾斜,也就越来越向私人物品的特征靠拢了。一般来说,低等教育拥有公共物品特征,应该由政府提供;高等教育具有准公共物品特征,应该由政府和私人共同提供。

(二)政府干预教育的理由

政府干预教育的理由:一是科技是第一生产力。当今社会已进入知识经济时代,科技进步已成为经济增长的主要动力,而科技进步又来源于教育。二是教育公平。避免因收入差距而形成受教育机会的不公平。如果教育服务主要由私人部门提供,学费必然被抬高,则收入较低家庭的子女即使天资聪颖,也会被拒校门之外。而主要由政府提供教育服务,就可以为所有社会成员提供同等的受教育机会,从而保证教育机会的公平,并避免流失优秀的人才资源。三是教育资本市场的不发达和不完善。对于家庭来说,用于教育的支出是一种人力资本投资,如果低收入家庭暂时无力支付学费,照理可以向金融部门申请贷款。问题是,人力资本市场是一个不完全的资本市场,在这个市场中,金融部门与借款者之间的信息不对称,人力资本投资究竟有没有回报或者回报率有多高,事先是难以确定的,因而金融部门不愿轻易发放贷款,而由政府主办教育服务并为教育贷款提供担保,则有助于弥补教育资本市场的不足。

(三)我国教育支出的规模和结构

近年来我国逐渐加大了对教育的投入,2012年首次达到了国际规定的财政性教育经费占GDP 4%的目标。具体见表4—2。

表4—2 **教育支出**

	2010	2011	2012	2013
教育支出(亿元)	12 550.0	16 497.3	21 242.1	22 001.8
占公共财政支出的比重(%)	13.9	15.1	16.8	15.7

我国教育经费虽然有所提高,但与国际平均财政性教育经费支出占GDP 5.2%的水平还有差距。而且,教育经费在初等、中等和高等教育之间分布的级次也不尽合理,在重视高等教育快速发展的同时,忽视初级教育,特别是农村的普及教育长期处于落后状态。根据世界银行《世界发展报告》提供的数据,世界各类型国家三级教育的人均教育经费之比的共同特征是逐级升高,但级差则随着经济的发达程度呈反向关系,即经济越发达,级差越小,各级教育经费的级差在低收入国家和高收入国家之间的差距比较大,高收入国家初级教育经费与高级教育经费之比为1∶2.2,而低收入国家则高达1∶12.2,中国各级教育人均经费之差则高于世界平均水平。三级教育人均教育事业费支出差距的大小与人均收入水平的高低呈反向关系。我国过去差距较大的这种状况,从客观方面说,同我国当时的经济实力、居民收入水平低下而且接受

初级教育的生源众多有直接关系；但从政策方面说，我国教育投资体制改革迟滞以及长期忽视初级教育投入的倾向，也难辞其咎。教育经费规模偏低和教育经费级次结构失调，必然影响教育经费的效率和效益。但这种差距是长期积累的结果，需要逐步化解。经过多年的努力，由于政府大力加大初级教育的投入，在缩小差距方面已经取得明显效果，教育投入的效率和效益逐步提高。

(四)我国教育支出的工作重点

财政教育投入的持续增长和管理体制的不断完善为教育改革和发展提供了有力的支持。《国家中长期教育改革和发展规划纲要(2010～2020年)》提到的重点问题就是我国教育支出的工作重点：一是以推动教育基本公共服务均等化为重点，突破体制创新，先后实施农村义务教育经费保障机制改革，建立健全家庭经济困难学生资助政策体系。二是注重解决关键领域和薄弱环节，重点支持《教育规划纲要》部署的重大项目。三是统筹城乡、区域协调发展，加大对农村、边远、贫困、民族地区的倾斜。四是《教育规划纲要》提出的各项发展指标全面提升，如：全面实现城乡九年义务教育；2010年以来小学净入学率达99%以上，初中毛入学率达100%，初中三年巩固率达94%以上，超过发达国家的平均水平。未来，我国教育会继续在这几个方面加大支出。

三、科学技术支出

(一)我国科技发展的现状

经济发达国家的GDP增加中60%～80%来源于科技进步。我国经济中的重大问题，如人均能源、水资源、生态环境脆弱、人口迅速膨胀、社会老龄化、公共卫生健康等客观矛盾，根本出路是实施科技创新，核心是尽快实现从资源依赖型向创新驱动型转变，实现对外技术依赖向自主创新转变，使科技创新成为经济发展的内在动力。

我国科技发展与发达国家有一定差距，主要表现在：(1)技术自给率低；(2)发明专利数量少；(3)科研质量不高；(4)尖子人才匮乏；(5)科技投入不足。但同时，我们也积累了一定的优势，具备了诸多有利因素，如：(1)科技人才总数达到3 000万；(2)研发投入位居世界第六位；(3)生物、纳米、航天等进入世界先列；(4)较完整的学科布局；(5)对创新需求有巨大市场；(6)越来越多的企业形成市场导向的自主创新机制。

(二)我国科技支出的现状

(1)财政科研经费占财政支出的比重下降。1980年为5.3%，2008年降至3.4%。

(2)R&D占GDP的比重提高了。1990年的0.7%升至2008年的1.52%，2012年为1.98%。世界平均水平为2%。

(3)企业是科技投入的主要来源。2008年共筹资9 123.8亿元，其中政府占20.8%，企业占69.8%，金融贷款占4.4%。

(三)我国科技投入政策

国务院《关于实施〈国家中长期科学和技术发展规划纲要(2006～2020年)〉的若干配套政策》对我国的科技投入和激励政策做出了明确的阐述，其中有关财政政策的内容主要有以下三个方面：一是完善科技投入机制。建立多元化、多渠道的科技投入体系，大幅度增加科技投入，全社会研究开发投入占GDP的比例要提高；确保财政科技投入的稳定增长，预算及其执行中超收的分配都要体现法定增长的要求；财政科技投入的重点是支持基础研究、社会公益性研究和前沿技术研究；发挥财政资金对激励企业自主创新的引导作用，创新财政科技投入的管理机制。二是税收激励。加大对企业自主创新投入的所得税税前抵扣力度，如允许企业按当年实际发生的技术开发费用的150%抵扣当年应纳税所得额；允许企业加速研究开发仪器设备折旧，如单位价值在30万元以下的可一次摊入管理费，30万元以上的可采取适当缩短固定资产折旧年限或加速折旧政策；完善促进高新技术企业发展的税收政策，完善促进转制科研机构发展的税收政策，支持创业风险投资企业的发展，扶持科技中介服务机构，鼓励社会资金捐赠创新活动。三是政府采购。建立财政性资金采购自主创新产品制度，认定政府采购自主创新产品目录，加强预算控制，优先采购；改进政府采购评审方法，给予自主创新产品优先待遇；建立激励自主创新的政府采购制度，建立本国货物认定制度和购买外国产品审核制度，发挥国防采购扶持自主创新的作用。

四、医疗卫生支出

(一)政府介入卫生医疗事业的理由及范围

1. 理由依据

(1)市场失灵，相关服务类公共物品如传染病的防范等私人不会提供，这意味着市场对一些公共物品无法有效提供，属于公共物品提供不足导致的市场无效率。

(2)为公平的收入分配提供前提——健康。

(3)弥补商业保险的缺陷。疾病的个人医疗这种私人物品虽然市场会提供，但是由于商业保险的缺陷，即信息不对称(道德风险和逆向选择)会使市场提供缺乏效率。

2. 范围

(1)提供医疗卫生领域的纯公共物品和准公共物品。

(2)补助穷人，为他们负担保险和必要的基本医疗服务。

(3)纠正信息不对称，使医疗保险有效率和公平。

总之，政府需要和能够对医疗卫生领域提供的服务为两方面：一是公共卫生服务，如：卫生监督、健康教育、疾病监控、卫生研究、医疗救助等；二是基本医疗服务，如：妇女怀孕方面的治疗服务、计划生育服务、肺结核控制、传染病控制、常见的婴幼儿严重疾病如麻疹，其他轻微临床治疗、小手术以及现代医术不能治疗的疾病的咨询，如自闭症等。

(二)我国卫生费用的投入情况及国际比较

我国2007年卫生总费用：11 289亿元，占GDP的4.4%。来源：政府预算20.3%，社会支出32.6%，居民个人45.2%。

国际比较：2003年卫生总费用占GDP比重：美国15%，中国4.9%；政府卫生支出占卫生总费用的比重(2003年)：美国44.4%，中国17%；政府卫生支出占财政总支出的比重：美国18.2%，中国4.5%。

(三)我国卫生医疗体系的进一步改革

1. 当前存在的严重缺陷

(1)政府投入不足。公共卫生体系不健全，基础设施不完善，缺乏应急机制；医疗机构实行创收机制，以药补医，公益性严重淡化。

(2)医疗保障机制不健全，尚未全面建立覆盖城乡居民的基本卫生医疗保障制度。社会医疗保险发展滞后，农村合作医疗保障水平较低，相当多的城乡居民没有基本医疗保障，仍然主要靠自费就医。

(3)城乡、区域和不同阶层之间卫生医疗服务水平的差距扩大。

(4)医疗和医药费用上涨,居民个人负担加重。看病难、看病贵、医患关系紧张,成为社会关注的热点和影响构建和谐社会的一个突出问题。

2. 改革思路

(1)覆盖城乡。改革的目标是建立覆盖城乡卫生医疗保障制度和不同形式的社会医疗保险体系,保障实现人人享有基本卫生医疗服务,提高全国人民的健康水平。

(2)政府主导、社会和个人参与。坚持政府主导、社会和个人积极参与的基本模式。政府要加大投入,加强立法,制订规划和监督管理的职责,在卫生医疗体系中发挥主导作用,同时,也要发挥市场的积极作用,提供多样化、多层次的医疗卫生服务体系。

(3)建立三重保障机制。一是基本卫生医疗保障制度,由政府举办卫生医疗机构,确定适度的医疗技术和基本药品,免费提供,体现卫生医疗的公益性和公平性。二是建立社会医疗保险制度,通过立法强制实施,以家庭为单位参保,保费由雇主和雇员分担,政府资助弱势群体,主要是解决大病风险问题。三是提倡商业医疗保险,公民自愿参保,满足多层次的医疗保障和医疗服务需要。

(4)同时进行卫生医疗和药品公共定价、药品购销制度和卫生医疗机构财务管理制度的改革。

(5)建立统一、精简、高效的行政管理体制,如建立突发事件应急机制。

【本章小结】

行政管理支出和国防支出通常都放到一起进行讨论,两者是构成国家的基础。教科卫支出一般被称为非生产性支出,这是对其重要性的一种表述。教科卫支出虽然都需要一定程度的私人或市场提供,但由于它们的公共物品特征,财政提供应该占据主导。

【思考题】

1. 辨析题:教育是私人物品,政府不应该干预。

2. 知识应用题:我国应实施怎样的科技投入政策?请结合科学技术是第一生产力的观点分析。

3. 知识应用题:结合三鹿奶粉的三聚氰胺事件,分析政府介入卫生医疗事业的理由。

4. 综合论述题:结合我国实际,我国为何应加大教科卫支出的力度?

【案例分析】

案例一

2016 年,教育部部长陈宝生在全国人大常委会上做关于高等教育改革与发展工作情况的报告。报告中指出,2015 年,全国高等教育在学总规模达 3 647 万人,比 2010 年增长 17.5%;毛入学率达到 40%,比 2010 年增长 13.5 个百分点,超过中高收入国家平均水平。陈宝生表示，农村和贫困地区学生上重点高校人数大幅提升，农村户籍大学生招生比例超过60%，千万家庭有了第一代大学生。他还表示，2015年高等教育学生资助经费近848亿元，较2010年翻一番，实现了“不让一个学生因家庭经济困难而失学”的目标。

《光明日报》于2015年9月8日发表题为《重点大学农村学生比例为何上不去》的文章，指出重点大学里农村学生的比例较低。重点大学里农村学生比例过低的盖子在2011年前后被揭开。随着杨东平、梁晨、李中清、刘云杉等人的研究成果陆续发表，重点大学里农村学生比例不断滑落的现象引起了社会的广泛关注。“寒门难出贵子”的拷问深深刺痛了人们关于教育与社会公平的脆弱神经，进而推动了政府和大学出台相关“逆向歧视”政策，努力提高重点大学里农村学生的比例。然而，与对现象的描述相比，对导致这一现象背后原因的分析却远远不够深入，这可能会在相当大程度上削弱“教育补贴”政策的实施效果。为什么重点大学里农村学生的比例这么低？现有研究认为，首先是大学“嫌贫爱富”，是大学招生政策对城市学生的偏爱造成了对农村学生的不利局面。尤其是自主招生，更是将农村学生排斥在外，进一步加剧了他们进入重点大学的难度。其次是优质基础教育资源由农村向城市高度集中，“超级中学”像抽水机般吸干了当地和周边县城里最优秀的学生和老师。上游缺水，下游自然就没有水了。如果重点大学里农村学生比例低的原因是大学招生政策造成的，那么，只要运用行政强制力调整招生政策，就可以改变这一状况。但更深层次的问题则是：为什么大学会偏爱城市学生呢？作为社会中知识密集度最高的群体，大学难道就没有这样的见识和良知？没有意识到农村学生比例低是对社会公平的威胁吗？这不符合逻辑和常识。至于“超级中学”的存在则和重点大学里农村学生比例低并无直接的逻辑关系——虽然我并不支持这样的存在。原因很简单，学生进入“超级中学”并没有改变他们的户籍身份。如果农村学生能够被吸纳进“超级中学”，反而可能会因为接受了更有效率的训练而提高他们进入重点大学的比例。问题远比看上去的要复杂得多。

（资料来源：腾讯教育和搜狐教育网站）

请回答：

(1)我国农村学生大学教育的现状到底怎样？

(2)我国应该实施怎样的教育支出措施？

案例二

据吉林化工循环园区管委会专家组组长宋世桥表示，吉林化工循环园区从三个层次上打造循环经济：一是企业内部实施清洁生产；二是园区内企业之间，将产品、副产品或废弃物作为潜在原料或副产品进行相互利用；三是园区之外，构建虚拟生态工业网络。数据显示，吉林省2011年石油化工产业增加值为678.67亿元，比上一年增长12.8%，对全省规模以上工业增长的贡献率达到9.8%。而在吉林省一直与化工产业相提并论的汽车产业同年增加值为1 233.18亿元，比去年增长10.6%，贡献率为17.7%，各方面超过了化工产业。而且，吉林省的食品产业和冶金建材产业的贡献率也已经超过了石油化工产业。

2005年11月13日，中石油吉林石化公司下属公司双苯厂发生爆炸事故，除造成人员严重伤亡，多套装置报废、停产外，还引起了邻省、邻国的重大关注。爆炸产生的大量苯类污染物进入松花江，从而对下游的哈尔滨和俄罗斯相关地区的饮用水源造成威胁。2006年8月21日，吉林市境内松花江支流牤牛河由于化工企业非法往河中倾倒污染物引起污染和市民恐慌。2010年7月28日，吉林省遭遇百年不遇的洪水，松花江沿岸2家化工企业的7 138只原料桶被冲入江中，政府花费大量人财物进行打捞，并引起下游俄罗斯的高度关注。

在面临众多污染事件时，吉林化工循环经济发展的首要任务就是清洁生产。以吉化公司为例，如吉化炼油厂建设了亚洲最大的气柜，取代了原来每天燃烧的“火炬”，通过气柜回收各种废气并加以利用。吉化聚乙烯厂的两座冷却塔全部使用循环水，节约大量水资源。吉化公司还投资兴建了亚洲较大的污水处理厂和目前国内规模最大的化工污水缓冲池。近年来，吉林石化共投资14亿元，实施了67个环保项目，该公司61套装置全部通过了吉林省环保厅组织的清洁生产审核验收。吉林化工企业以吉林石化为核心，全面开始实施了循环经济的第一步，即清洁生产。随着清洁生产的开展，吉林省化工循环经济逐步向更高层次的企业间资源循环利用延伸。2009年，吉林省新上马的4个项目按照企业循环理念开工建设。

（资料来源：中国知网）

请回答：

(1)根据案例资料，化工循环经济发展的三个层次是什么？吉林省处于哪个层次？

(2)结合财政科技投入政策分析，吉林省化工循环经济的深入发展需要怎样的财政支持？

【翻转课堂任务列表】

1. 梳理本章知识框架，厘清内在逻辑联系。
2. 理解和掌握本章的重点、难点和热点。
3. 完成本章的课后题。
4. 提交一份学习笔记作业，可以是任务列表中的任务，也可以是学习过程中的“亮考帮”等，为课堂讨论和展示提供支撑。作业评价标准为提交、认真和创新三个等级。

【学习实践】

走入一个贫困家庭，分析“寒门贵子”背后财政的坚守。

第五章　投资性支出

【内容导读】

1. 为何学？本章属于购买性支出中的部分内容。在理论上，投资性支出与消费性支出组成了购买性支出；在实践上，投资性支出曾经是我国财政支出的重中之重，对经济增长起到至关重要的作用。通过学习，可以知道财政如何通过投资性支出推动经济增长。

2. 学什么？首先要掌握财政投资的一般概述，其次应对基础设施投资有所理解，并结合我国现阶段实际，理解“三农”投入。

3. 怎么学？首先了解财政投资的一般概述，对财政投资的特征和决策标准有所熟悉，进而对基础设施的提供方式和政府干预“三农”的理由等展开深入讨论。

【本章重点、难点和热点】

1. 重点：财政投资的特点和决策标准。

2. 难点：基础设施投资的提供方式。

3. 热点：政府介入“三农”投入的理由及如何介入。

第一节　财政投资的一般概述

一、投资与经济增长的关系

投资是经济增长或经济发展的主要因素和主要动力。马克思在谈到货币资本的作用时，把货币资本的投入看作是经济增长的第一推动力，因为任何一项投资或生产活动首先都要从货币资本的投入开始。在现代货币经济条件下，没有货币投资，任何其他投入都是不可能的。凯恩斯不仅认为投资是经济增长的推动力，而且还论述了投资对经济增长具有乘数作用。所谓投资的乘数作用，是指每增加一元投资所引起的收入增长的倍数。乘数与边际消费倾向同方向变化，边际消费倾向越大，乘数就越大；与边际储蓄倾向反方向变化。凯恩斯的乘数原理说的是一种经济过程或经济现象，说明两个变量之间的相互关系，并不涉及社会制度问题。上述经济过程或经济现象，在我国也是如此。从实际生活中也可以直接看到投资与经济增长之间的关系。首先，社会需求由消费、投资和出口三部分组成，所以投资可以直接增加社会总需求，从而刺激经济增长。其次，投资需要建筑材料，添置生产设备，所以增加投资就可以带动钢材、水泥、木材等生产资料或设备生产的增长。再次，投资中的一部分，一般约40%，将转化为个人消费和社会消费，所以增加投资又可以刺激消费品生产的增长。这是经济学一般原理，在任何社会的生产过程中都是一样的。总之，投资可以增加社会总需求，刺激经济增长，带动生产资料和设备生产的增长。投资中的一部分，约40%，转化为消费，刺激消费品的生产。以上就是投资的乘数作用，即投资影响收入；反之，即是加速数，即收入影响投资（见表5—1）。

表5—1　　乘数原理和加速原理相互作用的说明　　单位：亿元

年份	消费			投资			国民收入	现期国民收入与前一期数相比增减
	自发消费 C_a	引致消费 bY_{t-1}，$b=0.8$	小计 C_t	自发投资 I_a	引致消费 $a(C_t-C_{t-1})$ $a=1$	小计 I_t	收入 Y_i	
(1)	(2)	(3)	(4)=(2)+(3)	(5)	(6)	(7)=(5)+(6)	(8)=(4)+(7)	(9)
1	30	70	100	20	0	20	120	—
2	30	96	126	20	26	46	172	52
3	30	137.6	167.6	20	41.6	61.6	229.2	57.2
4	30	183.4	213.4	20	45.8	65.8	279.2	50
5	30	223.4	253.4	20	40.0	60.0	313.4	34.2
6	30	250.7	280.7	20	27.3	47.3	328.0*	14.6
7	30	262.4	292.4	20	11.7	31.7	324.1	−3.9
8	30	259.3	289.3	20	−3.1	16.9	306.2	−17.9
9	30	245.0	275.0	20	−14.3	5.7	280.7	−25.5
10	30	224.6	254.6	20	−20.4	−0.4	254.2	−26.5
11	30	203.4	233.4	20	−21.2	−1.2	232.2	−22.0
12	30	185.8	215.8	20	−17.6	2.4	218.2	−14.0
13	30	174.4	204.5	20	−11.3	8.7	213.2	−5.0
14	30	170.6	200.6	20	−3.9	16.1	216.7	3.5
15	30	173.4	203.4	20	2.8	22.8	226.2	9.5
16	30	181.0	211.0	20	7.6	27.6	238.6	12.4
17	30	190.9	220.9	20	9.9	29.9	250.8	12.2
18	30	200.6	230.6	20	9.7	29.7	260.3	9.5
19	30	208.2	238.2	20	7.6	27.6	265.8	5.5
20	30	212.6	242.6	20	4.4	24.4	267.0*	1.2
21	30	213.6	243.6	20	1.0	21.0	264.6	−2.4

杨君昌:《财政学》，高等教育出版社1999年版，第389页。

据测算：1978—1989年间，我国资本投入、劳动力投入、技术进步对产出增长的贡献率为52%、23%和25%，发达国家技术进步贡献率为60%～80%。所以，我国经济增长很大程度上依靠投资推动。

二、财政投资的特点、范围和标准

（一）与非政府投资相比，政府投资的特点和范围

1. 非政府投资追求盈利，政府投资微利甚至不盈利

非政府投资是由具有独立法人资格的企业或个人从事的投资，作为商品生产者，它们的目标是追求盈利，而且，它们的盈利是根据自身所能感受到的微观效益和微观成本计量的。也就是说，追求微观上的盈利性是非政府投资的第一个特点。由于政府居于宏观调控主体的地位，它可以从社会效益和社会成本角度来评价和安排自己的投资，政府投资可以微利甚至不盈利，但是，政府投资建成的项目，如社会基础设施等，可以极大地提高国民经济的整体效益。

2. 非政府投资资金来源于积累和社会筹资，从事周期短、见效快的项目投资；政府投资资金来源多半是无偿的，从事于大项目和长期项目投资

企业或个人主要依靠自身的积累和社会筹资来为投资提供资金，自身积累规模和社会筹资均受到种种限制，一般难以承担规模宏大的建设项目，而且要追求盈利，一般主要从事周期短、见效快的短期性投资。政府财力雄厚，而且资金来源多半是无偿的，可以投资于大型项目和长期项目。

3. 非政府投资不顾及社会效益，政府投资关注社会效益，投资于外部效应大的公用设施

企业囿于一行一业，投资不可能顾及非经济的社会效益。不难想象，如果一个经济社会完全依靠非政府投资，投资结构是很难优化的。政府由于在国民经济中居于特殊地位，可以从事社会效益好而经济效益一般的投资，可以而且应该将自己的投资集中于那些“外部效应”较大的公用设施、能源、通信、交通、农业以及治理大江大河和治理污染等有关国计民生的产业和领域。换言之，在投资主体多元化的经济社会中如果政府不承担这些方面的投资或投资不足，就会导致经济结构失调，经济发展速度就会遇到“瓶颈”制约。

（二）政府投资的地位和作用

1. 地位

这取决于经济体制的不同和经济发展阶段的不同。各国政府投资在社会总投资中所占的比重存在着相当大的差异。影响这个比重的因素主要有二：一是经济体制的不同。一般来说，实行市场经济体制，非政府投资在社会投资总额中所占的比重较大；实行计划经济体制或政府主导型的市场经济体制，政府投资所占比重较大。二是经济发展阶段的不同。一般来说，发达国家的非政府投资占社会总投资的比重较大，欠发达国家和中等发达国家的政府投资所占的比重较大。

2. 作用

政府调控模式主要为直接调控和间接调控。为适应投资主体和投资格局的变化，政府对投资的宏观调控方式也必然发生变化。如果说在传统体制下，政府对投资的宏观调控主要是通过调节自身的投资而进行直接调控的，那么在社会主义市场经济体制下，政府对投资的宏观调控需要通过间接和直接两种方式进行。所谓间接调控，就是通过产业政策的引导作用，通过政府投资的导向作用，并通过税收、财政补贴、折旧政策等，来制约非政府投资的投资条件以及投资的方向、规模与结构。所谓直接调控，就是根据宏观经济政策目标，结合非政府投资的状态，安排政府自身投资的方向、规模与结构，从而使全社会的投资达到优化状态。显然，在社会主义市场经济体制下，政府投资的宏观调控功能主要体现在两个方面：一是直接调节自身投资

的规模，间接调节非政府投资的规模，使两者加总起来的总量与国民经济稳定增长所要求的投资总量相吻合；二是调节自身投资的结构，纠正非政府投资结构的偏差，使全社会的投资结构符合国家产业政策的要求。我国过去一段时间内，由于分散在各地方、各部门的预算外资金急剧增长，中央不能对这些资金统筹安排、灵活调度，严重削弱了政府特别是中央政府在调节社会投资规模和调整产业结构中应有的作用。我国从计划经济体制向市场经济体制转型过程中，政府投资比重会有所下降，2000 年为 6.4%，2008 年为 4.3%。

（三）政府投资的决策标准

政府投资的特点决定了政府投资的决策标准不同于私人部门投资，取决于政府在不同时期所要实现的政策目标。政府投资的决策标准：一是资本—产出比率最小化标准，又称稀缺要素标准（节省资源）。这一标准是指政府在确定投资项目时，应当选择单位资本投入产出最大的投资项目。由于资源是有限的、相对短缺的，所以任何投资，不论是私人投资还是政府投资，都要奉行这个标准，特别是发展中国家更是如此。一国在一定时期内的储蓄率是既定的，而资本—产出比率是可变的。在投资过程中，只要遵循资本—产出比率最小化标准，就可以以有限的资源实现产出的最大化，达到预期的经济增长目标。二是资本—劳动比率最大化标准（劳动生产率高）。这一标准是指政府投资应选择使边际人均投资额最大化的投资项目。资本—劳动比率越高，说明资本技术构成越高，劳动生产率越高，经济增长越快。因此，这种标准是强调政府应着重投资于资本密集型项目。三是就业创造标准。这一标准是指政府应当选择单位投资额能够动员最大数量劳动力的项目。这个标准要求政府不仅要在一定程度上扩大财政投资规模（外延增加就业机会），而且还要优先选择劳动密集型项目（内涵增加就业机会）。换言之，政府在决定财政投资的支出时，还要尽可能地估计这种投资支出可能产生的总就业机会。不仅要考虑财政投资支出的直接就业影响，还要考虑间接就业影响，即财政投资项目带动的其他投资项目所增加的就业机会。

第二节　基础设施投资

一、基础设施投资的性质

（一）基础设施的含义

基础设施是支撑一国经济运行的基础部门，它决定着工业、农业、商业等直接生产活动的发展水平。一国的基础设施越发达，该国的国民经济运行就越顺畅、越有效，人民的生活也越便利，生活质量相对来说也就越高。经济学界对基础设施的概念还没有统一的认识，发展经济学在讨论基础设施时，一般使用“社会分摊资本”和“社会先行资本”。基础设施的内涵有广义和狭义之分。狭义的基础设施是指经济社会活动的公共设施，主要包括交通运输、通信、水利、供电、机场、港口、桥梁和城市供排水、供气等。广义的基础设施还包括提供无形产品或服务的科学、文化、教育、卫生等部门。这里讨论的是狭义的基础设施，而狭义的基础设施是政府（财政）资本性投资的主要领域。

（二）基础设施的属性

在社会经济活动中，基础设施与其他产业相比，具有不同的特征。从整个生产过程来看，基础设施为整个生产过程提供“共同生产条件”。马克思曾把生产条件区分为共同生产条件和特殊生产条件，与此相对应，把固定资本也分为两类：一类是“以机器的形式直接进入生产过程的那种固定资本”；另一类是“具有铁路、建筑物、农业改良、排水设备等形式的固定资本”。马克思指出，后一类固定资本的特点是：“作为生产资料来看，固定资本在这里与机器一类的东西不同，因为它同时被不同的资本当作它们共同的生产条件和流通条件来使用（我们在这里还没有涉及消费本身）。固定资本不是表现为被包含在特殊生产过程中的东西，而是表现为各特殊资本的大量这类生产过程的联络动脉，它就是由这些特殊资本一部分一部分地消耗掉的。因此，在这种场合，对于所有这类特殊资本及其特殊生产过程来说，固定资本是一种特殊的同它们相分离的生产部门的产品。但是，在这里不能像在机器的场合那样，由一个生产者把它当作流动资本售出，由另一个生产者把它当作固定资本买进来，相反，它只有以固定资本自身的形式才能出售。”马克思的话隐含着下述含义：作为共同生产条件的固定资产，它不能被某单个生产者独家使用，它不是独占性地处在某个特殊的生产过程中，不能被卖者当作商品一次性地将整体出售给使用者。换句话说，它具有公用性、非独占性和不可分性，这些特性决定了它具有“公共物品”的一般特征。基础设施投资所形成的固定资产，无疑具有马克思所指出的后一类固定资产的特征。

（三）基础设施投资与一般投资的关系

基础设施投资与一般投资之间必须保持一定的配比关系，且按一定的比例递增。欧美发达国家：先增加一般投资，再增加基础设施投资；日本和韩国：先增加基础设施投资，再增加一般投资。

基础设施是处在“上游”的产业部门，基础设施投资是一种“社会先行资本”。它所提供的产品和服务构成其他部门（也包括本部门）必需的投入品和服务，如供电、供水、道路和交通等。一般来说，基础设施的感应度强，感应度系数较高。感应度系数是反映当各个部门平均增加一个单位最终产品时，某一个部门由此而受到的需求感应程度，即需要该部门为其他部门的生产提供的产值量。基础设施在产业链中属于这样一类产业，即当基础产业、加工工业和服务业发展时，一般要求适度加大基础设施投资，要求基础设施的适度超前发展。从价值构成上分析，基础设施所提供的产品和服务的价格，构成其他部门产品成本的组成部分，因而它们的价格变动具有很强的连锁效应，会引起整个产业成本的波动。

二、基础设施投资的提供方式

从经济性质看，基础设施从总体上说可以归类为混合物品，可以由政府提供，可以由市场提供，也可以采取混合提供方式。但在发展中国家，关系国计民生的大型工程一般采取以政府为主、吸收社会资本参与的多种形式的混合提供方式。政府在确定基础设施投资之后，通常需就基础设施项目的特点进行具体分析，比如是否关系国计民生、是否关系国家安全、是否具有自然垄断性质、是否具有外部效应等。像农村公路、城市街道具有很强的外溢性，难以通过收费弥补成本，私人部门通常不会投资于这类基础设施，一般要由政府承担；但像电信业中的长话服务，具有明显的排他性，可以通过收费弥补成本，也不存在外溢性，因而适宜于民间部门投资。

（一）政府筹资建设，或免费提供，或收取使用费

由政府独资建设的项目主要出于三种考虑：一是关系国计民生的重大项目，诸如长江三峡工程、青藏公路、南水北调之类的关系国家社会经济发展以及人民当前和长远利益的重大项目，只能由政府采取多种渠道集资来提供；二是维护国家安全的需要，如宇航事业、核电站、战

备公路等；三是反垄断的需要，垄断排斥竞争，垄断利润可能是以损害社会福利为代价的，例如垄断行业可能提供高的垄断价格和低质的服务，因此对垄断行业政府可以通过公共定价，严加管理，也可以由政府直接承担投资责任。还有一些基础设施，诸如市区道路、上下水道、过街天桥等，具有明显的非排他性或很高的排他成本，单项投资不大，但数量众多，也适于作为纯公共物品由政府投资提供。

(二)私人出资、定期收费补偿成本并适当盈利，或地方主管部门筹资、定期收费补偿成本

典型的例子是地方性公路和桥梁等公共设施的建设，如"贷款修路，收费还贷"，就是这种提供方式。

(三)政府与民间共同投资的提供方式

对于具有一定的外部效应、盈利率较低或风险较大的项目，政府可以采用投资参股、优惠贷款、提供借款担保、低价提供土地使用权、部分补贴和减免税收等方式，与民间共同投资，混合提供。例如，高速公路、集装箱码头及高新技术产业等基础设施建设，适于采取这种提供方式，政府在其中主要发挥资金诱导和政策支持作用。

(四)政府投资，法人团体经营运作

这种提供方式有几个优点：一是政府拥有最终的决策权，又可以使政府从具体的经营活动中解脱出来；二是法人团体拥有经营自主权，责任明确，可以提高成本—效益的透明度，提高服务质量。道路、港口甚至中小型机场等适于采用这种提供方式。

(五)BOT 投资方式(建设—经营—转让投资方式)

BOT 投资方式是近年发展和兴起的一种基础设施的提供方式，是指政府将一些拟建的基础设施建设项目通过招商转让给某一财团或公司，组建项目经营公司进行建设经营，并在双方协定的一定时期内，由项目经营公司通过经营，偿还债务，收回投资并盈利，协议期满，项目产权收归政府。这种投资方式的最大特点是鼓励和吸引私人投资者特别是境外直接投资者对发电厂(站)、高速公路、能源开发等基础设施进行投资。

第三节 "三农"投入

一、财政对"三农"投入的重要意义

2015 年 2 月中共中央、国务院印发了 2015 年一号文件《关于加大改革创新力度加快农业现代化建设的若干意见》。中央一号文件连续 12 年锁定农业问题，足显"三农"问题的重要性。文件指出，"中国要强，农业必须强"、"中国要富，农民必须富"、"中国要美，农村必须美"，三句话将当前"三农"建设的重要性和任务表达得淋漓尽致，十分准确，十分透彻。

农业要做强，必须尽快从主要追求产量和依赖资源消耗的粗放经营转到数量质量效益并重，注重提高竞争力、注重农业科技创新、注重可持续的集约发展上来，走产出高效、产品安全、资源节约、环境友好的现代农业发展道路。农业强，首先要看粮食生产能力强不强。必须落实粮食生产责任制、功能区，划定基本农田，强化农田水利，促进粮食、经济作物、饲草料协调发展，强化农业科技，创新流通方式，统筹两个市场。

农民要富，必须充分挖掘农业内部增收潜力，开发农村二三产业增收空间，拓宽农村外部增收渠道，加大政策助农增收力度，努力在经济发展新常态下保持城乡居民收入差距持续缩小

的势头。农民要富，现在遇到两个难题：怎么保持农产品价格的合理稳定？怎么促进农民转移就业和创业？为此，必须完善农产品价格形成机制，积极开展农产品价格保险试点，建立农民工工资正常支付的长效机制，采取定向减税、普遍降费等措施引导农民工返乡创业。

农村要美，必须坚持不懈推进社会主义新农村建设，要强化规划引领作用，加快提升农村基础设施水平，推进城乡基本公共服务均等化，让农村成为农民安居乐业的美丽家园。农村美，不光是外在的模样美，不是要把村子都建成镇子，关键在于农村的基础设施、公共服务要逐步追赶城镇水平。要彻底解决无电人口的用电问题，新农合要建可持续筹资机制等。一号文件还特别强调"继续开展好媳妇、好儿女、好公婆等评选表彰活动"，也就是说，这个美还包含了民风美、家风美。

二、政府(财政)必须介入"三农"投入的理由

(一)一般理由

在市场经济体制下，财政是履行政府弥补市场失灵的职能，提供那些市场不能满足的具有外部效应的公共物品和公共服务。对"三农"的投入也是如此。对农业和农村来说，政府主要提供以农田水利为核心的基础设施和农民急需的生活设施建设、农业科研和科技推广、环境保护、义务教育、技能培训、公共卫生和社会保险等。应当明确政府对农业和农村投入的必要性。从根本上说，不仅在于农业部门生产率较低下，自身难以产生足够的积累，而且在于某些农业投入只适于由政府来提供，或理应由政府来提供。例如，大江大河的治理、大型水库和各种灌溉工程等，其特点是投资额大、投资期限长、牵涉面广，投资以后产生的效益不易分割，而且投资的成本与其效益之间的关系不十分明显。由于具有上述特点，农业固定资产投资不可能由分散的农户独立进行。在理论上，似乎存在着一种按"谁受益，谁投资"的原则来组织农户集资投资的可能，但由于衡量农户的受益程度十分困难，集资安排多半很难贯彻。对于此类大型固定资产投资项目来说，按地区来度量受益程度，从而分地区来负担项目费用似乎是可以做到的，但在这种安排下，地区应负担的费用多半要由地方财政来安排，而这在概念上就已属于政府投资了。又如，农业科研活动和推广农业技术进步，也具有同样的特点。改造传统农业的关键在于引进新的农业生产要素；新的农业生产要素必须来自农业科研活动；科研成果应用于农业生产，必须经过推广的程序；为了使农户接受新的生产要素，还需要对农户进行宣传、教育和培训，为完成这一系列任务，需要筹集大批资金。在这里，我们遇到了一种典型的外部效应的案例。一项科研成果的推出，将会使全部运用这项成果的农户受益，但从事这项科研活动的单位却无论如何都不可能将这项科研成果所产生的全部收益据为己有。农业科研单位的研究成果所产生的利益是"外溢"的，但是，进行这项科研活动所需的一切费用却只能由科研单位自己承担。不仅如此，科研活动可能失败，研究所需的时间可能经年累月。简言之，科研活动存在着风险，而这些风险也只能由科研单位独力承担。这里，不必开列适于由财政进行"三农"投入的详细清单，但是，基本原则却是可以确定的，即凡是具有外部效应的牵涉面广、规模巨大的农业投入，原则上都应由政府承担。可以说，这是政府(财政)必须介入"三农"投入的一般理由。

(二)特殊理由

我国政府(财政)介入"三农"投入还具有特殊性。

1. 因为我国当前农业生产率和收益率低下，靠自身难以产生满足自身发展的积累

农业是一个特殊的生产部门。一方面，农产品的生产和供应受气候条件及其他诸多条件的影响，不仅波动大，而且具有明显的周期性。同时，农产品的需求弹性较小，需求是相对稳定

的。以相对稳定的需求和不规则波动的供给为特点的农产品供求关系，会使农业部门的生产条件经常处于不稳定状态；而这种不稳定，很难依靠自身的力量通过市场加以克服，进而又会强烈地冲击国民经济的正常运行。所以，为了稳定农业，并进一步稳定整个国民经济，政府必须广泛介入农业部门的生产和销售活动，将农业部门的发展置于政府的高度关注之下。另一方面，农业发展的根本途径是提高农业生产率。而提高农业生产率的必要条件之一是增加对农业的投入，当前让农民自身来解决发展农业和建设农村资金问题是不可能的。在社会主义市场经济条件下，从长远看，似乎农业投入的资金应当主要来自农业部门和农户自身的积累，国家投资只应发挥辅助作用。但是，要使农业部门和农户自身的积累成为农业投入的主要资金来源，有两个条件是必不可少的：一是农产品的销售收入必须高于农业生产的投入成本，否则农业部门的积累就无从产生；二是农业投资的收益率必须高于、至少不低于全社会平均的投资收益率，否则农业部门即便产生了利润，也不会向农业投资转化，社会资本也不会转向农业投资。在这两个条件中，第一个条件是根本的，因为农产品的销售收入高于农业生产的投入成本是保证农业投资收益率达到较高水平的基本条件。在我国当前农业劳动生产率、价格体系和国民收入分配格局下，上述两个条件都难以达到满足。首先，目前我国农业生产率和人均收入仍处于低水平。其次，加入世界贸易组织（WTO）以后农产品市场遭遇国际竞争的挑战，农产品价格受供求关系的制约，同时又面临生产资料价格上涨的压力，农业自身很难形成有实际意义的利润规模。在这种情况下，如果政府不进行足够的投入，要加快农业和农村的发展几乎是不可能的。从理论上说，金融机构贷款也可以成为农业投入的资金来源，但是，借款是要还本付息的，在农业投资盈利率较低的情况下，不可能有大量信用资金投放于农业部门。除非政府给金融机构的农业贷款以财政补贴，或者专门成立以农业部门为贷款对象的政策性金融机构，否则农业部门难以得到金融部门的支持。但如若这样做，仍需要国家财政的支持。

2. 因为我国已进入以工促农、以城带乡的发展阶段，从长远来看，工业与农业、城市与乡村的协调发展是建立国民经济长期稳定快速增长机制的必由之路

二元结构理论和两部门模型说明，我国当前正处于工业化的中级阶段，是二元结构转变为一元结构的关键阶段，只有实现了这个阶段的飞跃，整个经济才可能保持中高速的增长势头，避免徘徊和波动，形成长期稳定快速增长的机制。我国由于各种特殊原因，这个阶段的转变与其他国家相比而言，将更为困难、更为艰巨。这是因为：我国在以往的工业化过程中虽然吸收了一部分农村剩余劳动力，但由于农村人口增长过快，而且由于在城乡之间实行不同的户籍制度、社会保险制度以及各种社会福利制度，形成劳动力转移的藩篱，加大了农村剩余劳动力转移的难度；在以往工业化过程中曾通过工农产品价格“剪刀差”从农村吸取资金，而且由于人口增长过快、农业收益递减加重、农民收入增长过慢，形成城乡收入差距的扩大。改革开放后，城市面貌大为改观，而农村的基础设施、教育、医疗卫生、社会保险等方面的发展严重滞后。建设社会主义新农村，协调城乡发展，是构建和谐社会的重中之重，是一项巨大的系统工程，不可能完全以农民为主导通过市场机制来实现，只能由政府发挥主导作用。既然是政府起主导作用，自然也就是财政在其中起主导作用。

三、财政加大对“三农”的投入

2015 年中央一号文件明确而具体地规定了围绕促进农民增收，加大惠农政策力度。

（一）优先保证农业农村投入

增加农民收入，必须明确政府对改善农业农村发展条件的责任。坚持把农业农村作为各

级财政支出的优先保障领域，加快建立投入稳定增长机制、持续增加财政农业农村支出，中央基建投资继续向农业农村倾斜。优化财政支农支出结构，重点支持农民增收、农村重大改革、农业基础设施建设、农业结构调整、农业可持续发展、农村民生改善。转换投入方式，创新涉农资金运行机制，充分发挥财政资金的引导和杠杆作用。改革涉农转移支付制度，下放审批权限，有效整合财政农业农村投入。切实加强涉农资金监管，建立规范透明的管理制度，杜绝任何形式的挤占挪用、层层截留、虚报冒领，确保资金使用见到实效。

（二）提高农业补贴政策效能

增加农民收入，必须健全国家对农业的支持保护体系。保持农业补贴政策的连续性和稳定性，逐步扩大"绿箱"支持政策的实施规模和范围，调整改进"黄箱"支持政策，充分发挥政策惠农增收效应。继续实施种粮农民直接补贴、良种补贴、农机具购置补贴、农资综合补贴等政策。选择部分地方开展改革试点，提高补贴的导向性和效能。完善农机具购置补贴政策，向主产区和新型农业经营主体倾斜，扩大节水灌溉设备购置补贴范围。实施农业生产重大技术措施推广补助政策。实施粮油生产大县、粮食作物制种大县、生猪调出大县、牛羊养殖大县财政奖励补助政策。扩大现代农业示范区奖补范围。健全粮食主产区利益补偿、耕地保护补偿、生态补偿制度。

（三）完善农产品价格形成机制

增加农民收入，必须保持农产品价格的合理水平。继续执行稻谷、小麦最低收购价政策，完善重要农产品临时收储政策。总结新疆棉花、东北和内蒙古大豆目标价格改革试点经验，完善补贴方式，降低操作成本，确保补贴资金及时足额兑现到农户。积极开展农产品价格保险试点，合理确定粮食、棉花、食糖、肉类等重要农产品储备规模。完善国家粮食储备吞吐调节机制，加强储备粮监管。落实新增地方粮食储备规模计划，建立重要商品商贸企业代储制度，完善制糖企业代储制度。运用现代信息技术，完善种植面积和产量统计调查，改进成本和价格监测办法。

（四）强化农业社会化服务

增加农民收入，必须完善农业服务体系，帮助农民降成本、控风险。抓好农业生产全程社会化服务机制创新试点，重点支持为农户提供代耕代收、统防统治、烘干储藏等服务。稳定和加强基层农技推广等公益性服务机构，健全经费保障和激励机制，改善基层农技推广人员的工作和生活条件。发挥农村专业技术协会在农技推广中的作用。采取购买服务等方式，鼓励和引导社会力量参与公益性服务。加大中央、省级财政对主要粮食作物保险的保费补贴力度。将主要粮食作物制种保险纳入中央财政保费补贴目录。中央财政补贴险种的保险金额应覆盖直接物化成本。加快研究出台对地方特色优势农产品保险的中央财政以奖代补政策。扩大森林保险范围。支持邮政系统更好地服务"三农"。创新气象为农服务机制，推动融入农业社会化服务体系。

（五）推进农村一二三产业融合发展

增加农民收入，必须延长农业产业链，提高农业附加值。立足资源优势，以市场需求为导向，大力发展特色种养业、农产品加工业、农村服务业，扶持发展一村一品、一乡（县）一业，壮大县域经济，带动农民就业致富。积极开发农业多种功能，挖掘乡村生态休闲、旅游观光、文化教育价值。扶持建设一批具有历史、地域、民族特点的特色景观旅游村镇，打造形式多样、特色鲜明的乡村旅游休闲产品。加大对乡村旅游休闲基础设施建设的投入，增强线上线下营销能力，提高管理水平和服务质量。研究制定促进乡村旅游休闲发展的用地、财政、金融等扶持政策，落实税收优惠政策。激活农村要素资源，增加农民财产性收入。

（六）拓宽农村外部增收渠道

增加农民收入，必须促进农民转移就业和创业。实施农民工职业技能提升计划。落实同工同酬政策，依法保障农民工劳动报酬权益，建立农民工工资正常支付的长效机制。保障进城农民工及其随迁家属平等享受城镇基本公共服务，扩大城镇社会保险对农民工的覆盖面，开展好农民工职业病防治和帮扶行动，完善随迁子女在当地接受义务教育和参加中高考相关政策，探索农民工享受城镇保障性住房的具体办法。加快户籍制度改革，建立居住证制度，分类推进农业转移人口在城镇落户并享有与当地居民同等的待遇。现阶段，不得将农民进城落户与退出土地承包经营权、宅基地使用权、集体收益分配权相挂钩。引导有技能、资金和管理经验的农民工返乡创业，落实定向减税和普遍性降费政策，降低创业成本和企业负担。优化中西部中小城市、小城镇产业发展环境，为农民就地就近转移就业创造条件。

（七）大力推进农村扶贫开发

增加农民收入，必须加快农村贫困人口脱贫致富步伐。以集中连片特困地区为重点，加大投入和工作力度，加快片区规划实施，打好扶贫开发攻坚战。推进精准扶贫，制定并落实建档立卡的贫困村和贫困户帮扶措施。加强集中连片特困地区基础设施建设、生态保护和基本公共服务，加大用地政策支持力度，实施整村推进、移民搬迁、乡村旅游扶贫等工程。扶贫项目审批权原则上要下放到县，省市切实履行监管责任。建立公告公示制度，全面公开扶贫对象、资金安排、项目建设等情况。健全社会扶贫组织动员机制，搭建社会参与扶贫开发平台。完善干部驻村帮扶制度。加强贫困监测，建立健全贫困县考核、约束、退出等机制。经济发达地区要不断提高扶贫开发水平。

【本章小结】

财政投资与经济的关系是乘数与加速数之间的关系，它与私人投资相比有不同的特征和投资决策标准。基础设施也是一种公共物品，其提供方式多样。“三农”对我国有重要的意义，政府介入“三农”支出有一般理由和特殊理由，政府一直不断加大对三农的投入。

【思考题】

1. 辨析题：政府投资和私人投资都属于投资，特征并没有什么不同。
2. 知识应用题：结合我国节假日期间高速免费通行的规定，分析我国基础设施的提供方式。
3. 综合论述题：结合我国实际，政府介入三农的特殊理由是什么？应怎么介入？

【案例分析】

案例一

詹天佑修的这条百年铁路终于要变高铁了。在中国大地上，有一条铁路，一头连着历史，一头连着未来,这就是北京到张家口170多公里长的京张线。老京张线,建成于1909年,是中国人在积贫积弱中奋起,自主勘测、设计、施工的第一条铁路;新京张线,也就是京张高铁,已于2016年3月29日正式开工,如今已近一年,在老京张线建成110周年的2019年,将实现全线通车。作为世界上第一条设计时速350公里有砟轨道高速铁路,京张高铁建成后不仅会使两地运行时间由3个多小时缩短到1小时之内,更将为2022年北京冬奥会的成功举办,提供精彩、非凡、卓越的交通保障。看见老京张线,不禁感慨万千,浓缩为一句话,就是:京张铁路,见证百年屈辱与梦想。

中国高铁"八纵八横"驰骋全球。根据交通运输部数据,2016年中国铁路总里程达到12.4万公里,同比增长2.48%。其中,高铁总里程实现2.2万公里,同比增长15.79%。中国在世界高铁国家中,高铁总里程数位居第一。2014年,美国铁路总里程22.82万公里,日本高铁总里程1.95万公里,中国在世界范围内,铁路总里程居前,高铁总里程位居第一。随着中国经济的发展,人口流动和货物运输需求不断增加,未来铁路总里程将继续扩张。根据《中长期铁路网规划》,中国到2020年铁路总里程达到15万公里,其中高铁实现3万公里;2025年铁路总里程达到17.5万公里,其中高铁总里程达到3.8万公里;远期到2030年实现铁路总里程达到20万公里,高铁突破4.5万公里。按照"十三五"规划,铁路固定资产投资将保持在3.5万亿—3.8万亿元区间,按照历史数据看,最终实现的投资将高于计划投资水平。我们认为"十三五"未来几年铁路固定资产投资将维持在每年至少8 000亿元的投资规模。

（资料来源:高铁网）

请回答:

(1)我国高铁里程居世界第一。结合材料和财政投资的知识,分析高铁投资对经济增长的作用。

(2)我国高铁提供方式可以有哪些?请结合基础设施提供方式分析。

案例二

吉林省化工产业的总体布局比较分散,各区域自行发展,难以形成合力。吉林省重点化工企业有中国石油吉林石化公司、长春大成实业集团有限公司、通化化工股份有限公司、松原吉安生化有限公司、四平昊华化工有限公司等。从重点企业的布局上清晰可见,吉林省化工产业布局过于松散,化工产业在吉林市、长春、松原、通化和四平等都有分布,无法形成区域的集聚效应。鉴于此,吉林省政府与中国石油公司签订战略协议,于2008年10月成立吉林化学工业循环经济示范园区。该园区作为唯一的吉林省省级化工园区,经过几年的建设和发展,融合了吉林省化工原料、生产、科研和资金等90%以上的资源,逐渐成为吉林省化工循环经济发展的极其重要的载体,对发展吉林省化工产业具有重要的核心作用。

2008年,吉林省人民政府在《关于加快推进全省石油化工产业发展的意见》中吉林省明确提出,"在省内产业布局上,以吉林化工园区为载体,新上化工类项目主要规划和布局,引导到吉林化工园区内。省内现有化工企业异地搬入吉林市的,优先安排在吉林化工园区。"经过招商引资和创新发展,2009年,园区工业总产值712亿元,2010年工业总产值1 054.7亿元。2010年吉林省石化行业完成产值1 609亿元,吉林化工园区产值占吉林省化工总产值的65%左右。随着吉林化工园区逐渐实现到2015年园区工业总产值达到2 600亿元,到2020年园区工业总产值达到5 000亿元的目标,这一比例还会继续提升。可见,吉林化工循环经济园区在现在和未来都是吉林省化工产业发展的重点区域,承载吉林省化工循环产业发展的绝大部分责任。

吉林经济开发区新区积极践行全省“三抓”行动要求和全市“双十”项目建设工作部署，锁定春季集中开工，大力推进基础设施建设，对规划的14.7平方公里新区内的5条主要道路、6条城市地下管廊项目前期工作全部精确到天，落实责任部门、责任人，确保项目在4月下旬陆续启动。经过多年发展，吉林经济开发区18.6平方公里建成区内已经摆满了项目，规模工业总产值2016年迈上400亿元台阶。为加快实现“千亿级”目标，去年以来，吉林经济开发区紧紧围绕外部产业转移、内部产业结构优化升级和新区开发建设，全力招引重大项目。2017年，经济开发区计划组织实施5 000万元以上项目51项，项目总投资240亿元，其中新建30项，总投资138亿元。随着产业加速集聚，以及国家产城融合示范区、国家通航产业示范区建设深入实施，空间不足成为制约经济开发区加快发展的瓶颈。拓展新空间，壮大新兴产业，成为经济开发区打造“升级版”的当务之急。为此，经济开发区组建了新区开发建设指挥部，主要领导任总指挥，抽调规划、建设等相关部门工作人员，成立前期手续办理、土地征收拆迁、规划建设、融资和PPP项目四个推进组，紧锣密鼓启动新区开发建设。新区首批基础设施项目九江大路、经开大街北段等5条道路与6条地下综合管廊，前期设计量非常大。经济开发区组织来自上海市城建院、中交第一公路勘察设计院等4家中标设计单位的40多位设计师，加班加点赶设计。目前，各项基础工程设计初稿已经完成。纳入全市“双十”项目范围的九江大路管廊、经开大街北段管廊等前期手续基本办结，确保开工建设。这些基础设施项目，将承载起经济开发区最新引进的碳纤维、通用航空、医药、精细化工等新兴产业项目，在加速扩张经济总量的同时，进一步提升经济开发区产业竞争力和发展质量。

（资料来源：中国知网、吉林市政府网站）

请回答：

(1)根据案例资料和所学知识，分析基础设施投资与化工经济增长之间的关系。

(2)结合基础设施提供方式，政府应该以何种方式，提供怎样的基础设施，来促进吉林省化工行业的发展？

【翻转课堂任务列表】

1. 梳理本章知识框架，厘清内在逻辑联系。
2. 理解和掌握本章的重点、难点和热点。
3. 完成本章的课后题。
4. 提交一份学习笔记作业，可以是任务列表中的任务，也可以是学习过程中的“亮考帮”等，为课堂讨论和展示提供支撑。作业评价标准为提交、认真和创新三个等级。

【学习实践】

坐一趟高铁，感受速度的力量，分析投资刺激经济的逻辑。

第六章　转移性支出

【内容导读】

1. 为何学？理论上，转移性支出是与购买性支出相对应的，共同组成了财政支出体系；实践上，转移性支出与人们的生活实践息息相关。通过学习，可以更好地体会政府作为慈善者的另一面。

2. 学什么？理解社会保险支出、财政补贴，掌握税收支出。

3. 怎么学？学习中把握住转移性支出是无偿支出，深刻理解社会保险支出、财政补贴和税收支出的特性，以及上述支出的政策倾向性。

【本章重点、难点和热点】

1. 重点：政府介入社会保险的理由；财政对社会保险的投入。

2. 难点：税收支出的形式。

3. 热点：财政补贴的问题及改革。

第一节　社会保险支出

一、社会保险支出的性质

在人类社会延续和发展的长河中，随着社会生产力的不断提高和物质财富的不断增加，个人的生活质量也在不断提高，相应的社会公共需要的内涵和范围也在不断扩展，从而满足社会成员的多方面需要，保证有一个安定的社会环境。劳动者除了应享有付出一份劳动得到一份报酬的权利之外，当他们因种种社会的甚至是个人的原因不得就业或暂时不能就业时，还应享有得到一份能满足自己及其所赡养家庭人口最低生活需要的收入的权利；劳动者在进行工作时，需要劳动保护；劳动者可能生病、伤残废，乃至死亡，发生这些情况时，需要医疗、护理、照顾或者善后；劳动者的子女有得到起码的教育的权利，他们自己也有必要随着科技进步和社会分工的发展，不断地接受职业和文化的再教育；劳动者退出劳动岗位后，有权得到社会的照顾，安度晚年。如此等等,都属于必须由政府和社会妥善安排的社会保障的范围。赈济饥民,补助急难,是任何社会都有过的社会抚恤措施,但若不是系统而规则地实施,便不能称其为社会保险制度。所谓社会保险制度,是指由法律规定的、按照某种确定的规则实施的社会保障政策和措施体系。社会保险既然是社会性事业,那么政府介入是其一项义不容辞的职责。政府介入,一方面是出于弥补市场的失灵和缺陷,另一方面可以减少实施成本,增强抵抗风险的能力,还可以运用社会保障调节经济的运行。所以,社会保险支出是一种转移性支出,也是一项民生性支出。

有人对社会保险支出属于转移性支出存在疑惑。他们认为,转移性支出属于政府的无偿支出,是与购买性支出相对应的。人们在享受社会保障时,是已经缴纳了社会保险相关费用的,所以若将民众作为一个整体来看的话,社会保障是取之于民,用之于民的一类支出。这种观点是从民众角度分析财政收支行为,并没有从政府角度分析。从政府角度看,政府收缴社会保障费与征缴税收没有任何差别,而当政府提供社会保障时,相应的支出并没有直接的商品和服务的回报,符合转移性支出的属性。

二、政府介入的理由

(一)弥补市场失灵(收入分配不公)

市场经济体制下的社会保险制度必须由政府来组织实施,第一个理由就是弥补市场机制的失灵。市场经济是一种效率型经济,可以使社会经济资源得到有效的配置,这也是市场为人们称道的原因。然而,市场经济也存在种种缺陷,其中之一就是市场的分配机制必然拉大社会成员之间的收入差距,出现分配不公,甚至使一部分人最终在经济上陷入贫困。市场分配承认个人对财产的占有和劳动者个人天赋与能力的差别。从经济角度看,这种分配机制可以刺激人们不断开拓创新,勇于进取,对于提高经济效率是有益的;但从社会角度看,这种分配机制会使劳动能力的弱者以及丧失就业机会和丧失劳动能力的老弱病残者,在激烈的竞争中遭到无情的歧视和排斥。所以,市场分配机制所形成的收入差距保持在一定限度内,是合理的,也有利于提高经济效率;而一旦超过合理的限度,是社会所不能接受的,也不利于经济效率的提高。在现代经济社会下,人们已达成一种共识,即人的生老病死以及人们的最低生活需要是不应当由市场来决定的,或者说,市场的决定不应该是最终的,政府应该在其中有所作为。在市场经济体制下,政府虽然不能通过行政手段在初次分配领域干预收入分配,但可以采取收入再分配措施来缩小人们间的收入差距,矫正市场分配的不公。正如有学者所说:"社会虽然不能制止老天下雨,但却可以制造雨伞。"这里的"下雨",是指人们的收入差距的拉大,而"雨伞"则是指政府的社会保险制度。从政府实施收入再分配手段来看,税收固然是一个重要工具,如通过开征累进的所得税和财产税,可以把高收入者的一部分收入征收上来,限制收入差距的扩大;但只有税收手段还是不够的,因为税收只能使高收入者"穷"一些,而不能使低收入者"富"一些,更不能从根本上解决低收入者的生活保障问题。所以,政府要实施收入再分配还必须使用财政支出手段,即通过财政支出,向低收入或无收入者转移收入,这样才能使低收入阶层有一个基本的生活保障。

(二)弥补市场失灵(信息不对称)导致的私人保险市场提供不足

必须由政府实施社会保险制度的第二个理由,就是私人保险或商业保险由于存在种种局限,不可能完全向人们提供基本保障。商业保险市场的局限性主要表现在:第一,由于私人保险市场存在逆向选择和道德风险问题,会导致私人保险市场失灵。比如,个人所面临的风险水平是不同的，如果保险费率按平均风险水平确定，则低风险的个人就会选择退出保险计划，这将使保险计划不得不再次提高保险费率，其结果必然会使更多的低风险个人脱离保险计划。逆向选择问题又是由信息不对称造成的，即每个个人都可以确实把握个人的风险程度，而保险公司却只能掌握并不完全的信息，如果保险公司根据所观察到的平均风险程度来确定保费，就有可能发生低风险个人向高风险个人转移收入的再分配，这样低风险者就会退出私人保险计划。一旦出现了这种逆向选择问题，私人保险市场也就很难单纯向高风险的个人提供保险。另外，由于加入了私人保险，个人就可能淡薄了风险防范意识，甚至可能出现故意发生受保事故的道德风险问题。第二，商业保险无法解决个人储蓄不足以及"免费搭车"的问题。比如，社会上难免存在一些短视的个人，他们过分注重工作期的消费，而忽视为自己的养老进行储蓄；尽管有私人养老保险市场，他们也可能不会自愿地加入养老保险，而进入老龄时期则会给社会和国家增添负担，借助于"免费搭车"。这种现象实际上是一种储蓄的道德风险问题。为此，政府就有必要举办一种强制性的养老保险计划，让每个年轻人都参加进来，保证每个公民老有所养。第三，商业保险市场难以抗御系统性风险。比如，高通货膨胀时期养老金会发生贬值，而且每个投保人遭受通货膨胀损失的程度是不同的，显然，商业保险公司抵御养老金遭受损失的能力是比较弱的，也不能将损失在个人之间进行风险分摊，而政府却可能保证养老金的实际价值，使受保人免受损失。第四，私人保险市场无法进行有目的的收入再分配。比如，商业意外保险只能在发生意外事故与没有发生意外事故的受保人之间进行再分配，商业养老保险只能在长寿者与短寿者之间进行再分配，而政府举办的养老社会保险则可以通过种种措施实现高收入受保人与低收入受保人之间的收入再分配（又称事先再分配）。

（三）具有内在稳定器的作用

必须由政府实施社会保险制度的第二个理由，就是在市场经济体制下社会保障制度还具有"内在稳定器"的作用。由于社会保障的各个方面都是制度化的，社会保障的收支（特别是支出）便与财政收支以及国民经济的运行构成某种函数关系。基于这种联系，社会保险支出随经济周期而发生的反向变化，可能弱化经济周期的波幅。经济学家津津乐道的社会保险支出的"内在稳定器"作用，也就是在经济繁荣的年代，失业准备基金不但增长，而且还对过多的支出施加稳定性的压力；相反，在就业较差的年份，失业准备基金使人们获得收入，以便维持消费数量和减轻经济活动的下降。

三、我国现有社会保险的结构

社会保险指由被保险人缴纳保险费形成保险基金，当被保险人遇到法定的需要帮助的情形时，即可用此保险基金进行补偿的社会保障制度。社会保障是国家依据一定的法律制度，通过国民收入的再分配，对社会成员的基本生活予以保障的社会政策。社会保障的范围比社会保险广，社会保障是一个大概念，它涵盖了社会保险、社会福利、社会救助、社会优抚四个部分，社会保险仅是社会保障的一部分。社会福利主要是对鳏寡孤独者的集中供养；社会救助主要是对因贫困和自然灾害等造成困难者的分散供养；社会优抚主要是对那些对社会有贡献者、军烈属等的照顾。社会保险内容主要包括五个方面。

（一）养老保险

我国现有养老保险制度经过多轮博弈，形成了集合党政机关、事业单位和城镇企业职工的统一养老保险制度与集合城镇居民养老保险（城居保）和新型农村社会养老保险（新农保）的城乡养老保险制度两大类型。

统一养老保险制度中，一般规定：个人缴纳基本工资的8%，企业缴纳基本工资的20%。其中，个人缴纳的8%进入个人账户，企业缴纳的20%进入社会统筹。但是由于各省情况不同，这一比例也有所区别和变化。《社会保险法》第16条第1款规定：参加基本养老保险的个人，达到法定退休年龄时累计缴费满15年的，按月领取基本养老金。根据这项规定，按月领取基本养老金必须同时符合两个条件：一是达到法定退休年龄；二是累计缴费满15年。参加工作、个人缴费年限累计满15年的人员，退休后按月发给基本养老金。基本养老金由基础养老金和个人账户养老金组成。退休时的基础养老金月标准以当地上年度在岗职工月平均工资和本人指数化月平均缴费工资的平均值为基数，缴费每满1年发给1%。个人账户养老金月标准为个人账户储存额除以计发月数。

根据《国务院关于开展城镇居民社会养老保险试点的指导意见》（国发〔2011〕18号），城镇居民养老保险基金主要由个人缴费和政府补贴构成。（1）个人缴费。参加城镇居民养老保险的城镇居民应当按规定缴纳养老保险费。缴费标准设为每年100元、200元、300元、400元、500元、600元、700元、800元、900元、1 000元、1 500元、2 000元12个档次，地方人民政府可以根据实际情况增设缴费档次。参保人自主选择档次缴费，多缴多得。国家依据经济发展和城镇居民人均可支配收入增长等情况适时调整缴费档次。（2）政府补贴。政府对符合领取条件的参保人全额支付城镇居民养老保险基础养老金。其中，中央财政对中西部地区按中央确定的基础养老金标准给予全额补助，对东部地区给予50%的补助。地方人民政府应对参保人员缴费给予补贴，补贴标准不低于每人每年30元；对选择较高档次标准缴费的，可给予适当鼓励，具体标准和办法由省（区、市）人民政府确定。对城镇重度残疾人等缴费困难群体，地方人民政府为其代缴部分或全部最低标准的养老保险费。（3）鼓励其他经济组织、社会组织和个人为参保人缴费提供资助。养老金待遇由基础养老金和个人账户养老金构成，支付终身。中央确定的基础养老金标准为每人每月55元。地方人民政府可以根据实际情况提高基础养老金标准，对于长期缴费的城镇居民，可适当加发基础养老金，提高和加发部分的资金由地方人民政府支出。个人账户养老金的月计发标准为个人账户储存额除以139（与现行职工基本养老保险及新农保个人账户养老金计发系数相同）。参保人员死亡，个人账户中的资金余额，除政府补贴外，可以依法继承；政府补贴余额用于继续支付其他参保人的养老金。

根据2009年开展的《新型农村社会养老保险试点》（国发〔2009〕32号），新农保基金由个人缴费、集体补助、政府补贴构成。（1）个人缴费。参加新农保的农村居民应当按规定缴纳养老保险费。缴费标准设为每年100元、200元、300元、400元、500元5个档次，地方可以根据实际情况增设缴费档次。参保人自主选择档次缴费，多缴多得。国家依据农村居民人均纯收入增长等情况适时调整缴费档次。（2）集体补助。有条件的村集体应当对参保人缴费给予补助，补助标准由村民委员会召开村民会议民主确定。鼓励其他经济组织、社会公益组织、个人为参保人缴费提供资助。（3）政府补贴。政府对符合领取条件的参保人全额支付新农保基础养老金。其中，中央财政对中西部地区按中央确定的基础养老金标准给予全额补助，对东部地区给予50%的补助。地方政府应当对参保人缴费给予补贴，补贴标准不低于每人每年30元；对选择较高档次标准缴费的，可给予适当鼓励，具体标准和办法由省（区、市）人民政府确定。对农村重度残疾人等缴费困难群体，地方政府为其代缴部分或全部最低标准的养老保险费。养老金待遇由基础养老金和个人账户养老金组成，支付终身。中央确定的基础养老金标准为每人每月55元。地方政府可以根据实际情况提高基础养老金标准，对于长期缴费的农村居民，可适当加发基础养老金，提高和加发部分的资金由地方政府支出。个人账户养老金的月计发标准为个人账户全部储存额除以139(与现行城镇职工基本养老保险个人账户养老金计发系数相同)。参保人死亡,个人账户中的资金余额,除政府补贴外,可以依法继承;政府补贴余额用于继续支付其他参保人的养老金。

(二)医疗保险

医疗保险分为新型农村合作医疗、城镇居民医疗保险和城镇职工基本医疗保险。

1. 城镇职工基本医疗保险

城镇职工基本医疗保险是我国医疗保险的组成(城镇职工医疗保险,城镇居民医疗保险、新型农村合作医疗)之一,是为补偿劳动者因疾病风险遭受经济损失而建立的一项社会保险制度。通过用人单位和个人缴费,建立医疗保险基金,参保人员患病就诊发生医疗费用后,医疗保险经办机构给予一定的经济补偿,以避免或减轻劳动者因患病、治疗等所承受的经济风险。基本医疗保险基金由统筹基金和个人账户构成。职工个人缴纳的基本医疗保险费,全部计入个人账户。用人单位缴纳的基本医疗保险费分为两部分,一部分用于建立统筹基金,一部分划入个人账户。划入个人账户的比例一般为用人单位缴费的30%左右,具体比例由统筹地区根据个人账户的支付范围和职工年龄等因素确定。统筹基金和个人账户要划定各自的支付范围,分别核算,不得互相挤占。要确定统筹基金的起付标准和最高支付限额。起付标准原则上控制在当地职工年平均工资的10%左右,最高支付限额原则上控制在当地职工年平均工资的4倍左右。起付标准以下的医疗费用,从个人账户中支付或由个人自付。起付标准以上、最高支付限额以下的医疗费用,主要从统筹基金中支付,个人也要负担一定比例。超过最高支付限额的医疗费用,可以通过商业医疗保险等途径解决。统筹基金的具体起付标准、最高支付限额以及在起付标准以上和最高支付限额以下医疗费用的个人负担比例,由统筹地区根据以收定支、收支平衡的原则确定。

2. 城镇居民医疗保险

不属于城镇职工基本医疗保险制度覆盖范围的中小学阶段的学生(包括职业高中、中专、技校学生)、少年儿童和其他非从业城镇居民都可自愿参加城镇居民基本医疗保险。关于筹资水平,试点城市应根据当地的经济发展水平以及成年人和未成年人等不同人群的基本医疗消费需求,并考虑当地居民家庭和财政的负担能力,恰当确定筹资水平;探索建立筹资水平、缴费年限和待遇水平相挂钩的机制。关于缴费和补助,城镇居民基本医疗保险以家庭缴费为主,政府给予适当补助。参保居民按规定缴纳基本医疗保险费,享受相应的医疗保险待遇,有条件的用人单位可以对职工家属参保缴费给予补助。国家对个人缴费和单位补助资金制定税收鼓励政策。对试点城市的参保居民,政府每年按不低于人均40元给予补助,其中,中央财政从2007年起每年通过专项转移支付,对中西部地区按人均20元给予补助。在此基础上,对属于低保对象的或重度残疾的学生和儿童参保所需的家庭缴费部分,政府原则上每年再按不低于人均10元给予补助,其中中央财政对中西部地区按人均5元给予补助;对其他低保对象、丧失劳动能力的重度残疾人、低收入家庭60周岁以上的老年人等困难居民参保所需家庭缴费部分,政府每年再按不低于人均60元给予补助,其中中央财政对中西部地区按人均30元给予补助。中央财政对东部地区参照新型农村合作医疗的补助办法给予适当补助。财政补助的具体方案由财政部门与劳动保障、民政等部门研究确定,补助经费要纳入各级政府的财政预算。关于费用支付,城镇居民基本医疗保险基金重点用于参保居民的住院和门诊大病医疗支出,有条件的地区可以逐步试行门诊医疗费用统筹。城镇居民基本医疗保险基金的使用要坚持以收定支、收支平衡、略有结余的原则。要合理制定城镇居民基本医疗保险基金起付标准、支付比例和最高支付限额，完善支付办法，合理控制医疗费用。探索适合困难城镇非从业居民经济承受能力的医疗服务和费用支付办法，减轻他们的医疗费用负担。城镇居民基本医疗保险基金用于支付规定范围内的医疗费用，其他费用可以通过补充医疗保险、商业健康保险、医疗救助和社会慈善捐助等方式解决。

3. 新型农村合作医疗

新型农村合作医疗简称“新农合”，是指由政府组织、引导、支持，农民自愿参加，个人、集体和政府多方筹资，以大病统筹为主的农民医疗互助共济制度。采取个人缴费、集体扶持和政府资助的方式筹集资金。2002 年 10 月，中国明确提出各级政府要积极引导农民建立以大病统筹为主的新型农村合作医疗制度。2009 年，中国作出深化医药卫生体制改革的重要战略部署，确立新农合作为农村基本医疗保障制度的地位。2015 年 1 月 29 日，国家卫计委、财政部印发《关于做好 2015 年新型农村合作医疗工作的通知》，提出各级财政对“新农合”的人均补助标准在 2014 年的基础上提高 60 元，达到 380 元。农民个人缴费标准在 2014 年的基础上提高 30 元，全国平均个人缴费标准达到每人每年 120 元左右。积极探索建立与经济发展水平和农民收入状况相适应的筹资机制，逐步缩小城乡基本医保制度筹资水平差距。合理调整新农合统筹补偿方案，将政策范围内门诊和住院费用报销比例分别提高到 50%和 75%左右。以省(区、市)为单位统一制订“新农合”报销药品目录和诊疗项目目录，建立、完善目录动态调整机制。严格控制目录外费用占比，缩小政策报销比和实际报销比之间的差距。加强门诊与住院补偿方案的衔接，适当提高门诊手术、日间手术等门诊诊疗报销比例，合理设置住院起付线或低费用段报销政策，控制门诊转住院行为。将符合条件的村卫生室、非公立医疗机构、养老机构内设医疗机构等纳入“新农合”定点范围，满足参合群众多样化需求。

(三)失业保险

失业保险是指国家通过立法强制实行的，由社会集中建立基金，对因失业而暂时中断生活来源的劳动者提供物质帮助，进而保障失业人员失业期间的基本生活，促进其再就业的制度。在我国，企业缴纳基本工资的 2%，个人缴纳 1%，领取失业保险金时间最长为 2 年。在我国，失业人员在满足三个条件后，方可享受失业保险待遇：非因本人意愿中断就业；已办理失业登记，并有求职要求；按照规定参加失业保险，所在单位和本人已按照规定履行缴费义务满 1 年。待遇内容主要涉及以下几个方面：(1)按月领取的失业保险金，即失业保险经办机构按照规定支付给符合条件的失业人员的基本生活费用。(2)领取失业保险金期间的医疗补助金，即支付给失业人员领取失业保险金期间发生的医疗费用的补助。(3)失业人员在领取失业保险金期间死亡的丧葬补助金和供养其配偶直系亲属的抚恤金。(4)为失业人员在领取失业保险金期间开展职业培训、介绍的机构或接受职业培训、介绍的本人给予补偿，帮助其再就业。

(四)工伤保险

工伤保险，又称职业伤害保险。是指劳动者在工作中或在规定的特殊情况下，遭受意外伤害或患职业病导致暂时或永久丧失劳动能力以及死亡时，劳动者或其遗属从国家和社会获得物质帮助的一种社会保险制度。工伤保险认定的劳动者因工负伤或职业病暂时失去劳动能力，都享有社会保险待遇，即补偿不究过失原则。工伤保险是通过社会统筹的办法，集中用人单位缴纳的工伤保险费，建立工伤保险基金，对劳动者在生产经营活动中遭受意外伤害或职业病，并由此造成死亡、暂时或永久丧失劳动能力时，给予劳动者及其遗属法定的医疗救治以及必要的经济补偿的一种社会保障制度。这种补偿既包括医疗、康复所需费用，也包括保障基本生活的费用。用人单位应当按时缴纳工伤保险费。职工个人不缴纳工伤保险费。2016 年 5

月 1 日起各地贯彻落实国务院 2015 年关于降低工伤保险平均费率 0.25 个百分点和生育保险费率 0.5 个百分点的决定和有关政策规定，确保政策实施到位。例如，秦皇岛根据不同行业的工伤风险程度，由低到高，依次将行业工伤风险划分为一至八类，其工伤保险基准费率分别按该行业用人单位职工工资总额的 0.5%、0.7%、1.0%、1.2%、1.5%、1.7%、1.9%、2.5%执行，通过费率浮动的办法确定每个行业内的费率档次。我国将劳动功能障碍分为 10 个伤残等级，最重的为一级，最轻的为十级。工伤保险待遇按照 10 个等级支付。如职工因工致残被鉴定为一级至四级伤残的，保留劳动关系，退出工作岗位，享受以下待遇：从工伤保险基金按伤残等级支付一次性伤残补助金，标准为：一级伤残为 27 个月的本人工资，二级伤残为 25 个月的本人工资，三级伤残为 23 个月的本人工资，四级伤残为 21 个月的本人工资；从工伤保险基金按月支付伤残津贴，标准为：一级伤残为本人工资的 90%，二级伤残为本人工资的 85%，三级伤残为本人工资的 80%，四级伤残为本人工资的 75%。伤残津贴实际金额低于当地最低工资标准的，由工伤保险基金补足差额；工伤职工达到退休年龄并办理退休手续后，停发伤残津贴，按照国家规定享受基本养老保险待遇，基本养老保险待遇低于伤残津贴的由工伤保险基金补足差额。

（五）生育保险

生育保险是通过国家立法规定，在劳动者因生育子女而导致劳动力暂时中断时，由国家和社会及时给予物质帮助的一项社会保险制度。我国生育保险待遇主要包括两项：一是生育津贴；二是生育医疗待遇。其宗旨在于通过向职业妇女提供生育津贴、医疗服务和产假，帮助他们恢复劳动能力，重返工作岗位。职工享受生育保险待遇，应当同时具备下列条件：用人单位为职工累计缴费满一年以上，并且继续为其缴费；符合国家和省人口与计划生育规定。费用缴纳：用人单位按照国家规定缴纳生育保险费，职工不缴纳生育保险费。北京生育保险缴费比例为：企业按照职工缴费基数的 0.80%缴纳生育保险费；广州生育保险缴费比例为：企业按照职工缴费基数的 0.85%缴纳生育保险费。生育保险享受范围：一般规定为生育医疗费。女职工生育的检查费、接生费、手术费、住院费和药费由生育保险基金支付。超出规定的医疗业务费和药费（含自费药品和营养药品的药费）由职工个人负担。女职工生育出院后，因生育引起疾病的医疗费，由生育保险基金支付；其他疾病的医疗费，按照医疗保险待遇的规定办理。女职工产假期满后，因病需要休息治疗的，按照有关病假待遇和医疗保险待遇规定办理；生育津贴。女职工依法享受产假期间的生育津贴，按本企业上年度职工月平均工资计发，由生育保险基金支付。

四、财政部门对社会保险的投入

《社会保险法》明确规定了财政部门的职责和投入。按《社会保险法》规定的社会保险管理体制，由国务院社会保险行政部门负责全国的社会保险管理工作，国务院其他有关部门在各自的职责范围内负责有关的社会保险工作，县级以上地方人民政府也同此规定。各级财政部门的职责主要是在国家多渠道筹集社会保险资金的体制下对社会保险事业给予必要的经费支持，通过税收优惠政策支持社会保险事业。

首先，对各项基金的经费支持。如基本养老保险基金由用人单位和个人缴费以及政府补贴等组成，基本养老保险基金出现支付不足时，政府给予补贴；城镇居民基本医疗保险实行个人缴费和政府补贴相结合；新型农村社会养老保险实行个人缴费、集体补助和政府补贴相结合；享受最低生活保障的人、丧失劳动能力的残疾人、低收入家庭 60 周岁以上的老年人和未成年人等所需个人缴费部分，由政府给予补贴；国有企业、事业单位职工参加基本养老保险前，视同缴费年限期间应当缴纳的基本养老保险费由政府承担等。

其次，由中央财政拨款设立全国社会保障基金。由中央财政预算拨款以及国务院批准的其他方式筹集的资金，设立全国社会保障基金，用于社会保障支出的补充、调剂。全国社会保障基金由全国社会保障基金管理运营机构负责管理运营，在保证安全的前提下实现保值增值。

再次，建立社会保险基金预算，补贴社会保险基金预算支付的不足。建立社会保险基金预算，通过预算实现收支平衡，县级以上人民政府在社会保险基金出现支付不足时，给予补贴。社会保险基金存入财政专户，具体管理办法由国务院规定。

综观世界各国的社会保险制度，社会保险基金的筹集有两种方式：一是开征社会保险税；二是实行收(缴)保险费制度。社会保险税构成国家税制的一个税种，一旦开征社会保险税则全部社会保险收支将纳入国家一般预算。我国虽然建立了社会保险基金预算，而且一部分省份由当地地税局代收社会保险缴费，但因为没有开征社会保险税，社会保险收支并没有全部纳入一般预算，在《政府收支分类科目》的一般预算收支科目中，没有社会保险基金的收入科目，只是在一般预算支出科目中设置了一个"社会保障和就业"类级科目。该科目包括对社会保险基金的补助(含基本养老保险、失业保险、基本医疗保险、工伤保险和生育保险)、对新型农村养老保险基金的补助(含其他社会保险)、补充全国社会保障基金，还包括非缴费型的社会福利和救济等支出，如行政事业单位离退休经费、企业改革补助、就业补助、抚恤支出、退役安置支出、社会福利支出，以及包括人力资源和社会保障管理事务支出、民政管理事务支出。

我国近年来为了支持社会保险事业的改革和发展，加大了财政支持的力度，财政的社会保险支出和社会保险基金规模迅速增长，2016 年社会保险总支出达 4.65 万亿元，占公共财政支出的比重为 19.63%。

第二节　财政补贴

一、财政补贴的概念和分类

财政补贴总是和相对价格的变动联系在一起，或者是补贴引起价格变动，或者是价格变动导致财政补贴。因此，财政补贴一般定义为：一种影响相对价格结构，从而可以改变资源配置结构、供给结构和需求结构的政府无偿支出，又称为价格补贴。财政补贴的内容分类为：(1)物价补贴(政策性补贴)；(2)企业亏损补贴；(3)财政贴息；(4)税收支出。由于税收支出在财政补贴中的份额较大，将在本章第三节重点介绍。

另外一种分类方法是按照 WTO 规定的补贴分类方式将补贴分为：禁止性补贴(出口补贴和进口替代补贴)；(2)可诉补贴，("黄箱"补贴)；(3)不可诉补贴(绿箱补贴。

(一)禁止性的补贴

《补贴与反补贴措施协议》第 3 条规定："法律或事实上根据出口实绩为唯一条件或其他多种条件之一而给予的补贴，视使用国产货物而非进口货物的情况为唯一条件或其他多种条件之一而给予的补贴，为禁止性补贴。"概括起来，禁止性的补贴包括出口补贴和进口替代补贴两类。禁止性的财政补贴一旦被证实存在，无须证明其是否对其他成员方造成损害或损害威胁，都必须取消，否则会招致其他成员实施的经 WTO 争端解决机构授权的反补贴措施或征收反补贴税。

（二）可诉补贴（又称“黄箱”补贴）

可诉补贴是指在一定范围内可以实施的补贴，但如果使用此类补贴的成员方在实施过程中对其他成员方的经济利益造成了不利影响，则受损的成员方可以向使用此类补贴的成员方提起申诉。因此，《补贴与反补贴措施协议》第 5 条、第 6 条对使用可诉补贴的“度”做出了具体界定，即使用可诉补贴不能造成以下任何情况发生：(1)取代或阻碍另一成员方的产品进口；(2)取代或阻碍另一成员方对第三成员方的出口；(3)补贴的后果造成大幅度削价、压价或销售量减少；(4)实施补贴后的商品在国际市场上的份额增加。可诉补贴并不一定意味着必须取消，一般来说只有同时具备下列三个条件，该种可诉补贴才需要被取消：一是该种补贴必须具有专向性——企业专向性、产业专向性和地区专向性；二是该种补贴必须被某个成员方起诉；三是该补贴必须被证明对成员方造成了实质损害或实质损害威胁。

（三）不可诉补贴（又称绿箱补贴）

这主要包括不具有专向性的补贴、给予基础研究的援助性补贴、给予贫困地区的补贴、为适应新环境而实施的补贴，以及用于鼓励农业研究开发、鼓励农民退休等方面的补贴。

二、财政补贴影响经济的机理和效应

（一）财政补贴影响经济的机理分析

1. 财政补贴可以改变需求结构

财政补贴在各国都是被当作一种重要的调节经济的手段。之所以有这种作用，是因为它可以改变相对价格结构，而首先是可以改变需求结构。人们的需求客观上有一个结构，决定这个结构的因素主要有两个：一是人们所需要的商品和服务的种类；二是各种商品和服务的价格。一般来说，商品和服务的价格越低，需求就越大；商品和服务的价格越高，需求就越小。居民对消费品的需求以及企业对投入品的需求，莫不如此。既然价格的高低可以影响需求结构，那么能够影响价格水平的财政补贴便有影响需求结构的作用。说起对消费的补贴，苏联曾有一个十分生动的例子：在那里，经常发生农民购买面包喂牛的事情。其原因很简单：小麦因有政府补贴，因而面粉、面包的销售价格极为低廉，购买面包喂牛比购买玉米、燕麦等饲料要便宜得多。

2. 财政补贴还可以改变供给结构

财政补贴可以改变供给结构的作用，是通过改变企业购进的产品价格（供给价格或销售价格加补贴），从而改变企业盈利水平而发生的。众所周知，在我国的供给结构中，农产品的供给曾有过若干次反复。探究一下反复的原因就不难发现，农产品供给状况改善的时候，总是政府向农业部门提供补贴或增加农业部门补贴的时候。提高农产品价格补贴，使从事农业生产有利可图，农产品供给自然增加，而农产品的增加对改善我国的供给结构有着举足轻重的作用。在我国的煤炭生产上，同样也看到补贴可以起到调整供给的作用。前些年因为通货膨胀的影响，煤炭部门的生产处于十分不利的地位。为此，政府增加了对煤炭部门的补贴，煤炭生产便有了转机。现代经济已经进入知识经济时代，科技进步成为经济发展的重要动力，因而各国都将财政补贴更多地用于科学研究和高新技术的开发，推动基础科研，改造传统产业，发展新兴产业。这种财政补贴对调整产业结构和产业升级的显著作用已经成为人们的共识，并且得到广泛的应用。

3. 将外部效应内在化

对科学研究的补贴就是矫正外部效应的一个典型例证。一般来说,应用科学研究和高新技术开发由私人部门承担更有效率。然而任何一项有突破性的应用科学研究和高新技术开发成果都会对诸多领域产生影响,比如电子研究与开发的投入颇多,但成功率却很低,而且从事研究、开发的机构和个人不可能获得全部的收益,而财政给予补贴,可以降低研究与开发成本,缓解风险,实际是将外部效应内在化,从而推进研究与开发的开展。

(二)财政补贴的经济和社会效应

1. 财政补贴的首要意义在于有效地贯彻国家的经济政策

财政补贴的对象可以是国有企业,可以是集体企业甚至是私人企业,也可以是城乡居民,但不论补贴对象是谁,最终目的都是为顺利实施国家的方针政策。比如,对公共交通以及供水、供电和供气等国有企业或事业单位给予适当补贴,是为了平抑物价,减轻居民负担,提高服务质量;当年粮食短缺,给予粮食部门或居民以补贴,是为了促进粮食生产,如今粮食充裕了,按保护价格收购,同样是为了保证粮食供给,同时维护农民利益。

2. 财政补贴能够以财政资金带动社会资金,扩充财政资金的经济效应

财政资金毕竟是有限的,一些事业必须由财政出资来办,但一些事业可以由财政来办也可以由民间出资来办,而凡是民间不太热衷的事业,财政给予补贴,只要财政花费少量的资金就可以将民间资金调动起来,发挥所谓"四两拨千斤"的作用。特别是经济低迷时期,这种作用就更为显著。

3. 加大技术改造力度,推动产业升级

在产业结构优化过程中,财政补贴支出扮演着十分重要的角色。以我国 1998 年实施的积极财政政策为例。当时共对 880 个民品技术改造项目进行财政贴息,带动了更多的银行配套贷款,调动了企业进行技术改造的信心和积极性,实施了一大批技术改造、高科技产业化和装备的国产化项目,启动了一批对产业结构调整有重大影响的项目,安排了一批可大量替代进口、扩大出口的项目,有力地推动了大中型国有企业的技术改造和产业结构的升级。

4. 消除挤出效应

比如,我国实施积极财政政策,采取增加公共工程支出的措施,在货币供应量不变的条件下,公共工程支出的增加会直接增加对货币的需求量,可以带来市场利率水平上升,从而会加大私人部门的融资成本,导致私人投资的萎缩,这就是所谓的挤出效应。如果对私人部门给予补贴,就可以降低私人部门的融资成本,消除这种挤出效应,增强民间投资意愿,加快民间投资的恢复和增长。

5. 对社会经济发挥稳定效应

在我国的财政补贴中,保持社会经济稳定往往是首要的目的。如对于企业的亏损补贴,在很大程度上是在产业调整过程中,稳定被调整的产业的收入并诱导企业进行更积极的调整;对居民支付的各类价格补贴,是用于弥补居民因调价而产生的收入损失,基本的功能也是保持社会与经济的稳定。特别值得一提的是,在 2003 年的"非典"危机中,中央和地方政府对交通业、餐饮业、旅店业等受严重冲击的行业进行了相应的补贴和优惠政策,从效果来看,对稳定市场和保持经济的持续发展具有非常重要的意义。

三、财政补贴存在的问题

第一,财政补贴项目偏多,规模偏大,会加重财政负担,甚至成为构成长期存在财政赤字的

重要原因之一,虽然从局部来看起到了经济调节作用,但却会从总体上削弱国家财政的宏观调控能力。

第二,长期的财政补贴不可避免地会使受补单位产生依赖思想,影响经济效率和资源配置效率,人为地加剧企业的不公平竞争,“政策性亏损”掩盖了部分企业由于经营不善而引起的经营亏损。

第三,长期过多过广的补贴人为地扩大了经济体系中的政府行为,相应地缩小了市场活动覆盖的范围,而且财政补贴成为受补单位的既得利益,易上难下,将演变为经济改革顺利进行的阻碍因素。

第四,某些补贴的不当,扭曲了价格体系,扭曲了合理的消费结构,加大了宏观调控的难度。

财政补贴既然为一种调节手段,其使用范围及规模就有一个限度,超过这个限度,积极作用就可能趋弱,甚至出现消极作用。要搞清这个道理,就有必要对左右国民经济运行的因素及诸因素的主从地位和相互关系有一个正确的认识。任何一个国民经济的实际运行都是由一套稳定的经济制度(包括财产制度、价格制度、收入分配制度、财政收支制度等)所规定的运行机制和一套灵活的调节手段体系共同发挥作用的综合结果。从主导方面说,国民经济的正常运行主要是依赖既定的经济制度及运行机制的有规律的自动作用,它保证了社会经济能够实现自己的主要社会目标。但是,社会经济所要实现的目标是多重的,有些目标可能居于次要位置,但并非无须顾及的,而既定的经济制度及其运行机制即便十分完善,也只能实现一个或几个主要的社会目标。就此而论,任何经济制度及其运行机制都存在着固有的缺陷。为了克服这些缺陷,亦即为了全面实现社会经济目标,作为宏观调控主体的政府,有必要运用调节手段体系去纠正既定的经济运行机制所产生的不利后果,或部分地修正既定的经济运行机制,财政补贴就是可利用的重要调节手段之一。从这个意义上说,财政补贴有其存在的必然性,是不能也不应被取消的;但是,财政补贴既然是调节手段,就不应当在国民经济的运行中扮演主要角色。在国民经济运行的制度性基础与调节手段之间,调节手段只是辅助性的。

四、我国财政补贴的调整和改革

(一)取消不符合 WTO 规则的补贴

(1)取消针对出口的各种财政补贴。首先,取消针对出口的直接补贴,主要指政府根据企业的出口收汇实绩给予补贴、贴息和奖励,如对一般贸易出口 500 万美元以上的企业收汇每美元贴息 0.02 元人民币政策等。其次,取消针对出口的间接补贴,主要指根据企业的出口情况,减免部分或全部企业所得税以支持出口而形成的各种间接补贴。(2)取消我国曾存在的采用税收手段支持国产品替代进口的补贴,包括减免企业所得税、对固定资产投入所纳税额进行更多抵扣、对此类设备投入的增值税予以全额抵扣,以及加速固定资产折旧等形式的补贴,要在过渡期内全部取消。(3)取消对农产品出口的补贴,包括价格补贴、实物补贴,以及对出口产品加工、仓储和运输的补贴。

(二)合理利用可诉补贴

可诉补贴,又称黄箱补贴,是 WTO 规则允许在一定范围内可以实施的补贴,各国都可以合理运用可诉补贴支持本国工商业发展。有操作性的可诉补贴有:政府对某项产品实行不超过从价总额 5%的补贴;对某项产业实行小额补贴以弥补经营性亏损;为解决某个大企业的长期发展,避免产生严重社会问题而提供一次性补贴;对一些规模有限、影响相对较小的企业直接免除政府债务，或授予补贴以抵消应付债款。对于可诉补贴运用的关键是要把握好补贴的范围和“度”，避免引起对我国出口产品起诉。在我国运用可诉补贴中值得关注的是科技补贴。《补贴与反补贴措施协议》第8条规定：在商业性研究和开发活动(R&D)中，对公司进行研究活动的援助，或对高等教育研究机构或研究机构与公司签约进行研究活动的援助，不能超过工业研究成本的75%或竞争前开发活动成本的50%，而介于上述两类之间的R&D活动不得超过合法成本的62.5%，当工业研究或竞争前开发活动的补贴超过这个上限时，就成为可起诉补贴。结合我国现行的科技支出状况，科技支出中有一部分是用于应用研究、实验开发和成果应用研究，具有明显的促进出口或进口替代作用，但属于禁止的补贴或可起诉的补贴范围，加入WTO后，必须对超出不可起诉条款范围的财政补贴进行调整，否则就有可能遭到其他成员的反补贴措施。因此，我国必须把握好对科技补贴的范围和“度”，充分运用科技补贴，促进科技事业的发展。

（三）用足用好不可诉补贴

(1)增加对落后地区的补贴。由于目前我国人均收入与西部收入的差距已达到“不可诉补贴”中对落后地区补贴的标准（人均国民生产总值不超过全国平均国民生产总值的85%等条件），我国的地区倾斜政策应由“东高西低”改为“西高东低”，可以对这些地区的产业和企业采取补贴政策，如税收优惠、援助等，扶持西部经济的发展。(2)运用财政补贴，加强环境保护。环境保护问题是当今全人类共同面临的具有挑战性的问题，关系到人类的生存和发展，因此，环境问题受到世界各国政府的高度重视，如欧盟曾针对环境保护专门调整了财政补贴政策。我国当前在经济发展转型升级的形势下，运用财政补贴政策保护环境和修复被破坏的环境，引导企业、居民自觉保护环境，已成为当务之急。(3)运用财政补贴政策促进中小企业的加速发展。中小企业在创业、发展过程中，普遍具有较高的风险。尽管中小企业的市场前景看好，但出于对风险的考虑，许多投资者和银行却不愿意对中小企业进行投资和贷款。世界各国政府普遍采取财政补贴政策支持中小企业的创业和发展，引导中小企业的投资倾向和扩大投资规模。比如，对处于创业阶段而且属于国家鼓励产业的中小企业投资入股者，政府可以按股金一定比例配发财政补助，地方政府可以对获得中小企业技术创新基金的项目，参照国家创新基金项目金额发放一定比例的补助。

（四）调整现行一些效率不高的补贴

(1)调整粮食补贴政策，改变农业补贴方式。根据《农业协定》，我国当前的粮食补贴政策属于黄箱政策，还没有超过加入WTO谈判中农业生产总值8.5%的上限，符合WTO规则，但现行对农产品流通环节的补贴政策，既扭曲了资源配置，又造成了收入分配不公，补贴效率不佳。应实施新的农业补贴政策，如：取消“三挂钩”补贴（粮棉生产、化肥、柴油和贷款相挂钩）、农产品加价款补贴、地方粮油加价款补贴，建立粮棉生产贷款贴息基金和价格风险基金；取消粮棉储备费用补贴、平抑肉食和蔬菜价差补贴，转换为农产品储备基金；采取粮食直补、良种补贴、农机具购置补贴，探索对种粮收益综合补贴制度和投资参股、专项贴息制度，加强国家储备和实行最低保护价等。(2)取消对国有企业的财政补贴。取消对国有企业的补贴是加入WTO所必需的，1999年中美就中国加入WTO进行谈判的焦点之一，就是要求中国取消对国有企业的补贴。根据《中华人民共和国加入WTO议定书》附件，逐步取消针对促进亏损企业的结构调整以及维持生产和保证就业方面的财政补贴。过去国有企业亏损补贴的主要问题在于经营性亏损与政策性亏损相混淆，目前绝大多数工业产品的价格都已放开，通过国有企业改革，除少数仍须由国家直接控制价格的重要产品和劳务外，其他工业企业的亏损补贴都应取消。

第三节　税收支出

一、税收支出的概念和分类

税收支出无非是以特殊的法律条款规定的、给予特定类型的活动或纳税人以各种税收优惠待遇而形成的收入损失或放弃的收入。可见，税收支出是政府的一种间接性支出，属于财政补贴性支出。税收支出可分为：

(一)照顾性税收支出

照顾性税收支出主要是针对纳税人由于客观原因在生产经营上发生临时困难而无力纳税所采取的照顾性措施。例如，国有企业由于受到扭曲的价格等因素的干扰，造成政策性亏损，或纳税人由于自然灾害而造成暂时性的财务困难，政府除了用预算手段直接给予财政补贴外，还可以采取税收支出的办法，减少或免除这类纳税人的纳税义务。由此可见，这类税收支出明显带有财政补贴性质，目的在于扶植国家希望发展的亏损或微利企业以及外贸企业，以求国民经济各部门的发展保持基本平衡。但是，需要注意的是，在采取这种财政补贴性质的税收支出时，必须严格区分经营性亏损和政策性亏损，要尽可能地避免用税收支出的手段去支持因主观经营管理不善所造成的财务困难。

(二)刺激性税收支出

刺激性税收支出主要是指用来改善资源配置、提高经济效率的特殊减免规定，主要目的在于正确引导产业结构、产品结构、进出口结构以及市场供求，促进纳税人开发新产品、新技术以及积极安排劳动就业等。这类税收支出是税收优惠政策的主要方面，税收调节经济的杠杆作用也主要表现在这里。刺激性税收支出又可分为两类：一是针对特定纳税人的税收支出；二是针对特定课税对象的税收支出。前者主要是那些享受税收支出的特定纳税人，不论其经营业务的性质如何，都可以依法得到优惠照顾，如我国对伤残人创办的集体企业以及所有的合资、合作经营企业，在开办初期给予减免税照顾；而后者则主要是从行业和产品的性质来考虑，不论经营者是什么性质的纳税人，都可以享受优惠待遇，如我国对农、牧、渔业等用盐可减征盐税等。

二、税收支出的形式

(一)税额式

1. 税收豁免

税收豁免是指在一定期间内，对纳税人的某些所得项目或所得来源不予课税，或对其某些活动不列入课税范围等，以豁免其税收负担。至于豁免期和豁免税收项目，应视当时的经济环境和政策而定。最常见的税收豁免项目有两类：一类是免除关税与货物税，如：免除机器或建筑材料的进口关税，可使企业降低固定成本；免除原材料以及半成品的进口关税，可增强企业在国内外市场的竞争能力；免除货物税同样也可降低生产成本，增强市场的价格竞争力。另一类是免除所得税。一方面，可以增加新投资的利润，使企业更快地收回所投资本，减少投资风险，以刺激投资，如对企业从治理污染中取得的所得不计入应税所得，激发企业治理污染的积极性；另一方面，可以促进社会政策的顺利实施，以稳定社会正常生活秩序，诸如对慈善机构、宗教团体等的收入免予课税。

2. 税收抵免

税收抵免是指允许纳税人从其某种合乎奖励规定的支出中，以一定比率从其应纳税额中扣除，以减轻其税负。对于这种从应纳税额中扣除的数额，税务当局可能允许也可能不允许超过应纳税额。若是在后一种情况下，它被称为“有剩余的抵免”；若是在前一种场合，即将没有抵尽的抵免额返还给纳税人，就称为“没有剩余的抵免”。在西方国家，税收抵免的形式多种多样，其中主要有两种形式，即投资抵免和国外税收抵免。投资抵免因其性质类似于政府对私人投资的一种补助，故亦称为投资津贴。其内容大体是指，政府规定凡对可折旧性资产投资者，其可由当年应付企业所得税税额中，扣除相当于新投资设备某一比率的税额，以减轻其税负，借以促进资本形成并增强经济增长的潜力。通常，投资抵免是鼓励投资以刺激经济复苏的短期税收措施。国外税收抵免常见于国际税收业务中，即纳税人在居住国汇总计算国外的收入所得税时，准予扣除其在国外的已纳税款。国外税收抵免与投资抵免的主要区别在于，前者是为了避免国际双重征税，使纳税人的税收负担公平；后者是为了刺激投资，促进国民经济增长与发展，它恰恰是通过造成纳税人的税收负担不平等来实现的。

3. 盈亏相抵

盈亏相抵是指准许企业以某一年度的亏损，抵消以后年度的盈余，以减少其以后年度的应纳税款；或是冲抵以前年度的盈余，申请退还以前年度已纳的部分税款。一般而言，抵消或冲抵前后年度的盈余，都有一定的时间限制。例如，美国税法曾规定，前后可以冲抵的时间是前3年和后7年；我国台湾地区则有前4年和后5年的规定。这种方式对具有高度冒险性的投资有相当大的刺激效果。因为在这种方式下，如果企业发生亏损，按照规定就可从以前或以后年度的盈余中得到补偿。当然，正因为这种方式是以企业发生亏损为前提的，它对于一个从未发生过亏损但利润确实很小的企业来说，没有丝毫鼓励效果；而且，就其应用的范围来看，盈亏相抵办法通常只能适用于所得税方面。

4. 退税

退税是指国家按规定对纳税人已纳税款的退还。退税的情况有很多，诸如多征误征的税款、按规定提取的地方附加、按规定提取代征手续费等方面的退税。这些退税都属于“正规税制结构”范围。作为税收支出形成的退税是指优惠退税，系国家为鼓励纳税人从事或扩大某种经济活动而给予的税款退还。主要包括两种形式：出口退税和再投资退税。出口退税是指为鼓励出口而给予纳税人的税款退还：(1)退还进口税，即用进口原料或半制成品，加工制成成品后，出口时退还其已纳的进口税；(2)退还已纳的国内销售税、消费税、增值税等。再投资退税是指为鼓励投资者将分得的利润进行再投资，而退还纳税人再投资部分已纳税款。

(二)税基式

税基式纳税扣除是指准许企业把一些合乎规定的特殊支出，以一定的比率或全部从应税所得中扣除，以减轻其税负。换言之，纳税扣除是指在计算应课税所得时，从毛所得额中扣除一定数额或以一定的比率扣除，以减少纳税人的应课税所得额。在累进税制下，纳税人的所得额越高，这种扣除的实际价值就越大。因为一方面，有些国家的纳税扣除是按照纳税人的总所得以一定的百分比扣除，这样，在扣除比率一定的情况下，纳税人的所得额越大，其扣除额就越多；另一方面，就某些纳税人来说，由于在其总所得中扣除了一部分数额，使得原较高税率档次降低到低一级或几级的税率档次，这等于降低了这部分纳税人的课征税率。

(三)优惠税率式

优惠税率是对合乎规定的企业课以较一般为低的税率。其适用的范围可视实际需要而予以伸缩。这种方法既可以是有期限的限制,也可以是长期优待。一般来说,长期优惠税率的鼓励程度大于有期限的优惠税率,尤其是那些需要巨额投资且获利较迟的企业,常可从长期优惠税率中得到较大的利益。在实践中,优惠税率的表现形式很多,例如,纳税限额即规定总税负的最高限额,事实上就是优惠税率的方式之一。

(四)递延式

1. 延期纳税

延期纳税这种方式亦称税负延迟缴纳,系允许纳税人对那些合乎规定的税收,延迟缴纳或分期缴纳其应负担的税额。这种方式一般可适用于各种税,且通常都应用于税额较大的税收。在施以这种办法的场合,因可延期纳税,纳税人等于得到一笔无息贷款,能在一定程度上帮助纳税人解除财务上的困难。采取这种办法,政府的负担也较轻微,因为政府只是延后收款而已,充其量只是损失一点利息。

2. 加速折旧

加速折旧是指在固定资产使用年限的初期提列较多的折旧。采用这种折旧方法,可以在固定资产的使用年限内早一些得到折旧费和减免税的税款。例如,1954 年美国税法规定企业可按放宽了的条款来计算折旧费,使得企业在一项新的固定资产使用年限的前一半时间内收回的投资,要比按直线法计提折旧时能收回的投资多出将近 50%。加速折旧是一种特殊的税收支出形式。虽然它可在固定资产使用年限的初期提列较大的折旧,但由于折旧累计的总额不能超过固定资产的可折旧成本,所以其总折旧额并不会比一般折旧高。折旧是企业的一项费用,折旧额越大,企业的应课税所得越小,税负就越轻。从总数上看,加速折旧并不能减轻企业的税负,政府在税收上似乎也没损失什么。但是,由于后期企业所提的折旧额大大小于前期,故税负较重。对企业来说,虽然总税负未变,但税负前轻后重,有税收递延缴纳之利,亦与政府给予一笔无息贷款作用相同;对政府而言,在一定时期内,虽然来自这方面的总税收收入未变,但税收收入前少后多,有收入迟滞之弊,即政府损失了一部分收入的"时间价值"。因此,这种方式同延期纳税方式一样,都是税收支出的特殊形式。

【本章小结】

转移性支出中社会保险支出与人们生活息息相关,其中养老保险、医疗保险、失业保险、工伤保险和生育保险是主要关注点。财政补贴对经济发展起到促进作用,但是也会存在问题,需要进一步改革。税收支出属于税收优惠和照顾,税收支出一般分为四类形式。

【思考题】

1. 辨析题:社会保险基金和社会保障基金是一回事。
2. 辨析题:财政补贴对社会经济制度是一种有益的补充,应该大力推广。
3. 知识应用题:财政对低收入者会在社会保险的哪些方面给予帮助?

4. 综合论述题:结合我国实际分析,我国当前应该以哪类税收支出的形式为主?

【案例分析】

案例一

央广网北京2017年2月16日消息(记者何源)。据中国之声《全国新闻联播》报道,记者从今天召开的全国社保局长会上了解到,2016年我国五项社会保险基金总收入为5.28万亿元,总支出4.65万亿,各项基金保持收支总体平衡,累计结余超过6.5万亿元。截至年末,基本养老保险覆盖人数超过8.8亿,基本医保基本实现全覆盖,完成年度社保扩面的任务。人社部副部长游钧透露,目前,已有包括北京、上海等7省区市,共计3 600亿元的基本养老保金,开始委托进行投资运营,突破原来社保基金只存国有银行和买国债的限制,为养老保险基金的保值增值实实在在地打开了通道。游钧表示,下一步,将加强对重点地区基金运行情况的预测预警、确保养老金按时足额发放的同时,继续做好2017年企业和机关事业单位退休人员养老金待遇的调整、强化确保发放的主体责任,夯实缴费基数,加强基金征缴和稽核清欠力度,完善扩面征缴激励约束机制和省级统筹基金调剂制度。此外,针对百姓关心的异地就医问题,游钧透露,目前全国所有省份都已实现了省内异地就医直接结算,有北京等15个省区市正式接入国家异地就医结算系统。在年内完成跨省异地安置退休人员住院费用直接结算的同时,将探索逐步扩大到符合转诊规定的异地住院费用。游钧指出,各地要研究出台转诊政策及就医地管理的具体措施。积极推进医保支付方式改革,加强医保基金预算管理,推进按病种付费、人头付费、疾病诊断相关分组付费的方式,强化对医疗行为监控,发挥医保在医改中的基础性作用。

据介绍,主要由单位和个人缴费形成的社会保险基金是社保基金最重要的一部分,包括基本养老、失业、基本医疗、工伤和生育保险基金等,以应对职工生、老、病、残、失业之急。近年来,我国完善社会保障制度,推动制度由单一体系向多支柱体系、由现收现付向部分积累转变,社会保险基金节余不断增加。老百姓平时领到的养老金、失业保险金以及报销的医药费,就是从这部分基金中支付的。与社会保险基金一字之差的社会保障基金,指由中央财政拨入资金、国有股减持和股权划拨资产、经国务院批准以其他方式筹集的资金及投资收益所形成的基金,是由中央政府集中的社会保障储备基金。该基金由中央政府集中管理,统一使用,到2016年底资产总额为20 423.28亿元。据全国社会保障基金理事会有关负责人透露,该项基金未来将主要用于应对人口老龄化高峰时社会养老的需要,以及重大自然灾害等特殊情况和国务院批准的其他社会保障支出。社会保险基金重安全,社会保障基金可投资。由于在很多场合,社会保险基金和全国社会保障基金都简称为"社保基金",因此不少人搞混了其内涵和运作方式。据介绍,目前以五项社会保险为主的社会保险基金的结余基金只能用于存银行、买国债,这部分基金更重于保证安全,以便及时发放各类社会保险待遇。人社部有关负责同志表示,这符合我国的国情,也是对老百姓负责。目前可以进入资本市场进行投资的是全国社会保障基金。这部分基金除了存银行、买国债外,还可以用于债券、基金、股票等投资,也可以进行直接投资,国家规定了其各类资产投资的比例。理事会通过公开招标的形式,确定投资管理人等。

(资料来源:央广网、向日葵保险网、全国社会保障基金理事会网站)

请回答:

(1)社会保障基金和社会保险基金的区别。

(2)我国应如何合力应用社会保险基金和社会保障基金?

案例二 化工行业涉及的税收优惠政策汇总

一、增值税方面优惠政策

(1)生产销售的除尿素以外的氮肥、除磷酸二铵以外的磷肥、钾肥以及以免税化肥为主要原料的复混肥(企业生产复混肥产品所用的免税化肥成本占原料中全部化肥成本的比重高于70%)免征增值。复混肥是指用化学方法或物理方法加工制成的氮、磷、钾三种养分中至少有两种养分标明量的肥料,包括仅用化学方法制成的复合肥和仅用物理方法制成的混配肥(也称掺合肥)。

(财税[2001]113号)

(2)自2005年7月1日起,对国内企业生产销售的尿素产品增值税由先征后返50%调整为暂免征收增值税。

(财税[2005]87号)

(3)对燃煤发电厂及各类工业企业产生的烟气、高硫天然气进行脱硫生产的副产品[副产品,是指石膏(其二水硫酸钙含量不低于85%)、硫酸(其浓度不低于15%)、硫酸铵(其总氮含量不低于18%)]和硫磺增值税实行即征即退50%的政策。

(财税[2008]156号)

二、所得税方面优惠政策

(1)资源综合利用减计收入。企业综合利用资源,生产符合国家产业政策规定的产品所取得的收入,可以在计算应纳税所得额时减计收入。

(中华人民共和国主席令第063号)

《企业所得税法》第33条所称减计收入,是指企业以《资源综合利用企业所得税优惠目录》规定的资源作为主要原材料,生产国家非限制和禁止并符合国家和行业相关标准的产品取得的收入,减按90%计入收入总额。

(中华人民共和国国务院令第512号)

(2)研发费用加计扣除

企业开发新技术、新产品、新工艺发生的研究开发费用,可以在计算应纳税所得额时加计扣除。

(中华人民共和国主席令第063号)

研究开发费用的加计扣除,是指企业为开发新技术、新产品、新工艺发生的研究开发费用,未形成无形资产计入当期损益的,在按照规定据实扣除的基础上,按照研究开发费用的50%加计扣除;形成无形资产的,按照无形资产成本的150%摊销。

(中华人民共和国国务院令第512号)

(资料来源:凯旋律师网)

请回答:

(1)税收支出的形式有哪些分类?

(2)判断案例资料中存在哪种税收支出?并分析税收支出对经济发展的作用。

【翻转课堂任务列表】

1. 梳理本章知识框架,厘清内在逻辑联系。

2. 理解和掌握本章的重点、难点和热点。

3. 完成本章的课后题。

4. 提交一份学习笔记作业,可以是任务列表中的任务,也可以是学习过程中的"亮考帮"等,为课堂讨论和展示提供支撑。作业评价标准为提交、认真和创新三个等级。

【学习实践】

做一次慈善捐赠,感受和分析国家作为慈善者的另外一面。

第七章　财政收入概述

【内容导读】

1. 为何学？本章在理论上是《财政学》第三部分财政收入的概述，在本章之后会引出税收、收费和国债三种财政收入内容。在实践上，本章能够使读者明白我国财政收入的具体分类，对我国财政收入规模有一个宏观判断，对财政收入结构有深入的了解。

2. 学什么？了解财政收入分类，掌握财政收入规模，理解财政收入结构。

3. 怎么学？在财政收入分类的学习中要牢记其担负着引出后续章节的作用，重点应关注财政收入规模的内容，对财政收入结构的分析要抓住住价值这个维度深入学习。

【本章重点、难点和热点】

1. 重点：我国财政收入规模的调节思路。

2. 难点：财政收入规模的影响因素。

3. 热点：财政收入的价值结构。

第一节　财政收入分类

一、按照预算模式分类

我国新《预算法》确定编制四种预算，自然就有四类财政收入，即一般公共预算收入、政府性基金预算收入、国有资本经营预算收入、社会保险基金预算收入。因此，我国财政收入也有狭义和广义两种口径。狭义财政收入仅指一般公共预算收入，简称为公共预算收入；广义财政收入是指四类预算收入之总和，一般称为全口径财政收入。

二、按照收入形式分类

我国财政收入主要是按收入形式分类。现行《政府收支分类科目》中“收入分类科目”列出的类级科目有：税收收入、社会保险基金收入、非税收入、贷款转贷回收本金收入、债务收入。

具体而言：

（1）税收收入款级科目中列举了我国现行的税种，包括增值税、消费税、营业税、企业所得税、个人所得税、资源税、固定资产投资方向调节税、城市维护建设税、房产税、印花税、城镇土地使用税、土地增值税、车船税、船舶吨税、车辆购置税、关税、耕地占用税、契税、烟叶税、其他税收收入。

（2）社会保险基金收入款级科目中列举了基本养老保险、失业保险、基本医疗保险、工伤保险、生育保险、新型农村合作医疗、城镇居民基本医疗保险、新型农村社会养老保险、其他社会保险等基金收入。

（3）非税收入款级科目中列举了政府性基金收入、专项收入、行政事业性收费、罚没收入、国有资本经营收入、国有资源（资产）有偿使用收入、其他收入。

（4）贷款转贷回收本金收入，包括内外债贷款和转贷的收回本金收入。

（5）债务收入，即内外债收入。

很显然，由于实行新《预算法》，上述科目中包含的政府性基金收入、社会保险基金收入、国有资本经营收入已经分别从属于相应预算的收入，与一般公共预算分列，而归属于公共预算的主要是税收收入，还包括专项收入、行政事业性收费和罚没收入。从财政理论上说，财政收入形式还可以有铸币收入（或铸币税）和通货膨胀收入（或通货膨胀税），我国目前还没有计算这种收入。

综合而言，我国收入来源主要包括税收、收费和国债。后续章节将按照这一分类展开分析。

第二节　财政收入规模

一、财政收入规模的影响因素

（一）经济发展水平和生产技术水平

经济发展水平反映一个国家的社会产品的丰富程度和经济效益的高低。经济发展水平高，社会产品丰富，其净值，即国民生产总值（GNP）或国内生产总值（GDP）就多，一般而言，则该国的财政收入总额较大，占国民生产总值的比重也较高。当然，一个国家的财政收入规模还受其他各种主客观因素的影响，但有一点是清楚的，就是经济发展水平对财政收入的影响表现为基础性的制约，两者之间存在源与流、根与叶的关系，源远则流长，根深则叶茂。从世界各国的现实状况考察，发达国家的财政收入规模大多大于发展中国家，而在发展中国家中，中等收入国家又大多大于低收入国家，绝对额是如此，相对比重亦是如此。

生产技术水平也是影响财政收入规模的重要因素，但生产技术水平是内含于经济发展水平之中的，因为一定的经济发展水平总是与一定的生产技术水平相适应，较高的经济发展水平往往是以较高的生产技术水平为支柱的。所以，对生产技术水平制约财政收入规模的分析，事实上是对经济发展水平制约财政收入规模的研究的深化。简单地说，生产技术水平是指生产中采用先进技术的程度，又可称为技术进步。技术进步对财政收入规模的制约可从两个方面来分析：一是技术进步往往以生产速度加快、生产质量提高为结果，技术进步速度较快，GNP 或 GDP 的增长也较快，财政收入的增长就有了充分的财源；二是技术进步必然带来物耗比例降低，经济效益提高，产品附加值所占的比例扩大。由于财政收入主要来自产品附加值，所以技术进步对财政收入的影响更为直接和明显。因此，促进技术进步，提高经济效益，是增加财政收入的首要的有效途径，在我国更是如此。

（二）分配政策和分配制度

制约财政收入规模的另一个重要因素是政府的分配制度和分配政策。经济决定财政，财政收入规模的大小归根结底受生产发展水平的制约，这是财政学的一个基本观点。经济发展水平是分配的客观条件，而在客观条件既定的情况下，还存在通过分配进行调节的可能性。所以在不同的国家（即使经济发展水平是相同的）和一个国家的不同时期，财政收入规模也是不同的。首先，分配与政治体制的集权和分权有直接的联系。比如，英、法两国的财政收入规模之所以较高，是由于政治体制倾向于集权，瑞典等北欧国家的财政收入规模之所以最高，是因为这些国家由政府包办的社会福利范围最大；而美国之所以相对较低，是因为美国为联邦制，政治体制倾向于分权，而且政府拨付的社会福利费水平较低。其次，分配与经济体制的政府与市场的关系有关。政府干预经济的力度越大，财政收入规模就越大，而市场对经济调节的作用越大，财政收入规模就越小。

（三）价格对财政收入的影响

价格变动对财政收入的影响，首先表现为价格总水平升降的影响。在市场经济条件下，价格总水平一般呈上升趋势，一定范围内的上涨是正常现象，持续地、大幅度地上涨就是通货膨胀，我国也曾出现过物价持续上涨的情况。随着价格总水平的上升，财政收入相应地增长，其表现为财政收入的“虚增”，即名义增长而实际并无增长。

价格对财政收入影响的另一个重要因素是现行税收制度和税制结构。如果是以累进所得税为主体的税制，纳税人适用的税率会随着名义收入的增长而提高，即出现所谓“档次爬升”效应。这里是否会出现国家与纳税人之间的再分配，关键在于纳税人的收入与物价变化的关系。比如，工薪阶层的工资非指数化，则必然发生有利于国家的再分配。如果实行的是以比例税率的流转税为主体的税制，这就意味着税收收入的增长率等同于物价上涨率，财政收入只有名义增长，而不会有实际增长。如果实行的是定额税，在这种税制下，税收收入的增长总要低于物价上涨率，所以财政收入即使有名义增长，实际上也必然是下降的。我国现行税制是以比例税率的流转税为主，同时曾经对所得税的主要部分——国有企业所得税实行承包制，大体相当于定额税，因而某些年份在物价大幅度上涨的情况下，财政收入出现名义上正增长而实际上负增长，和当时的税制有极大的关系。

价格总水平的变动往往是和产品比价的变动同时发生的，而产品比价关系变动以另一种形式影响财政收入。产品比价关系变动之所以会影响财政收入缘于两个原因：一是产品比价变动会引起货币收入在企业、部门和个人各经济主体之间的转移，形成GDP的再分配，使财源分布结构发生变化；二是财政收入在企业、部门和个人之间的分布呈非均衡状态，或者说，各经济主体上缴财政的税收比例是不同的。这样，产品比价变化导致财源分布结构改变时，相关企业、部门和个人上缴的税收就会有增有减，而增减的综合结果就是对财政收入的最终影响。

二、我国财政收入规模水平及调节思路

（一）财政收入规模水平

一个国家的财政收入规模取决于政治、经济、社会以及各国的历史文化传统和特殊国情等多种因素。这就是为什么各国的财政收入规模水平各不相同，而且差距很大。所以，没有一种

统一的和绝对的标准，也不可能有一种精确的模型来测算每个国家的财政收入规模的合理水平。一般还只能是采取本国自身的纵向比较和同外国的横向比较的方法，分析财政收入规模的发展趋势，作为合理确定财政收入规模的参考值，最终仍然需要根据本国的国情通过政治程序来确定。

分析我国财政收入规模水平需要从狭义财政收入和广义财政收入两种不同的口径来考察。我们先来分析狭义财政收入(即公共财政收入)规模目前已达到的水平。我国改革开放后财政收入规模的变化经历了一个逐年下降而又逐年回升的历程。财政收入占 GDP 的比重从 1978 年的 31.1%下降到 1995 年的 10.3%，而后回升，到 2010 年达到 20.9%。从我国自身的纵向比较来看，目前财政的集中度明显低于计划经济体制时期的水平。我国改革开放前实行计划经济体制，国民收入分配实行统收统支体制，根据当时的实践曾总结出"2、3、4"的比例关系，即积累占国民收入的比重为 20%，财政收入占国民收入的比重为 30%，基建支出占财政支出的比重为 40%。由于当时是统收统支体制，财政收入占 GDP 的比重较高，所以市场化改革以后有所下降是必然的，也是理所当然的。那么，目前已经回升到超过 20%的水平，是否还要继续上升，是否应当稳定下来，或者说什么水平才是社会主义市场经济体制下的合理水平，这是我国当前社会各界十分关注的有关国计民生的一个问题，也是需要认真思考和研究并通过经济改革和发展的实践来做出决策的一个重要战略性问题。从国际横向比较来看，若干国家财政收入占 GDP 的比重分别为：1990 年，美国为 34%、法国为 46.3%、英国为 44.4%、泰国为 21.3%；印度 1987 年为 20.5%；韩国 1992 年为 18.5%。按狭义财政收入口径进行比较，目前我国仍处于偏低水平，明显低于主要发达国家，与发展中国家基本持平。

但是，按狭义财政收入口径进行国际比较，存在着明显的口径上的差异，是不可比的。所以，进行国际比较应当采取国际货币基金组织定义的全口径财政收入，为此，在公共预算收入之外，起码还要加入政府性基金收入、社会保险收入。按三项收入合计计算，我国财政收入占 GDP 的比重 2010 年已达 34.6%，2013 年已上升为 40.3%。这显示，我国全口径财政收入近年增长较快，主要是政府性基金增长较快，2010 年增长 95.2%。这说明按全口径财政收入来估算和衡量，当前我国财政收入规模水平已经接近甚至超出财政收入规模水平比较低的发达国家美国的水平，已经明显高于发展中国家的平均水平。由此可以判断，我国当前的财政收入规模已经不存在继续提高的空间。

(二)合理调节财政收入规模的基本政策思路

1. 正确理解和处理政府与市场的关系，是合理调节财政收入规模的前提

从现实实践看，我国目前的经济发展水平、当前社会经济发展方针以及长远社会经济发展战略，是确定我国合理财政收入规模的直接因素。我国仍是一个发展中国家，是一个人口众多的大国，人均收入已经达到中等收入国家水平，目前又处于奔向全面小康的快速发展时期，因而我国财政收入规模适当高于发展中国家的平均水平是必要和可能的。但是，我国实行社会主义市场经济体制，要求更大程度地发挥市场在资源配置中的决定性作用，而正确处理政府与市场在资源配置中的关系又是关键，为此必须继续完善国家宏观调控体系，加快政府职能的转变，切实把政府经济管理职能转到为市场主体服务和创造良好发展环境上来。因此，从完善市场经济体制的角度思考，我国的财政收入规模又不宜过大，对目前过快的财政收入增长速度应适当加以调节，使财政收入规模控制在适度的范围内。

2. 实行兼顾"以支定收"和"以收定支"的方针

我国从古至今，一向存在所谓"以收定支"还是"以支定收"的争论，这种争论犹如蛋生鸡还

是鸡生蛋的争论一样，不会有任何结论，也无助于解决合理的财政收入规模问题。其实，收与支是矛盾统一的两个方面，不存在谁决定谁的问题，而是相互制约、相互牵动的关系，以支定收或以收定支不是绝对的，两者都是一定时期和一定条件下的政策性问题。比如，计划经济体制时期，一切都取决于统一的计划，所以执行以收定支、略有结余的方针，在预算安排上不允许打赤字，是无可置疑的。改革开放以后，进入由计划经济体制向市场经济体制的转型时期，经济体制转型时期的一个核心问题是要调整好政府与市场的关系，在此基础上应根据政府职能的转变先确定财政支出应有的规模，而后再确定税收的负担水平；当税收制度和税收征管走向法制化和规范化而且税收收入相对稳定之后，税收收入规模则反过来制约财政支出规模。目前我国已经到了应用税收收入规模来制约财政支出增长的发展阶段。

3. 公共财政收入是全口径财政收入中无可置疑的部分

近年来，大家十分关注每年财政收入的同比增长高于 GDP 的增长这个现象，却很少注意到，由于多种原因，公共财政收入占 GDP 的比重并没有很大的提高，如 2007 年为 20.6%、2010 年为 20.9%、2013 年为 22.7%。公共财政收入是当前全口径财政收入中的基本部分，应当是没有任何质疑的部分。一是公共财政收入是当前政府提供公共物品的基本保障，近年来支出结构不断优化，公共财政收入主要是用于教育、卫生、社会保障以及新农村建设支出的增长，今后仍然需要持续增长；二是公共财政收入也是国防经费的基本保证，我国财政支出中国防费用仅占 8%左右，占 GDP 的比重不到 2%，在当前的国际形势下，难道还能削减吗？这也是不宜指责预算内财政收支过高的一个重要理由；三是大家都看到，近年来大地震、大旱、大涝、泥石流等自然灾害频发，这些灾害必须由财政来补偿，没有足够的预算储备将如何应对？另外，公共财政收入是当前政府收入中法制化、规范化程度最高的，透明度也是最高的，是毋庸置疑的。如果说我国全口径财政收入偏高还是可以讨论的，那么质疑公共财政收入过高则是不符合事实的，或者说是一种误解，对决策也是不利的。我国公共财政支出中唯有一个项目占总支出的比重偏高，即行政管理支出，主要是一般公共服务支出，可以考虑实行零增长政策。因此，评估我国当前的公共财政收入规模水平，似乎应当有这样一种共识：从总体上判断是不高的，但鉴于我国政府性基金规模较大，公共财政收入也不宜过快增长。

4. 继续坚持有增有减的结构性调整的税收政策

公共财政收入主要来自税收收入，而近年来税收收入的快速增长带来了财政收入的快速增长。对近几年税收的快速增长必须有清醒的认识。我国税收收入占 GDP 的比重变化的趋势，同样是在改革开放初期一路下滑，从 1996 年开始转为上升，这种恢复性上升是正常的，但随后直线上升，每年几乎上升近 1 个百分点，这种超常增长现象也不能视为一种规律性。税收增长率与 GDP 增长率之间的弹性系数，从 1997 年开始大于 1.5，这种超常增长的趋势不应当也不可能长期继续下去，因为税收增长大幅度超出 GDP 的增长是一定时期特有的现象，而不是一种普遍的规律性。当我国市场经济体制基本建成时，经济发展走向健康稳定增长，税收征管趋于完善和规范，税收与 GDP 将趋于同步增长，即税收收入主要依靠经济增长带来的自然增长，税收占 GDP 的比重将趋于相对稳定。应当指出，根据目前的政治经济形势，不适宜实行全面减税政策，最佳途径是在税制改革的同时，对税负进行有增有减的结构性调整，同时，可以通过税基和税率的调整达到合理控制税收收入增长的趋势。

5. 坚定地实行税费改革，坚决取缔滥收费，控制政府性基金收入的增长

完善土地政策，制止土地出让收入的非正常增长；完善政府性基金预算的编制和执行，加强预算管理；继续进行税费改革，将可以规范为税收的收费转化为征税，并纳入一般公共预算；

继续清理整顿屡禁不止的滥收费，确保税基，保证税收的合理增长。在“十二五”规划中，对减少收费做了重笔描述，涉及取消和停止征收的行政事业性收费超过100项，在此基础上，可以用税收取代一些具有税收特征的收费。

6. 调节财政收入规模的有效手段是随时观测财政收入增长弹性系数和边际增长倾向指标

财政收入增长在一定时期内总是存在一定的正常增长空间，但不同年份却可能存在较大的波动，而弹性系数和边际增长倾向则可以显示波动的程度和趋向。比如，2010年全口径财政收入的增长弹性系数为1.74，边际增长倾向为60.2%，这显示全口径财政收入增长率是GDP增长率的1.74倍，GDP增长的60%多被财政收入所吸取，明显说明这是财政收入超常增长的年份，应当及时采取适当的措施加以调节。

第三节　财政收入结构

财政收入结构是指财政收入的项目组成及各项收入在财政收入总体中的比重，它包括财政收入的价值构成、所有制构成和部门构成等。对财政收入的结构分析的根本目的，在于探求增加财政收入的合理途径，并使财政收入构成与经济制度、经济发展、经济结构相适应。

一、财政收入的价值构成

社会产品按其价值构成可分为C、V、M三部分，这三部分价值都可能成为财政收入的来源，但它们对财政收入的贡献大小是不一样的，其中M是财政收入的主要来源。

（一）C与财政收入

C是用来补偿生产过程中消耗掉的生产资料的价值，属于补偿基金。只要社会再生产连续不断地进行，C就需要不断地补偿，否则简单再生产不能进行。当进行扩大再生产时，C部分还应得到新的追加和补充。在生产过程中，还可具体分解为补偿流动资金的价值C_1和补偿固定资金的价值C_2两部分。其中C_1主要指材料、燃料、辅助材料等劳动对象的价值，这部分价值在循环周转中具有一次性全部转移到新产品价值和一次性从产品销售收入中得到足额补偿的特征。对这部分价值，可通过银行信贷短期调剂使用，一般不可能也不需要通过财政分配。C_2主要指机器设备、厂房和其他建筑物等劳动资料的价值。这部分价值的转移和补偿具有特殊性，主要表现为价值补偿和实物补偿在时间和空间上是分离的。这样，补偿固定资产消耗的折旧基金可以作为积累基金使用，其中的一部分有可能形成财政收入，由政府统筹调剂使用。

（二）V与财政收入

按照马克思政治经济学的观点，V是维持劳动力再生产的价值。V是劳动者的报酬，通常以工资、奖金等形式发给劳动者个人。由于劳动者客观上存在劳动能力的差别以及社会产品分配中存在多种分配形式，各个劳动者实际得到的报酬在数量上存在差异。一部分高收入者的收入远远高于维持劳动力再生产的价值，而另一部分低收入者或无收入者则不能满足其基本的生活需要。为实现社会公平目标，促进社会稳定，政府应以社会管理者的身份，凭借政治权力对高收入者征税，对低收入者包括无收入者补贴，进行收入分配的再调节。这样，代表劳动者报酬的V就构成了财政收入的来源。财政收入的一部分来自劳动者报酬V。例如，对个人收入课征的个人所得税，以工资为课税对象课征的社会保险税，是劳动者报酬V作为财政收入来源的最明显例证。除此之外，对消费品和消费行为课征的消费税，也包括一部分由劳动者报酬V转移来的价值。目前，不少发达国家实行以个人所得税、社会保险税为主体税种的税制，劳动者报酬V已成为这些国家财政收入的重要来源。我国长期实行以流转税为主体税种的税制，并且居民收入水平一直较低，所以来自劳动者报酬V的财政收入所占份额不大。随着收入水平的提高及个人所得税制的完善，居民个人就其收入纳税越来越普遍，来自劳动者报酬V部分的财政收入会逐渐上升。从政府角度看，对劳动者报酬V部分征税，既是调节个人收入分配和控制消费基金增长的重要手段，也是筹集财政收入的重要渠道。

(三)M与财政收入

M是剩余价值，即社会产品价值扣除补偿生产的价值C和维持劳动力再生产的价值V后的价值。M是社会产品价值中最终归社会支配的部分，它是财政收入的基本源泉，是社会进行扩大再生产和满足社会公共需要的物质基础。只有M多了，财政收入的增长才有坚定的基础。增加M是增加财政收入的根本途径。正如马克思所指出的："富的程度不是由产品的绝对量来计量的，而是由剩余产品的相对量来计量。"①否则，如果片面强调产值而忽视经济效益，往往发生社会总产品价值增长，而财政收入非同步增长甚至下降。我国经济工作已经转移到以提高经济效益为中心的轨道，M是且必须是作为增加财政收入的根本途径。

二、财政收入的部门构成

财政分配的对象是由国民经济各个部门创造并实现的。研究财政收入的部门结构，可以揭示财政收入的部门来源，以及国民经济各部门及其结构变化对财政收入的影响程度，从而使财政收入构成与国民经济的部门构成相适应。

(一)农业与财政收入

农业是国民经济的基础，是国民经济各部门赖以发展的基本条件。我国是一个农业大国，农业的发展及丰歉对人民生活和国民经济发展都有着重要的影响。农业部门为国家提供的财政收入表现在两个方面：一是直接提供财政收入，包括农牧业税和农村的其他税收收入。由于我国农业劳动生产率比较低，农业收入扣除内部积累和个人消费部分以后，所剩不是很多；再加上长期以来，国家对农业采取"稳定负担，增产不增税"的轻税政策，因此农牧业税在整个财政收入中所占份额极其有限。1991年，来自农业部门的财政收入只占财政总收入的3.7%。2005年农业税收占财政收入比重为0.05%。二是间接为财政提供收入。由于历史原因，我国工农业产品价格长期存在剪刀差，使得农业部门创造的一部分价值转移到工业部门。农业部门间接提供财政收入比其直接提供的多得多，但这部分收入并没有在统计中体现出来。随着国家扶持"三农"政策的实施到位，"三农"的各种费用相继取消，尤其是随着农业特产税的停征和2006年农业税全面取消，农业税已基本完成其提供财政收入的使命。

(二)工业与财政收入

工业是国民经济的主导。我国工业产值在国内生产总值中所占的比重最大，工业部门的劳动生产率和剩余产品价值率都比农业高；同时，由于我国工商税收多选择在产制环节课征，因此来自工业部门的财政收入最多，工业的发展对财政收入增长起决定性作用。工业部门的规模效益的变化以及财务制度和利润分配制度的改革调整，都成为影响财政收入增长的重要

① 中共中央马克思恩格斯列宁斯大林著作编译局.马克思恩格斯全集.北京：人民出版社，1973：640.

因素。改革开放后，由于国家向企业让利，加之国有企业经济效益低下，工业部门提供的财政收入占财政收入总额的比重由1979年的78.8%降至1991年的41.2%。1994年税制改革之后，无论从绝对额还是相对额来看，来自工业部门的财政收入在各行业中一直稳居第一位，工业部门仍是财政收入的支柱。因此，为工业发展创造更好的条件，实行有利于增强工业活力的政策是增加财政收入的关键。

（三）交通运输业、商业等服务业与财政收入

根据我国现行税制，商业企业是增值税、企业所得税等税种的重要纳税人，交通运输业、文化体育业、旅游业、饮食业等服务业的单位和个人经过营改增后是增值税的主要纳税人。不仅如此，交通运输业、商业还是连接生产与消费的桥梁和纽带。在市场经济条件下，实现商品的价值和使用价值是运输业、邮电业、外贸等企业的基本职能。交通运输通过沟通商品交换，促进商品流通，对最终实现工农业产品价值和财政收入起着重要的保证作用。商业是以货币为媒介从事商品交换的活动，是商品的价值和使用价值的实现过程。商业的部分劳动如商品搬运、包装、保管、仓储、简单加工等，创造商品的附加价值，直接为国家创造一部分财政收入，但更重要的是通过商品交换，实现工农业生产部门创造的产品价值，实现国家财政收入。

三、财政收入的所有制构成

财政收入的所有制构成，亦称财政收入的经济成分构成，是指财政收入由不同所有制或不同经济成分的经营单位各自上缴的税金、利润等组成。从所有制的角度研究财政收入的结构，目的在于说明国民经济的所有制结构对财政收入的制约作用，从而相应地采取增加财政收入的有效措施。

（一）国有经济与财政收入

新中国成立后至改革开放前的1978年，我国财政收入一直以国有经济为支柱。从变化趋势来看，国有经济提供的财政收入占整个财政收入的比重，以国民经济恢复时期的50.1%为起点，以后逐年增加，“四五”时期达到高峰，为87.4%，以后又逐年下降，“六五”时期降到80%以下，“七五”时期又进一步下降，这种变化趋势与我国各种所有制经济的发展过程基本一致。新中国成立初期，个体和私营经济在国民经济中占有相当的比重，来自于两者的财政收入占40%以上，随着生产资料私有制社会主义改造的进行，国有经济和集体经济的比重急剧增加，到“一五”时期来自国有经济的财政收入已占69.4%，来自集体经济的财政收入也有9.8%，而个体和私营经济提供的财政收入则退居次要地位。以后，随着在所有制上推行“一大二公”的政策，国有化程度进一步提高，国有经济在财政收入中的主导地位进一步强化。1979年后，随着经济体制改革的进行，集体和其他经济成分有了较快的发展，它们提供的财政收入逐年增加，相比之下，国有经济提供的财政收入占财政总收入的比重不断下降。从改革趋势看，随着非公有制经济的发展，国有经济的数量优势下降。国有经济的质量优势是通过国有企业控制国民经济中的重要生产部门，如重要原材料生产部门、重要基础设施部门、高新技术部门等来实现。从财政收入角度分析，国家财政除了以规范的税收形式和国有资产收益形式稳定地从国有经济中直接获取财政收入外，更重要的是通过发挥国有经济的主导作用，为整个国民经济的发展包括非国有经济的发展奠定良好的物质技术基础，从而间接地增加财政收入。

（二）非国有经济与财政收入

非国有经济包括集体经济、个体经济、私营经济、“三资企业”和其他混合所有制企业中的非国有部分。改革开放后前10多年中，我国的财政收入制度并没有及时地随着国民经济结构

的变化作相应的调整。1978～1992 年,国有经济的比重从 80.8%下降到 48.1%,集体经济从 19.2%上升到 38%,其他经济成分由零增长为 13.9%。如果考虑农业中的集体和其他经济成分,在工农业总产值中,非国有经济所占的比重已达 50%以上,国有经济提供的财政收入却只占财政总收入的 30%左右,从而出现了国有经济重于集体经济而集体经济又重于其他经济成分的税负状况。1994 年我国对税收制度进行了重大改革,建立了以增值税为主体税种的流转税制,统一了内资企业所得税等;2008 年又统一了内外资企业所得税,并加强了税收征管。这样,所有企业者按照统一的税收制度纳税,财政收入进入快速增长时期。1994～2001 年,我国工商税收平均每年以 1 000 亿元的幅度递增。2003～2007 年,全国预算收入累计 169 843 亿元,年均增长 22.1%,比上一个五年提高了 5.2%。全国财政收入在短短的四年间连续跨越了 3 万亿元、4 万亿元和 5 万亿元三个台阶,由 2003 年的 21 715 亿元到 2007 年的 51 322 亿元,增长了 1.4 倍。2010 年,全国财政收入 83 101.51 亿元,比 2009 年增加了 14 583.21 亿元,增长 21.28%,2016 年全国财政收入 159 552 亿元,形成了财政收入随国民经济增长而增长的良好态势。

【本章小结】

财政收入的分类方式虽然不同,但是一般均分为税收、收费和国债。我国财政收入规模并没有较大提升空间,通过对财政收入规模影响因素的分析可以给出合理调节财政收入规模的基本政策思路。财政收入结构可从价值、部门和所有制三个维度展开研究。

【思考题】

1. 辨析题:财政收入的价值是由 C、V 和 M 构成的,其中 C 所占份额越大,越有利于财政收入的增加。

2. 知识应用题:在遇到化工行业周期不景气阶段,吉林市财政收入也因此受到了影响,请结合财政收入规模影响因素分析其中的原因。

3. 综合论述题:结合我国实际,我国应该如何调节财政收入规模?

【案例分析】

案例一

2016 年全国一般公共预算收入 159 552 亿元,比上年增长了 4.5%。财政部国库司发布了“2016 年财政收支情况”,2016 年全国一般公共预算收入延续了增幅逐年回落的走势。从主要收入项目看,第一大税种国内增值税 40 712 亿元,同比增长 30.9%,其中改征增值税增长 2.7 倍;营业税 11 502 亿元,同比下降 40.4%;个人所得税 10 089 亿元,同比增长 17.1%,其中,受二手房交易活跃等带动,财产转让所得税增长 30.7%;土地和房地产相关税收中,受部分地区商品房销售较快增长等影响,契税 4 300 亿元,同比增长 10.3%;另外,房产税 2 221 亿元,同比增长8.3%。财政部分析,全国一般公共预算收入逐年回落的主要原因是政策性减收较多。2016年全面推开营改增试点为近年来减税规模最大的政策措施;同时,清理涉企收费、扩大部分行政事业性收费免征范围等也带来一定减收。经济下行也产生了滞后影响。与2015年相比,2016年规模以上工业企业利润、一般贸易进口额、工业生产者出厂价格等指标有所改善,但全社会固定资产投资、规模以上工业增加值等增幅仍有不同程度的回落,也制约了财政收入增长。财政部还披露,2016年全国一般公共预算支出187 841亿元,比上年增长6.4%。从主要支出项目情况看,教育支出28 056亿元,增长6.8%;社会保障和就业支出21 548亿元,增长13.3%;城乡社区支出18 605亿元,增长17.1%;农林水支出18 442亿元,增长5.9%。中国经济的发展速度相当快,这是不可改变的事实,在2015年,中国的GDP达到了676 708亿元,比2014年增长了6.9%,进入2016年,以GDP增长的幅度来看,有望突破70万亿大关。事实上,中国的GDP从1978年开始,每年都在递增。自2006年之后,中国GDP的增长呈直线上升的态势。目前中国GDP总值,在世界上已经赶超日本,紧随美国的脚步。

有数据显示:2015年,中国财政收入约15.2亿元,GDP约67.7亿元,财政收入占GDP比重约为22.5%;2015年,美国财政收入约为6.45万亿美元,GDP约为17.95亿美元,财政收入占GDP比重约为36%。

(资料来源:网易财经、新浪财经)

请回答:

(1)分析中国和美国财政收入占GDP比重的区别及原因。

(2)哪些因素对中美财政收入规模产生了影响?

案例二

记者从权威渠道获悉,2014年我国财政收入预计同比增长约8.6%,这意味着自1991年以来全国财收增速重回个位数时代。记者对地方财政数据进行梳理后发现,至少5省份2014年财政收入未完成年初预算。多位受访专家表示,由高速增长转为中低速增长,财收增速下行将成常态。在收入增速转换期,经济下行与财政支出压力增加或形成恶性循环。不过财政面临的压力也将倒逼改革。专家认为未来应当适应财政新常态,下调财政收入增速"还富于民"。截至发稿,记者已掌握18个省份2014年财政收入数据,其中13个省份完成年初设定目标,而吉林、广西、山东、湖南、四川5个省份财政收入增速低于预期。吉林的实际增速低于年初预算增速4个百分点,相差最大。未公布数据的辽宁、黑龙江、河北等省也有可能居于未完成预算省份之列。黑龙江与辽宁2014年财政收入很可能均呈现负增长的态势。其中,辽宁2014年前11个月的财政收入下降6.8%,想要完成年初预算的可能微乎其微;黑龙江2014年前10个月财政收入下降7.8%。多个省份预计,2015年财政收入增速可能会进一步下滑。近日召开地方"两会"的河北省,即将2015年公共财政预算收入增速目标从2014年的9.2%调到7.5%。针对财政收入增速从2007年的32.4%回调到2014年进入个位数时代,多位专家称,其主要原因是经济低迷。财政部财科所副所长白景明告诉《经济参考报》记者:"财政收入增速进入中低速期,首先应该从物价的角度分析。2014年PPI负增长,能源等行业价格下行严重,税收和PPI挂钩比较紧,因此受影响较大。此外,以前我国税收被形容为'煤电油的税收',因为那时是粗放型经济增长,大量投入,大量耗费。现在处于结构调整期,二产比重下降,三产比重上升,煤耗、油耗量在下降,因此一些资源型省份没能完成预算。"白景明还表示,结构性减税,以及对非税收入日趋严格的管理,也是导致财政收入增速下行的因素。多位受访专家认为，财政收入增速下行将成常态。有专家指出，在财收增速由高速向中低速转变的过渡期，经济下行与财政支出压力增加或形成恶性循环。光大证券首席经济学家徐高在接受《经济参考报》记者采访时称，财政收入的下滑，尤其是不达预算，给财政支出带来了很大问题。“在经济下行的时候，作为逆周期的财政政策应该更积极、多花钱，要加大支出来创造需求以稳定经济增长。”徐高认为，“支出受到财力的约束，支出相对缺乏事实上将加大经济下行的压力，而经济下行的压力又降低了财政收入，进一步抑制财政支出，由此就形成了恶性循环。”针对多个省份未完成年初预算这一现状，中国社科院财经战略研究院研究员杨志勇表示：“没有完成预算也不是特别奇怪，毕竟预算不再是硬任务了。”在他看来，分析财政收入结构更有必要，“特别要看非税收入占比”。相较于相对可控的税收收入，非税收入中的各种费弹性颇大。在财政收入增速下降的过程中，非税收入占比的变动情况尤其值得关注。“我们省非税收入在财政收入中占比太高。个别地市玩财政空转，把基金收入调入到公共财政预算中的非税收入中，所以我们今年主要要挤水分，降低非税收入。”一位不愿具名的地方财政人士对《经济参考报》记者说。专家认为，当下财政面临的压力将倒逼改革，提高财政资金使用绩效。全社会均应当主动适应财政新常态，未来应下调财政收入增速的预期，通过大规模减税，使收入分配更多倾向于民间经济，减少政府收入，还富于民。

2014 年化工行业运行情况。2014 年，面对复杂多变的宏观经济形势，化工行业稳步推进转型升级，积极化解产能过剩，生产稳步增长，出口势头良好，市场供需总体稳定，节能减排取得积极进展，但行业效益大幅下滑，投资动力不足。第一，生产总体增长。全年，化工行业增加值累计同比增长 10.4%，占全国工业的 6.8%。大部分行业生产实现了不同程度的增长，硫酸产量 8 846.3 万吨，同比增长 6.8%；烧碱产量 3 180.1 万吨，增长 7.9%；纯碱产量 2 514.7 万吨，增长 3.5%；电石产量 2 547.9 万吨，增长 12.9%；乙烯产量 1 704.4 万吨，增长 7.6%；苯产量 735.5 万吨，增长 2.6%；甲醇产量 3 740.7 万吨，增长 26.2%；合成材料产量 1.15 亿吨，增长 7.9%；轮胎产量 11.1 亿条，增长 6.3%；涂料产量 1 648.2 万吨，增长 7.9%；农药产量 374.4 万吨，增长 1.4%；磷肥产量 1 669.9 万吨，增长 2.6%；钾肥产量 610.5 万吨，增长 13.5%；氮肥产量 4 651.7 万吨，下降 3.4%。第二，效益大幅下滑。全年，化工行业主营业务收入 8.8 万亿元，同比增长 8.2%，利润 4312.6 亿元，增长 0.33%，增速分别比去年下降 4.7 个和 11.9 个百分点，利润率 4.9%，比全国工业低 1 个百分点。呈现几个特征：一是前期效益较好的有机化学原料、农药和橡胶制品利润增速逐步下降，有机化工更是自 8 月份以来开始负增长，全年增速分别比去年同期下降 29.8 个、32 个和 21.7 个百分点。二是无机盐、氮肥、磷肥、合成材料利润增速已经分别连续 10 个、20 个、36 个和 12 个月负增长，1～12 月分别同比下降 8.8%、195.6%、17.9%和 22.2%。氮肥和合成纤维分别亏损 56.6 亿元和 37.4 亿元。三是涂料、染料、专用化学品利润保持较高增速，1～12 月分别增长 13%、32.5%和 13.4%，但增长势头有所放缓，分别比一季度降低 15.9 个、39 个和 8.6 个百分点。第三，出口保持良好势头。全年，化工行业进口 1 864.8 亿美元，同比增长 0.6%；出口 1 621 亿美元，增长 11.1%。其中，有机化工原料和合成材料分别进口 553 亿美元和 723.6 亿美元，合计占化工进口的 68.5%；橡胶制品出口 523 亿美元，增长 9.2%，占化工出口的 32.2%；化肥实物出口 2 959.4 万吨，增长 52.4%；农药出口 116.1 万吨，增长 6%。第四，投资增速回落。全年，化工行业完成固定资产投资 1.56 万亿元，同比增长 10.5%，增速逐步回落，比 2012 年和 2013 年分别下降 17.4 个和 4.1 个百分点，新开工项目 10 714 个，仅增长 2.5%。呈现几个特征：一是市场倒逼产能过剩行业减少投资，1～12 月无机酸、无机碱、无机盐、磷肥和轮胎行业固定资产投资分别同比下降6.2%、4.9%、11.2%、8.2%和1.4%。二是受前期效益较好等因素驱动，有机化学原料、农药、林产化学品、污染治理化学品等投资保持较高增速，分别同比增长18.4%、28.7%、21.7%和19.3%。

（资料来源:《经济参考报》、工业和信息化部网站）

请回答:

(1)结合材料，吉林省财政收入变化与化工行业有何关系?

(2)结合财政学知识，如何调节吉林省的财政收入规模?

【翻转课堂任务列表】

1. 梳理本章知识框架，厘清内在逻辑联系。

2. 理解和掌握本章的重点、难点和热点。

3. 完成本章的课后题。

4. 提交一份学习笔记作业，可以是任务列表中的任务，也可以是学习过程中的“亮考帮”等，为课堂讨论和展示提供支撑。作业评价标准为提交、认真和创新三个等级。

【学习实践】

购买一件高附加值商品，分析财政收入的空间。

第八章　税收原理

【内容导读】

1. 为何学？税收是财政收入中最重要的组成部分。在理论上，税收原理的内容将为税收制度奠定基础，而且税收原理能够充分使学生认识到税收的本质。在实践上，税收一直是我国财政活动的主要内容，通过对税收原理的学习可以把握财政的主要实践活动，加深对财政的理解。

2. 学什么？掌握税收的含义，理解税收的原则，掌握税收转嫁与归宿以及税制改革理论。

3. 怎么学？学习税收的含义，应该牢牢抓住税收的"三性"，税收原则中的税收中性是最核心的内容，重点关注税收转嫁与归宿中的一般规律，税制改革理论中的财政交换理论对现实的意义最大。

【本章重点、难点和热点】

1. 重点：税收的三性；税收转嫁的一般规律。

2. 难点：税收中性。

3. 热点：财政交换理论。

第一节　税收的含义

一、税收的基本属性

税收是一个人们十分熟悉的古老的经济范畴，从它产生至今，经历了不同的社会形态，有了几千年的历史。奴隶制社会、封建制社会以及资本主义社会都存在税收，社会主义社会也仍然存在税收。马克思把税收界定为，赋税是政府机器的经济基础，而不是其他任何东西，国家存在的经济体现就是捐税。列宁也认为，所谓赋税，就是国家不付任何报酬而向居民取得东西。根据马克思主义学说，可以对税收作如下界定：其一，税收是与国家的存在直接联系的，是国家机器赖以存在并实现其职能的物质基础，也就是政府保证社会公共需要的物质基础；其二，税收是一个分配范畴，是国家参与并调节国民收入分配的一种手段，是国家财政收入的主要形式；其三，国家在征税过程中形成一种特殊的分配关系，即以国家为主体的分配关系，因而税收的性质取决于社会经济制度的性质和国家的性质。马克思主义认为税收总是与国家紧密联系在一起的，无论是作为以财政收入的形式参与社会产品分配的手段，还是作为特定分配关系的体现，都是如此。但这并不意味着国家是税收产生和发展的决定性因素。国家公共权力不过是为税收的产生提供社会条件，而决定税收产生的根本原因必须从经济上去寻找，也就是生产力的发展以及私有制的产生。其实，说明公共权力是税收产生的社会条件的同时，已经说明了税收产生的经济原因。因为没有生产力的一定发展，没有剩余产品，就没有私有制，也就没有阶级和国家。简单的事实是，只有出现剩余产品，才有税收的源泉。按马克思主义的理解，税收是在一定经济条件和社会条件下产生的，当然也会在一定的经济条件和社会条件下消亡；但是，在税收产生和发展的经济条件和社会条件尚未消失之前，税收是不可能退出历史舞台的。当前社会主义的税收不是削弱以至于取消的问题，而是要掌握社会主义税收的性质、特征及其规律性，制定科学的税收制度，从而强化税收的作用。

二、税收的“三性”

税收的“三性”是指税收的强制性、无偿性和固定性。“三性”是税收区别于其他财政收入的形式特征，不同时具备“三性”的财政收入就不成其为税收。

（一）强制性

税收的强制性，指的是征税凭借国家政治权力，通常颁布法令实施，任何单位和个人都不得违抗。在对社会产品的分配过程中，存在着两种权力：所有者权力和国家政治权力。前者依据对生产资料和劳动力的所有权取得收入，后者凭借政治权力占有收入。国家运用税收参与这种分配，就意味着政治权力凌驾于所有权之上，而这种分配之所以能够实现，正是因为它依据的是政治权力，而且依法征收，任何形式的抗税行为都构成违法行为。税收的强制性是税收作为一种财政范畴的前提条件，也是国家满足社会公共需要的必要保证。恩格斯曾经指出，纳税原则本质上是纯共产主义的原则，因为一切国家的征税的权利都是从所谓国家所有制来的。的确，或者是私有制神圣不可侵犯，这样就没有什么国家所有制，而国家也就无权征税；或者是国家有这种权利，这样私有制就不是神圣不可侵犯的，国家所有制就高于私有制，而国家也就成了真正的主人。这段话的意思是，在征税过程中国家所有制是高于一切的，征税是以社会产品最初归属于不同所有者为前提，又是以否定不同所有者对社会产品占有的不可侵犯性为条件；并且说明，征税中的强制性不是绝对的，在企业和个人明了征税的目的并增强纳税观念以后，强制性则可能转化为自愿性；同时，强制性是以国家法律为依据的，政府依法征税，公民依法纳税，公民具有监督政府执行税法和税收使用情况的权利。我国自古以来就有“皇粮国税”的观念，社会主义制度则为实现这种可能性提供了制度前提。

（二）无偿性

税收的无偿性，指的是国家征税以后，税款即为国家所有，既不需要偿还，也不需要对纳税人付出任何代价。税收的这种无偿性，同国家债务所具有的偿还性是不同的。但也必须指出，税收的无偿性与税收的强制性一样，也不是绝对的。因为针对具体的纳税人而言，纳税后并未获得任何报酬，从这个意义上说，税收是不具有偿还性或返还性的。但若从财政活动的整体来考察，税收的无偿性与财政支出的无偿性是并存的，这里又反映出有偿性的一面。特别是在社会主义条件下，马克思认为，税收具有从一个处于私人地位的生产者身上扣除的一切，又会直接或间接地用来为处于社会成员地位的这个生产者谋福利的性质，即通常所说的“取之于民，用之于民”。不过，每个纳税人和他从税收使用中享受的利益并不是对称的。税收的无偿性的特征是与其他财政收入形式相比较而得出的，从这个意义上说，税收无偿性的概括是准确的、科学的，也是有理论意义和实际意义的。

（三）固定性

税收的固定性，指的是征税前就以法律的形式规定了征税对象以及统一的比例或数额，并只能按预定的标准征税。一般来说，纳税人只要取得了税法规定的应税收入，发生了应该纳税的行为，拥有了应税财产，就必须按规定标准纳税，不得违反。同样，政府也只能按预定标准征税，不得随意更改。当然，对税收的固定性也不能绝对化，以为标准一定，永不更改，事实不可能是这样。随着社会经济条件的变化，课税标准的改动是必然的。因为只有如此，才能使税收制度更为合理和科学。所以，税收的固定性实质上是指征定的税有一定的标准，而这个标准又具有相对的稳定性。

税收的“三性”可集中概括为税收的权威性。维护和强化税收的权威性，是我国当前税收征管中的一个重要课题。随着我国改革开放不断深化，税收的作用在广度和深度上不断扩大，税收工作在经济生活中的地位日益提高，税收制度经过一系列改革已步入新的轨道。税收作为一个经济范畴和经济运行机制中不可缺少的经济手段已开始深入人心，为社会各阶层所熟悉和关注。但是，当前税收作用的潜在能量在建设小康社会和构建和谐社会中还没有充分发挥出来。这一事实在现实生活中有种种表现，诸如：依法治税和依法纳税的观念淡漠，擅自减免、偷漏税甚至抗税等现象仍然存在；税务机构和税务人员缺乏应有的威慑力量，殴打和辱骂税管人员的行为时有发生；税务人员内部也存在弄权渎职和贪赃枉法的不正之风；税收制度还不够完善，税收在社会主义市场经济中的调节作用仍不能正常发挥。以上种种现象说明，从理论上阐明税收在社会主义市场经济中的地位和作用，指明税收的“三性”，加强税收规范化和法制化，仍是当前征管工作的一项重要任务，而集中到一点，就是必须维护和强化税收的权威性。从根本上说，税收的权威性源于国家政权的权威性。马克思曾指出，废除捐税的背后就是废除国家。从这个意义上说，无视税收的权威，就是无视国家法律的权威，就是无视国家政权的权威。

三、现代经济学关于税收的学说

当我们把税收的特点限定于强制性、固定性和无偿性的时候，这个意义上的税收就包含着这样的前提：税收仰仗着政治上的主权；而当我们把现代税法界定为“无代表即无税收”原则的时候，税收就包含了人民民主的意蕴。从思想史的角度说，把税收的主权性与民主性结合起来，创立了现代税收理论。

（一）税收的社会契约论

社会契约论广泛地存在于17～18世纪的西欧和北美。前期的思想巨匠有被称为荷兰思想奇迹的格劳修斯，经历过英国光荣革命的霍布斯；后期的代表包括对英国光荣革命理论总结的洛克，以及受到欧洲思想启蒙的美国制宪会议的代表们。

社会契约论的一般理论是讲，政治上主权和国家的出现，在于社会契约。在国家主权产生之前，人们生活在无政治秩序的野蛮状态，为了弥补无强力外在保护的自然状态的缺陷，人们把自己在自然状态下的权利转给一个公共的权威，通过政治制度和法律制度来保护人民天赋的生命、自由和财产。公共权力的出现就有公共的开支，公共的开支依靠公共税收来维持。这就是税收的社会契约理论。

霍布斯说，为了公共利益向臣民征集款项，支付战争开支，是主权范围内的权力。从臣民身上征敛，为的是国家在紧急时期或突然有需要的时候御敌制胜，主权者不靠这些捐税就无法避免灾祸。凡属有权管理贡物、捐税、地租、罚金或任何公共收入等有关钱财的征收、发放与账目登记的人都是政务大臣。

洛克也说，政府需要大量的经费才能够维持，每个人都要从自己的产业中拿出一份来维持政府，但是征收要征得多数人的同意。如果任何人凭着自己的权势，主张有权向人民征课赋税而无须取得人民的同意，他就侵犯了有关财产权的基本规定，破坏了政府的目的。未经人民自己或者其代表的同意，决不应该对人民的财产课税。

进一步地，霍布斯说，公平征税属于平等正义的范围，税收的公平则不依赖于财产的平等，而依赖于每个人由于受到保卫而对国家所负债务的平等，主权者向人民征收的税不过是公家给予保卫平民的带甲者的薪饷。税收的平等取决于消费本身的均等，而非消费者的财富均等。有人劳动多而消费少，有人劳动少而消费多，但是他们得到国家的保卫却没有什么区别。这样，如果税收按消费品摊派，每一个人便都要按自己所耗用的东西平等地纳税。

（二）税收的利益交换论

在税收理论史上，法国启蒙运动的代表孟德斯鸠是个过渡性的人物，他连接了18世纪的税收契约论和19世纪的税收利益交换论。一方面，他支持18世纪的法律理性说，赞同政治社会实行共和制；另一方面，他也强调政治和法律的历史观念，法律制度存在的自然环境和社会环境。在《论法的精神》中，孟德斯鸠专章讨论了赋税、国库收入和自由的问题。首先，他对赋税的定义是：国家税入是每个公民所付出的自己财产的一部分，以确保他所余财产的安全或快乐地享用这些财产。在这一点上，他的观点与霍布斯和洛克没有实质性的差异。其次，孟德斯鸠探讨了税收与政体性质的关系。不同类型的政体，有不同性质的税收。专制政体是一个人的暴力统治，税收简易，土地收益税、人头税和百分之几的商品税适宜于专制政体。专制政体下，奴役多税收少；而在共和国里，自由多税收也多，赋税重是自由的代价。一般规律是，国民享有的自由越多，赋税就越重；奴役越重，赋税就不能不宽减。人头税适合于奴役，而商品税适合于自由，因为商品税与人身没有直接的关系，不为人民所觉察到。再次，不同社会，税收的征收方式也不一样。

亚当·斯密不仅仅是个经济学家，他同时是一个精通政治和法律的哲学家。他的政治理论深受孟德斯鸠的影响，而他的经济学理论则深受洛克的影响。他在格拉斯科大学做过关于法律、警察、税入及军备的演讲，而他的《国富论》则开创了自由主义的经济学。在税收领域，他提出了不同于社会契约论的利益交换理论。斯密明确说，政治社会不是起源于社会契约，因为任何一个社会都存在着类似于政府的东西，在社会契约之前，税收同样存在，而且，社会契约不能够解释代际隔阂，因为第一代人的契约不一定就能够约束第二代人。最后，社会契约更不能够说明本国之中的外国人纳税。外国人在本国纳税，但是他并不是社会契约的签订者。取代社会契约论的，是斯密的"权能"原则或"实利"原则。

在此基础上，斯密提出了税收利益交换论的理论：把时间和精力贡献给公务的行政司法长官，也需得到报酬。为达到这个目的以及支付政府费用，必须筹措一些款项。后来，19世纪的约翰·密尔在他的政治经济学理论中，把亚当·斯密的税收总结为四原则：第一，国民应该按照各自的能力，即收入，交纳相当比例的赋税，以维持政府运转；第二，每个人必须交纳的赋税应该确定，不得随意变动；第三，每种赋税应该在纳税人感到最方便的时间和最适宜的方式征收；第四，赋税的征收要做到人民所交纳等于国库所得。这就是后人称为赋税的平等性、确定性、便利性和经济性原则。

在税收方面，斯密的一般看法是，税收会阻碍社会的财富增长，少税收是好的税收，繁重赋税会使商人缩小他的营业规模，进口税和出口税也妨碍商业，什一税也是农业发展的障碍。总的来说，最好的政策，还是听任事物自然发展，既不给予津贴，也不对货物课税。具体地，他认为出口税的危害大于进口税，因为进口税会刺激国内生产。他区分了财产税和消费税，其中，财产包括土地、资本和货币，消费税的课税对象是货物。对土地课税轻而易举，对货物和货币课税则困难得多；土地税稽征费低，关税和消费税稽征费用高；土地税不会导致物价上涨，而消费税会导致物价上涨，而且减少商人的财富。但是，消费税也有优点，消费税最后会转嫁到消费者身上，这种税的征收不容易为人所察觉，也不会使人陷入山穷水尽的境地。这里，斯密认为，不为人察觉的税才是合适的税收。

税收的社会契约论，实际上就是税收的民主理论。在理论上，它标志着专制征税到民主征税的转换，同时也是对"无代表即无税收"的理论总结。不过，税收的社会契约论仍然强调税收的国家主权之强制性。当税收的利益交换说形成的时候，税收的强制性特征开始减弱，利益交换性质开始加强。这就意味着，一个社会的税收并非单向度的强制性，而是主权与人民的一种利益交换：为了社会的公共事务，为了享受国家提供的公共服务，人民就有捐税的义务；国家的存在就是为了保障社会的安全和福利，它所提供的公共产品，则需要人民的税收来承担其成本。税收的社会契约论揭示了税收的政治属性，而利益交换论则揭示了税收的经济属性。

（三）税收的新学说

瓦格纳是讲坛社会主义的重要成员。他反对古典经济学的自由主义，提倡洛贝尔图斯和拉萨尔的国家社会主义。在他的国家社会主义纲领中，他指出国家应让下层阶级能享受由生产力提高所获得的物质生产的成果和文化财富；还强调了国家筹措财源的目的就在于保护下层阶级的利益，国家应通过租税政策干预社会分配。他不但将斯密的赋税四原则加以扩大，并主张以赋税作为调节财富与收入的再分配、降低贫富差距的工具。他在《财政学》中承认国家对经济活动具有积极的干预作用，主张通过各种方式来改善由市场主导的收入分配的不公平性，以解决社会问题。在这种思想的指导下，他认为正确的税源应选择国民收入，而不是资本所得和财产所得；选择税种则应考虑税负转嫁问题，因为这关系到实际负税的公平性。可见，瓦格纳的税收原则改变了先前一些消极的思想，认为税收收入既要充分，又要弹性，要在经济发展的过程中起到一个自动稳定器的作用。此外，税收还要承担一定的社会职能；而且明确指出国家在征税时要注意保护税本，培植税源，不能使税收影响经济的可持续发展。

20 世纪 30 年代以后，在资本主义世界经历了几次比较大的周期性经济危机之后，西方国家逐渐意识到了纯粹的自由市场经济自身所固有的缺陷，而这些缺陷单纯依靠市场本身是无法解决的，必须借助于国家干预。在这一情势中很多新的经济学流派应运而生。其中比较有代表性的就是凯恩斯经济学派和福利经济学派，两者在财政政策方面都十分重视借助税收工具来达到社会目标。比如，凯恩斯建议通过财政支出的增加来扩大社会的有效需求，通过税收再分配的作用来扩大个人的有效需求；福利经济学派则重视运用税收工具来改善社会的收入分配状况，使得总体的社会福利水平提高。总之，这些税收理论的形成背景不同于斯密所处的时代，但却无一例外的是与不同国家的特定历史时期相联系的。而不同国家不同时期的经济发展目标对税收政策的要求不是一成不变的。当市场基本面良好的时候，应强调税收中性；当资本稀缺的时候，税收不应侵蚀资本；当市场不能正确引导公民行为时，税收甚至可以用来代行其责。税收新学说主张税收对经济的积极干预，以实现经济和社会的发展目标，提供了征税的新理论和新依据。

四、税收术语

（一）纳税人和负税人

纳税人又称为纳税主体，是指税法规定的负有纳税义务的单位和个人。纳税人可以是自然人，也可以是法人。所谓自然人，一般是指公民或居民个人，如月工资达到应税所得额的我国公民，就是个人所得税的纳税人。所谓法人，是指依法成立并能独立行使法定权利和承担法定义务的社会组织，主要是各类企业，如我国的国有企业、集体企业和私人企业等都是企业所得税的纳税人。与纳税人有联系的一个概念是负税人。负税人是指最终负担税款的单位和个人，它与纳税人有时是一致的，如在税负不能转嫁的条件下；有时是分离的，如在税负可以转嫁的条件下。

（二）课税对象、税源和税目

课税对象又称税收客体，是指税法规定的征税的目的物，是征税的根据。每一种税都必须明确对什么征税，每种税的课税对象都不会完全一致。课税对象是一种税区别于另一种税的主要标志。在现代社会，国家的征税对象主要包括所得、商品和财产三大类，国家的税制往往也是以对应于这三类课税对象的所得税、商品税和财产税为主体。

与课税对象相关的是税源。税源是指税收的经济来源或最终出处，各种税有不同的经济来源。有的税种的课税对象与税源是一致的，如所得税的课税对象和税源都是纳税人的所得。有的税种课税对象与税源不同，如财产税的课税对象是纳税人的财产，但税源往往是纳税人的收入。由于税源是否丰裕直接制约着税收收入的规模，因而积极培育税源始终是税收征管工作的一项重要任务。

与课税对象相联系的另一个概念是税目。税目是课税对象的具体项目或课税对象的具体划分。税目规定了一个税种的征税范围，反映了征税的广度。一般来说，一个课税对象往往包括多个税目，如关税就有近百个税目，当然也有的课税对象十分简单，不再划分税目。税目的划分可以使纳税人更透彻地了解税收制度，也可以使国家灵活地运用税收调节经济，如对各个税目规定不同的税率，就是调节经济的方式之一。

（三）课税标准和课税基础

课税标准，指的是国家征税时的实际依据，或称课税依据，如纯所得额、商品流转额、财产净值等。征税对象形态各异，有的是商品，有的是所得，有的是财产。而仅就商品而言，又有不同的种类。国家征税必须以统一的标准对课税对象进行计量，如将商品按其货币价值统一衡量，否则便无法进行。同时，国家出于政治和经济政策的考虑，并不是对课税对象的全部课税，往往允许纳税人在税前扣除某些项目，如个人所得中的基本生计费用部分，因而也需要对课税对象予以计量，核算出实际征税的依据。确定课税标准，是国家实际征税的重要步骤。实际上，课税标准就是税收的量化标准，一般表现为各种税收的计算公式等。

课税基础简称税基，是指建立某种税或一种税的经济基础或依据。它不同于课税对象，如商品课税的课税对象是商品，但其税基则是厂家的销售收入或消费的货币支出。它也不同于税源。税源总是以收入的形式存在的，但税基却可能是支出。税基、课税对象、税源在一定情况下可能是一致的，但这三个概念在含义上的差别是明显的。税基选择是税制设计的重要内容，它包括两个方面的问题：一是以什么为税基。现代税收理论认为以收益、财产为税基是合理的，但也有一种观点认为以支出为税基更为科学。二是税基的宽窄问题。税基宽则税源厚，税款多，但也会造成较大的负作用；税基窄则税源薄，税款少，但对经济的不利影响也较小。正确界定税基是保证税收作用充分发挥的必要条件。如果仅从税基宽窄角度考虑问题，税基大体相当于征税范围，即征税广度。

（四）税率

税率，是指对课税对象征税的比率。课税对象与税率的乘积就是应征税额；反过来说，税额与课税对象之比即为税率。税率是国家税收制度的核心，它反映征税的深度，体现国家的税收政策。一般来说，税率可划分为比例税率、定额税率和累进税率三类。

1. 比例税率

即对同一课税对象，不论其数额大小，统一按一个比例征税。在具体运用上又可分为几种类型：行业比例税率，即按行业的差别规定不同的税率；产品比例税率，即按产品的不同规定不同的税率；地区差别比例税率，即对不同地区实行不同的税率。在比例税率下，同一课税对象的不同纳税人的负担相同，具有鼓励生产、计算简便和有利于税收征管的优点，一般应用于商品课税。比例税率的缺点是有悖于量能纳税原则。我国大部分税种采用的都是比例税率。

2. 定额税率

亦称固定税额，是按课税对象的一定计量单位直接规定一个固定的税额，而不规定征收比例。定额税率在计算上更为便利，而且由于采用从量计征办法，不受价格变动的影响。但是，由于它是一个固定的数额，随着税基规模的增大，纳税的比例变小，故税率具有累退的性质，其缺点是负担不尽合理。因此，只适用于特殊的税种，如我国的资源税、车船牌照税。

3. 累进税率

是按课税对象数额的大小，划分若干等级，每个等级由低到高规定相应的税率。课税对象数额越大，税率就越高；数额越小，税率就越低。累进税率因计算方法的不同，又分为全额累进税率和超额累进税率两种。(1)全额累进税率是把课税对象的全部按照与之相对应的税率征税，即按课税对象适用的最高级次的税率统一征税。(2)超额累进税率是把课税对象按数额大小划分为不同的等级，每个等级由低到高分别规定税率，各等级分别计算税额，一定数额的课税对象同时使用几个税率。

全额累进税率与超额累进税率都是按照量能纳税的原则设计的，但两者又有不同的特点：一是全额累进税率的累进程度高，超额累进税率的累进程度低，在税率级次和比例相同时，前者的负担重，后者的负担轻；二是在所得额级距的临界点处，全额累进会出现税额增长超过所得额增长的不合理情况，超额累进则不存在这种问题；三是全额累进税率在计算上简便，超额累进税率计算复杂。

（五）起征点与免征额

起征点是指税法规定的对课税对象开始征税的最低界限，如收入未达起征点的低收入者不纳税，收入超过起征点的高收入者按全部课税对象纳税；免征额是指税法规定的课税对象全部数额中免予征税的数额，全部纳税人不论收入高低，同等享受免税额待遇。起征点和免征额存在明显的差别，不得混同。在税法中规定起征点和免征额是对纳税人的一种照顾措施，但两者照顾的侧重点显然不同。前者照顾的是低收入者，后者则是对所有纳税人的普惠照顾。世界各国为了体现纳税公平和维护公民的生存权利，都是实行免征额制度，即要“人人纳税”，又要照顾维持生活的人。我国税法也是实行免征额制度。为了减轻低收入者的纳征负担，近年曾几次提高免征额。当采取提高免征额措施时，高收入者不仅同时享受提高免征额的好处，而且得到超额收入纳税累进度减弱的好处。显然,采取提高免征额措施,有利于减轻低收入者的税负,而不利于调节收入差距,因此必须权衡利弊,审慎取舍。我国个人所得税制的税前扣除是免征额,理解为起征点是误解。总之,起征点是对穷人照顾,免征额是对所有人的照顾。

表 8－1 是部分税收术语的示例。

表 8－1 税收术语示例

税种	税收客体	税基	课税标准	税目	税源
所得税	所得	收入或支出、财产	收入减成本	个人所得税、企业所得税	收入
商品税	商品	收入或支出、财产	计算方法	增值税、消费税	收入

第二节　税收原则

一、公平类税收原则

1. 受益原则

受益原则亦称利益说,即根据纳税人从政府所提供公共服务中获得效益的多少,判定其应纳多少税或其税负应为多大。获得效益多者应多纳税,获得效益少者可以少纳税,不获得效益者则不纳税。显然,受益原则遵循的是自由交换原则。

从表面上看,这一原则有一定的合理性。既然人们在日常生活中要偿付从私人经济中所得到的商品和劳务,那么人们也应对具有公益性的政府支出,按照其获得效益的多少作出相应分摊。如果税收不是按照纳税人享受政府支出效益的多少来课征的,政府提供的公共服务就成为对使用者的一种补助金,因为有些人享受这种服务是在其他人蒙受损失的情况下进行的。

实际上,这种说法有着很大的局限性,它只能用来解释某些特定的征税范围,而不能推广到所有场合,如它可用来说明汽车驾驶执照税、汽油消费税、汽车轮胎税等税种,这些是根据纳税人从政府提供公路建设支出获得效益的多少来征收的,但却不能说明政府的国防、教育、社会福利支出的受益和纳税情况。每个人从国防和教育支出获得的效益很难说清,也就不可能根据每个人的受益情况确定其应纳税额的多少。至于社会福利支出,主要是由穷人和残疾人享受的,在他们的纳税能力很小甚至完全没有纳税能力的条件下,又如何根据受益原则向他们多征税呢?所以,就个别税种来说,按受益原则征税是可能的,也是必要的。例如,我国车船使用税就是按受益原则来分摊的税收,即谁拥有并使用车船,享受公路、河流、湖泊或邻海的设施,谁就负担税收,不使用的车船不征税。但就税收总体来说,按受益原则来分摊是做不到的。显然,这条原则只能解决税收公平的一部分问题,但不能解决有关税收公平的所有问题。

2. 能力原则

能力原则亦称能力说,即根据纳税人的纳税能力,判定其应纳多少税或其税负应为多大。纳税能力大者应多纳税,纳税能力小者应少纳税,无纳税能力者则不纳税。

在西方经济学界,这是迄今公认的比较合理也易于实行的标准。但如前所述,同意按照纳税能力征税是一回事,怎样测度纳税人纳税能力另一回事。西方经济学界对纳税能力如何测度的问题说法不同,其中主要存在着主观说和客观说的争议。

(1)客观说。主张以纳税人拥有财富的多少作为测度其纳税能力的标准。由于财富多用收入、财产和支出来表示,纳税人的纳税能力的测度,也就可具体分为收入、财产和支出三种尺度。

收入通常被认为是测度纳税人的纳税能力的最好的尺度。因为收入最能决定一个人在特定时期内的消费或增添其财富的能力。收入多者表示其纳税能力大,反之则小。美国芝加哥大学的著名经济学家亨利·西蒙斯曾指出,所有税收,不论其名义基础如何,都应当是落在个人收入上面。但问题在于,收入一般是以货币收入来计算的,而许多纳税人可取得货币以外的实物收入,对实物收入不纳税显然不够公平;纳税人的收入也有多种来源,既包括劳动收入,亦包括不劳而获的意外收入或其他收入。对不同来源的收入不加区分,统统视作一般收入来征税,亦有失公平,因此收入并不是衡量纳税人相对经济地位的足够精确的指示器。极端的例子是,一个窖藏黄金的人和一个乞丐,都可能是"零收入"者(即收入方面为零的意思),但不会有人认为他们具有等同的纳税能力,因为财产的所有权也是对经济资源的控制。如果仅按收入征税,即使从横向的意义上看,也不可能认为是公平的。

财产也可以被认为是衡量纳税人的纳税能力的合适尺度。财产代表着纳税人的一种独立的支付能力。一方面纳税人可以利用财产赚取收入,仅仅拥有财产本身也可使其产生某种满足;另一方面纳税人通过遗产继承或受赠等而增加的财产拥有量,的确会给其带来好处,增加其纳税能力。但按纳税人拥有的财产来衡量其纳税能力,亦有一些缺陷:一是数额相等的财产并不一定会给纳税人带来相等的收益;二是有财产的纳税人中,负债者与无债者情况不同,财产中的不动产与动产情况也不同;三是财产形式多样,实际上难以查核,估值颇难。

消费支出可作为测度纳税人的纳税能力的又一尺度。消费充分反映着一个人的支付能力。日常生活中消费多者,其纳税能力必大,消费少者,其纳税能力必小。而且,个人消费支出也可通过纳税人的总收入情况来估算,进而可根据消费支出数字设计税率。英国剑桥大学的尼库拉·卡尔多曾指出,作为课税基础的应当是消费,而不是收入。衡量一个人实际上从经济中抽出多少资源作为个人使用的最好尺度就是消费。如果一个人对其消费能力予以节俭,即将一部分收入用作储蓄,则应在税收上予以鼓励,可不将用作储蓄的部分计入课税基础。因为储蓄可以转化为投资,从而提高总的生产能力。如果一个人的消费额度超过其收入额度(如赊购或动用其过去的储蓄),他就应该按其消费额度多缴税。因为消费会减少资本储备,不利于总的生产能力的扩大。这实际上是主张用加重课税的办法限制消费,而用税收减免的办法鼓励储蓄。但它也有不足之处:按消费支出纳税不仅会延迟国家税收及时入库,而且由于不同个人、家庭的消费倾向大小相同,如甲、乙两人,每个家庭消费费用都为 1 000 美元,但甲每年收入是 2 000 美元,乙仅为 1 000 美元,若都以其支出数字确定纳税能力,也会产生不公平。

从客观说所主张的三种衡量纳税人纳税能力的尺度来看,无论哪一种都难免带有片面性。可见,绝对准确且公正的测度纳税能力的尺度,实际上难以找到。现实并可行的办法只能是,以一种尺度为主,同时兼顾其他两种尺度。

(2)主观说。主张以纳税人因纳税而感受的牺牲程度大小作为测定其纳税能力的尺度。而牺牲程度的测定,又以纳税人纳税前后从其财富得到的满足(或效用)的差量为准。这种说法认为,对纳税人而言,纳税无论如何都是经济上的牺牲,其享受与满足程度会因纳税而减小。从这个意义上讲,纳税能力也就是忍耐和承担的能力。如果税收的课征,能使每一个纳税人所感受的牺牲程度相同,那么,课税的数额也就同各自的纳税能力相符,税收就公平,否则就不公平。具体又有均等牺牲、比例牺牲和最小牺牲三种尺度。

均等牺牲(亦称等量绝对牺牲),要求每个纳税人因纳税而牺牲的总效用相等。按照边际效用递减原理,人们的收入与其边际效用成反方向变化,即:收入越多,边际效用越小;收入越少,边际效用越大。也就是说,低收入者的货币边际效用大,高收入者的货币边际效用小。据此,西方经济学家认为,如果对边际效用大的收入和边际效用小的收入征同样比例的税,则前者的牺牲程度就要大于后者,这样的税收就是不公平的。所以,为使每个纳税人牺牲的总效用相等,就需对边际效用小的收入部分征高税,对边际效用大的收入征低税。或者说,对高收入者征高税,对低收入者征低税。这里可以引申出来一个有意思的问题,如果收入相等应如何征税呢?比如一个歌手和一个航天员,他们收入相等,但是付出努力却不同。假设航天员付出努力更多,是否能用该理论解释歌手应多征税,航天员应少征税呢?

比例牺牲(亦称等量比例牺牲),要求每个纳税人因纳税而牺牲的效用与其收入成相同的比例。西方经济学家认为,虽然与纳税人收入增加相伴随的是边际效用的减少,但高收入者的总效用总是要比低收入者的总效用大。为此,须对所获总效用大者(即收入多者)多征税,对所获总效用小者(即收入少者)少征税,从而有可能使征税后各纳税人所牺牲的效用与其收入成相同比例,以实现税收公平的目的。

最小牺牲(亦称等量边际牺牲),要求社会全体因纳税而蒙受的总效用牺牲最小。要做到这一点,就纳税人个人的牺牲来讲,如果甲纳税的最后一个单位货币的效用,比乙纳税的最后一个单位货币的效用小,那么,就应该将乙所纳的税收加到甲身上,使得两者因纳税而牺牲的最后一个单位货币的边际效用相等。就社会总体来说,要让每个纳税人完税后因最后一个单位货币而损失的收入边际效用彼此相等,故须从最高收入者开始递减征税,对最低收入者实行全免。

从主观说所提出的上述三种尺度来看,一个共同特点,是它们都是以主观唯心论作为推断的基础,而缺乏客观的科学依据,故都难以赢得经济学界的普遍承认。但就其实际影响而言,最小牺牲设想较为周到,亦言之有理,所获评价较其他两种尺度更高一些,流行较广。

综观世界各国税制,实际上都是以客观标准作为度量支付能力的标准,主观说难以度量,且会演变为人为的标准,难以付诸实施。

二、效率类税收原则

1. 促进经济发展原则

促进经济发展原则,又称为税收的经济效率原则,是指税收制度和税收政策在保证筹集财政收入的同时,应有利于经济发展,力图对经济发展带来积极影响。税收为提供公共物品筹集财政收入,而提供公共物品是为了弥补市场失灵,这本身就是有利于经济发展的,但在筹集财政收入的过程中,筹集多少、采取什么方式,如何处理政府与企业、居民之间以及各企业、各居民之间的利益关系,却会对经济发展产生不同的影响,可能是积极的,也可能是消极的。促进经济发展原则,要求税收政策应趋利避害,首先着眼于经济发展。经济发展了,才可能有丰裕的税源。

税收的经济效率原则一般引入税收中性的概念加以判断。税收中性,是指政府课税而不扭曲市场机制的正常行为,即对消费者和生产者不造成影响。这包含两方面含义:(1)国家征税使社会付出的代价以税款为限,尽可能不给纳税人和社会带来额外损失或负担;(2)国家税收应避免对市场经济正常运行的干扰,特别是不能使税收超越市场机制而成为资源配置的决定因素。

与税收中性相对应，如果达不到税收中性，就会产生税收超额负担或无谓负担。超额负担是指政府通过征税将社会资源从纳税人转向政府部门的过程中，给纳税人造成了相当于纳税税款以外的负担，表现在：(1)资源配置方面的超额负担：纳税人的利益损失大于因征税增加的社会效益；(2)经济运行方面的超额负担：由于征税改变了商品的相对价格，对纳税人的消费和生产行为产生不良影响。

税收超额负担是哈伯格运用马歇尔的基数效用理论作为基础理论提出的，所以称为马歇尔—哈伯格超额负担理论。这种理论使用了消费者剩余和生产者剩余概念，并以消费者剩余的大小作为衡量消费者在消费某种商品时获得净福利的多少(见图 8—1)。

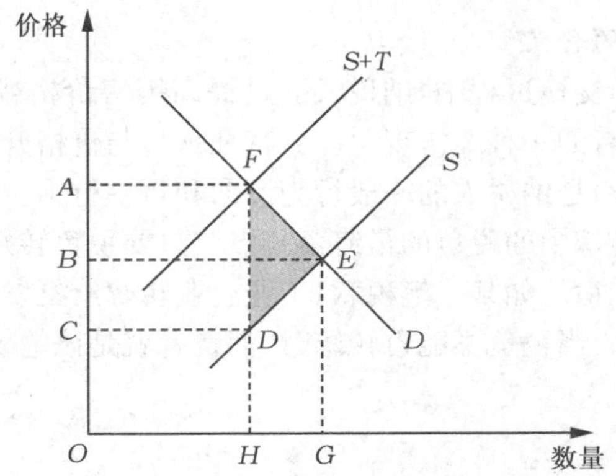

图 8—1　税收的超额负担

图 8—1 说明的是一种商品的市场，*D* 是商品的需求曲线，*S* 是供给曲线。征税前的均衡点是 *E*，产量为 *OG*，价格为 *OB*。假定政府对这种商品课征 *FD* 的从量税，供给曲线 *S* 将向左上方移动至 $S+T$，税后均衡点为 *F*，产量减少至 *OH*，价格上升至 *OA*。这种税的税收收入是 *CD*(销售量)乘以 *DF*(税率)，即 *ACDF* 的面积。消费者因课税而损失的消费者剩余为 *ABEF* 的面积，生产者因课税而损失的生产者剩余为 *BCDE* 的面积。这两种损失合计为 *ACDEF* 的面积，显然大于政府的课税收入(*ACDF* 的面积)。两者的差额 *FDE* 的面积就是课税的超额负担。这说明，纳税人的负担不仅是向政府纳税 *ACDF*，而且因政府课税带来价格上升而导致产量(消费量)的减少，即带来纳税额之外的超额负担。税收超额负担理论以消费者剩余为根据，说明了超额负担扭曲了课税商品与其他关联商品的消费选择。对此，提出了减少超额负担的三种方法：对需求弹性为 0 的商品征税；对所有商品征税；征收所得税。

2. 征税费用最小化和确实简化原则

征税费用最小化和确实简化原则，是税制本身的问题，所以又称为税收的制度原则。税收费用的最小化，是指在征收既定税收收入的前提下，尽可能将征纳双方的征纳费用减少到最低限度。税务部门的征管费用包括税务征管机关的办公费、设备购置费、专用发票印刷费以及征管人员的工资和津贴等，通称为税收成本。税收成本可视为负税收，税收成本占税收收入的比例是衡量税收征管效率的重要标志。纳税人的纳税费用包括自行申报、登记、税务咨询以及发生税务纠纷所花费的费用等。确实简化原则，其中的“确实”是指税制对纳税人、课征对象、税目、税率以及征管方式和纳税手续等税制要素，都要在税法和征管法上作出明确而清晰的规定。确实原则实际上也就是依法治税、有法可依的原则，纳税人依法纳税，防止偷漏；税务部门依法征税，防止以权谋私、贪赃枉法。“简化”是指税收的规章制度要简便易行。其实，税收费用最小化和确实简化原则，既是税收的制度原则，也是税收的效率原则。这个原则不仅使纳税人可以减少纳税费用，也使税务部门可以减少征税成本，也就是提高税收效率。

第三节 税收转嫁与归宿

一、税负转嫁与归宿概述

（一）税负转嫁与归宿的含义

税负转嫁，是指在商品交换过程中，纳税人通过提高销售价格或压低购进价格的方法，将税负转移给购买者或供应者的一种经济现象。其特征：(1)与价格升降直接联系；(2)是各经济主体之间税负的再分配；(3)是纳税人的一般行为倾向和自主行为。

税收归宿，是指处于转嫁中的税负的最终落脚点。只要税负转嫁过程一结束，税负归于最后的负担人，税负就有了归宿。如某一笔税款，工业企业转嫁给批发商，批发商转嫁给零售商，零售部门再转嫁给消费者。当税负不能再转嫁时，消费者就是该笔税款的税负归宿。

（二）税负转嫁方式

1. 前转方式

前转即顺转，提高售价转给购买者。具体而言，前转指纳税人将其所纳税款顺着商品流转方向，通过提高商品价格的办法，转嫁给商品的购买者或最终消费者负担。前转是卖方将税负转嫁给买方负担，一般通过提高商品售价的办法来实现。在这里，卖方可能是制造商、批发商或零售商，买方也可能是制造商、批发商、零售商，但税负最终主要转嫁给消费者负担。由于前转是顺着商品流转顺序从生产到销售再到消费，因而也叫顺转。前转的过程可能是一次，也可能是多次。例如，对棉纱制造商征收的棉纱税，棉纱制造商通过提高棉纱的出厂价格将所缴纳的税款转嫁给棉布制造商，棉布制造商又以同样的方式把税负转嫁给批发商，批发商再以同样的方式把税负最终转嫁给零售商，零售商也以同样的方式把税负转嫁给消费者。

2. 后转方式

后转即逆转，压低进货价格进行转嫁。具体而言，后转指纳税人将其所纳税款逆商品流转方向，以压低购进商品价格的办法，向后转移给商品的提供者。例如，对某种商品在零售环节征税，零售商将所纳税款通过压低进货价格，把税负逆转给批发商，批发商又以同样的方式把税负逆转给制造商，制造商再以同样的方式压低生产要素价格把税负逆转给生产要素供应者负担。

3. 混转

混转是指纳税人将自己缴纳的税款分散转嫁给多方负担，既前转又后转，亦称为散转。混转是在税款不能完全向前顺转，又不能完全向后逆转时采用。例如，织布厂将一部分税负用提高布匹价格的办法转嫁给印染厂，一部分用压低棉纱购进价格的办法转嫁给纱厂，一部分则用降低工资的办法转嫁给本厂职工等。严格地说，混转不是一种独立的税负转嫁方式，而是前转与后转等的结合。

4. 消转

消转指纳税人用降低课税品成本的办法使税负在新增利润中求得抵补的转嫁方式。即纳税人在不提高售价的前提下，改进生产技术、提高工作效率、节约原材料、降低生产成本，从而将所缴纳的税款在所增加的利润中求得补偿。因为它既不是提高价格的前转，也不是压低价格的后转，而是通过改善经营管理、提高劳动生产率等措施降低成本、增加利润，使税负从中得到抵消，所以称为消转。消转有合法消转和非法消转两种形式。前者指采用改进技术、节约原材料等方法，降低成本求得补偿；后者指采用降低工资、增加工时、增大劳动强度等方法，降低成本求得补偿。采用第二种形式一般会遭到雇员的反对，所以纳税人一般采用第一种形式。

5. 税收资本化

税收资本化亦称赋税折入资本、赋税资本化、税负资本化，它是后转的一种特殊形式，指纳税人以压低资本品购买价格的方法，将所购资本品可预见的未来应纳税款从所购资本品的价格中做一次扣除，从而将未来应纳税款全部或部分转嫁给资本品出卖者。比如，某一工业资本家甲向另一资本家乙购买一幢房屋，该房屋价值50万元，使用期限预计为10年，根据国家税法规定每年应纳房产税1万元。甲在购买之际将该房屋今后10年应纳的房产税10万元从房屋购价中做一次扣除，实际支付买价40万元。对甲来说，房屋价值50万元，而实际支付40万元，其中的10万元是甲购买乙的房屋，同时“购买”了乙的纳税义务，由甲以后代乙来缴纳税款。实际上，甲在第一年只需缴纳1万元的房产税，其余的9万元就成为甲的创业资本。这就是税收资本化，它一般表现为课税资本品价格的下降。

二、税负转嫁与归宿的一般规律

1. 商品税容易转嫁，所得税不易转嫁

从上述叙述中可以看出，税负转嫁的最主要方式是变动商品的价格。因而，以商品为课税对象，与商品价格关系密切的增值税、消费税、关税等比较容易转嫁是明显的，而与商品及商品价格关系不密切或距离较远的所得课税往往难以转嫁。如对个人财产和劳动所得课征的税收一般只能降低个人的消费水平，无法转嫁出去。对各类企业课征的法人所得税尽管存在转嫁的渠道，如提高本公司商品的售价、降低或延迟增长雇员的工资或增加劳动强度，以及降低股息和红利等，但这些渠道并不畅通，或者会受到企业雇员和股东的强烈反对，或者受制于社会供求关系变化情况，都难以实现。

2. 供给弹性较大、需求弹性较小的商品课税较易转嫁

社会中大量的商品生产和销售都处于竞争状态中，商品价格的确定最终取决于供求关系，而税负转嫁自然与供求弹性有关。一般来说，供给弹性较大的商品，生产者可灵活调整生产数量，最终使其在所期望的价格水平上销售出去，因而所纳税款完全可以作为价格的一个组成部分转嫁出去；而供给弹性较小的商品，生产者调整生产数量的可行性较小，从而难以控制价格水平，税负转嫁困难，见图8－2、图8－3。

3. 课税范围广的商品较易转嫁，窄的不易转嫁

税负转嫁必然引致商品价格的升高，若另外的商品可以替代加价的商品，消费者往往会转而代之，从而使税负转嫁失效。但若一种税收课税范围很广，甚至波及同类商品的全部，消费者无法找到价格不变的代用品时，只好承受税负转嫁的损失。

4. 垄断性商品较易转嫁，竞争性商品较难转嫁

因为垄断性商品在较大的市场范围内有独占性，生产者和经营者基本上掌握价格的控制权，提价转嫁税收的能力强；而竞争性商品要根据市场供求状况调整价格，提价转嫁税负的能力较弱。

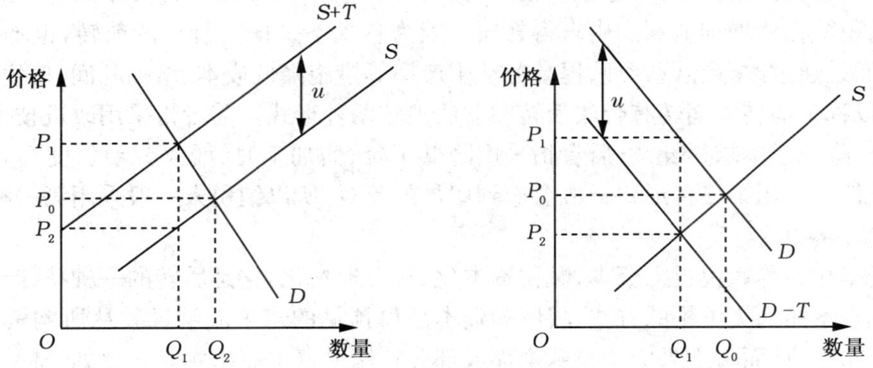

图 8—2 税收负担与对消费者或生产者征税无关

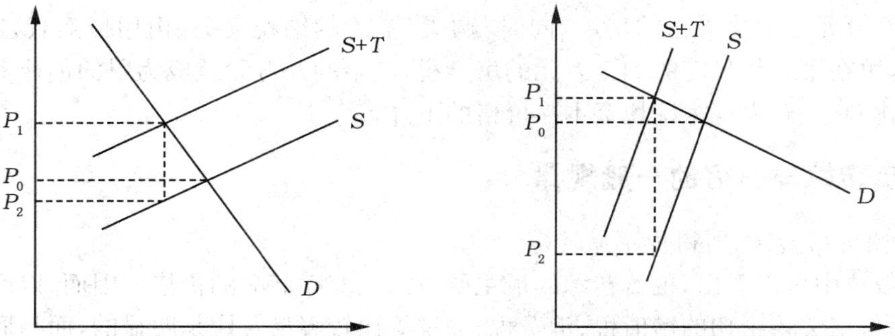

需求弹性小于供给弹性的税负转嫁：
消费者负担多，生产者负担少

需求弹性大于供给弹性的税负转嫁：
生产者负担多，消费者负担少

图 8—3 税收负担与供给和需求弹性有关

5. 从价税较易转嫁，从量税不易转嫁(不受价格影响)

从量课税是按课税对象的数量、重量、容积、面积、体积征税，税额不受价格变动的影响，购买者对提价转嫁比较敏感，纳税人担心转嫁税负得少失多。从价课税条件下，价格随税负转嫁而上升，购买者不易察觉，税负相对说来比较容易转嫁。

三、我国的税负转嫁

(一)我国已经存在税负转嫁的经济条件

税负转嫁是和商品经济相伴随的一种经济现象。通过价格升降而实现的价值规律是商品经济的基本规律，而价值规律的内涵就是商品价值由社会必要劳动时间决定，商品价格受供求关系的影响围绕价值而上下波动。因此，不论什么社会经济制度，只要是商品经济形式，价值规律在发挥作用，就存在税负转嫁，市场经济体制下就普遍存在税负转嫁现象。当然，不同社会经济制度下税负转嫁的实现条件是不同的。改革开放后，我国逐步转向社会主义市场经济体制，经济生活的各个方面都发生了巨大的变化，企业不仅存在税负转嫁的动机，而且也具备了充分的税负转嫁的条件。这是因为：(1)企业是市场经济下的自主经营、自负盈亏的经济实体，在竞争中求生存和发展，有了自身独立的经济利益，在物质利益的驱动下，利用税负转嫁机制减轻税负以获取更大的自身利益的动机强化了。(2)税负转嫁是以价格的自由浮动为前提条件的,而我国价格的市场化为税负转嫁提供了充分条件。(3)我国税制以商品课税为主体,也为税负转嫁提供了更为广阔的空间。只要存在税负转嫁现象,它就会对社会生活产生广泛的影响,而且可能发挥不同的效应。因此,对税负转嫁问题不能回避和忽视,应当正视并认真对待,自觉地加以掌握和运用,利用它的积极作用,限制或防止它的消极作用。税负转嫁在我国是由于经济体制转换而带来的新问题,也是我国税收理论和实践正在探索的一个新课题。

(二)有关税负转嫁的政策性问题

1. 我国税制以商品税为主,研究税负转嫁有实践意义和理论意义

我国税制是以商品课税为主体的,而税负转嫁又主要发生在商品课税领域,因而深入地研究税负转嫁的机理,有着特殊重要的实践意义和理论意义。税负转嫁是税负的再分配,也就是物质利益的再分配,消费者会因税负转嫁而负担增加,商品的生产和经营者会因税负转嫁而改变在竞争中的地位。例如,对价格放开的生活必需品课以重税,由于需求弹性小,物价虽上涨但消费者不能不购买,纳税人很容易把税负转嫁给消费者,增加消费者的负担;对供不应求的商品加税,既可以限制消费,又不会妨碍生产的增长;对供过于求的商品加税,由于价格难以上涨,税负不易转嫁,可以限制生产,但不利于鼓励消费。

2. 税负转嫁与制定税收政策及设计税收制度有密切关系

假如原定的税收政策和税收制度是合理的,既有利于资源优化配置,又符合公平原则,但税负转嫁可能改变预定税负分配格局,抵消税收的经济调节作用或造成税负的不公平。因此,在制定税收政策和设计税收制度时必须充分考虑各类商品的供求状况和价格趋势,并合理选择税种、税率以及课征范围。

3. 税负转嫁会强化纳税人逃税动机,当转嫁困难时,用逃税替代转嫁,须加强征管

税负转嫁会强化纳税人逃税的动机,即当税负转嫁不易实现时,纳税人极有可能通过逃税来取代税负转嫁,破坏税收的严肃性,腐蚀纳税人依法纳税的自觉性。所以,税务机关在防止任意转嫁税负的同时,还必须采取经济、法律和行政手段加强税收征管工作。

4. 自然垄断行业税负转嫁居于优势,应加强价格管理

垄断分为自然垄断和人为垄断两大类。国家通过支持和鼓励竞争可以消除或限制人为垄断,但对自然垄断则不能完全靠市场竞争来消除。由于自然垄断具有规模越大、效益越高的特征,在市场经济条件下,若国家不进行适当干预,自然垄断行业(如电力、天然气、煤气、供水、通信和运输等行业)就会通过减产提价来获得超额利润。对于自然垄断行业,不少市场经济国家也都曾实行国有和公营,或对私有企业实施不同程度的国家干预。在市场经济条件下,自然垄断行业既要引入一定的市场调节,又不能像一般竞争行业那样主要靠市场调节。所以,对这些行业在遵循供求规律的前提下,政府有必要在价格方面实施一定程度的干预和控制,才能有效地控制该类企业为减轻税收负担而进行不正当的税负转嫁。

5. 提高所得税比重,缩小税收转嫁空间

我国税负中商品税的比重偏高,而所得税的比重偏低。从税制改革的方向来看,提高所得税的比重,既有利于强化税收的调节作用,也有利于缩小税收转嫁的范围和空间,缓解税收转嫁的负面效应。

6. 实行价外税,有利于增强商品课税税负归宿透明度

价内税与价外税的征纳税额是一样的,只是价格形式不同。价内税的税收是作为价格的组成部分,表现为含税价格;价外税的税收是作为价格的附加,价格与税收分离,表现为不含税

价格。从现实生活来看，消费者购买商品的时候，价内税的税款是和价格同时支付，而价外税的税款是单独支付。所以，价内税是价税合一，淡化了税负最终归宿的透明度，混淆了纳税人与负税人的区别，同时也会使价格信号失真，模糊价格与税收的不同功能。实行价外税，是将税款和价格分开，使纳税人与实际税负人分离，有利于增强税负最终归宿的透明度，有利于培养公民的纳税意识，也有利于更好地发挥税收和价格两个经济杠杆调节经济的作用。总结我国多年商品课税征收的经验，借鉴国际上一些国家采用价外税的成功做法，为了避免引起大的波动，使企业和消费者逐步习惯，可先同步公布按含税价征税和按不含税价征税的两种税率，逐步过渡到完全按不含税价征税。

第四节 税制改革理论

近几十年来，对于什么是良好税制的构成要素，经济学家众说纷纭，其中：居于主导地位的税制改革理论有 20 世纪 50 年代和 60 年代的公平课税论（theory of equitable taxation）、70 年代的最适课税论（theory of optimal taxation）和 90 年代复兴的财政交换论（theory of fiscal exchange）。这三大理论对税制改革的设计和实施方案都产生了直接或间接的影响。

一、公平课税理论

美国经济学家斯蒂格利茨曾经说过：人生只有两件事情是注定不变的，那就是纳税与死亡。而如今，这句话或许应该重新措辞：人生只有两件事是注定不变的，那就是死亡和税制改革。或许是国内外经济环境变化太快，或许是现行税制出现了种种弊端，总之，20 余年来，世界各国都纷纷进行了税制改革，而且这种改革势头至今仍未停止。

公平课税论来源于亨利·西蒙斯的研究成果。西蒙斯的哲学思想根植于古典自由主义，强调个人自由是基本价值观，然后才是公平。他认为政治干预经济生活应该最小化，政府应提供私人部门不能有效提供的服务，并通过再分配产生更大的公平。政府在设计和改革税制时，必须使税收制度既能按照公平原则筹措资金，又能限制政治程序对市场经济的干预。在西蒙斯看来，实现这种双重目标的课税方法的关键在于对税基的选择。

公平课税论的基本思想包括四方面。其一，主要强调横向公平目标，几乎不涉及纵向公平，主张将纵向公平留给政治程序去解决；其二，把税收问题与政府支出政策分开讨论；其三，以税基的综合性和税收待遇的统一性作为指导原则；其四，主张按纳税能力来征税，但纳税能力的大小不用效用理论来衡量，提出了自己的衡量方法，即所得（纳税能力）等于适当会计期内的消费加上应计净财富的变化，使之直接对应于可计量的现金流量。

公平课税论的理想税制主要是根据综合所得概念，对宽所得税税基课征累进的个人直接税。其中的“毛所得”包括了工资和薪金、经营所得（如合伙经营所得、独资经营所得以及农业所得等）、资本所得、租金、特许权使用费、附加福利、耐用消费品的估算租金、转让所得、养老金所得以及赠与和遗产所得等。这种宽所得税税基能在不同的所得类型之间、不同的部门之间和不同的活动之间实现税收中性，同时，它也有助于降低名义税率，从而使税收的超额负担或福利成本最小化。这种宽税基、低名义税率以实现公平和效率目标的见解，被 20 世纪 80 年代的很多工业化国家的税制改革所采用和证实。但公平课税论的一些反对者指出，综合所得无法适当计算，因为像闲暇、政府服务等一些重要因素，其价值不是花一点成本就能估计出来的，在“所得”中提出的“应计”概念具有假定性质，可能造成税法复杂化，使税务成本加重，并助长避税和扭曲行为。尤其是随着20世纪六七十年代福利国家的扩张、公共支出的迅速增加，特别是社会保障支出的增加，几乎完全以纳税能力为标准征收个人所得税所带来的各种矛盾和问题变得日益突出。因此，公平课税论的支持者开始认识到税种的搭配是必要的，包括公司税、工薪税、间接消费税。继而，在世界各国的税制实践中，为实现资源的有效配置和收入分配公平目标，单一税率的消费税以及为社会保障、保健和相关支出融资的工资税或工薪税，成为大多数工业化国家税制的有机组成部分。

二、最适课税理论

最适课税论的根源可以追溯到古典经济学家J.S.穆勒提出的“牺牲”理论，此后，庇古等人用福利经济学的观点对其做了进一步解释。在此基础上，围绕着公平标准和效率标准，学术界对到底应该对哪些商品征税、所得税应当累进到何种程度以及商品课税与所得课税应该如何组合等这些财政中非常重要的问题进行了深刻的分析。特别是20世纪70年代以来，对这些问题的规范性研究取得了长足的进展，从而形成了最适课税理论。英国剑桥大学经济学教授詹姆斯·米尔利斯和加拿大籍美国哥伦比亚大学名誉教授威廉·维克里因对此理论的形成所作出的重要贡献而共同分享了1996年的诺贝尔经济学奖。

简单来说，最适课税理论是研究如何以最经济合理的方法征集某些大宗税款的理论，该理论以资源配置的效率性和收入分配的公平性为准则，对构建经济合理的税制结构进行分析，即以怎样的方式、方法对应税行为和结果进行合理的征税。

理想的最优课税理论是假定政府在建立税收制度和制定税收政策时，对纳税人的信息（包括纳税能力、偏好结构等）是无所不知的，而且政府具有无限的征管能力。但是，在现实生活中，政府对纳税人和课税对象等的了解并不完全，同时征管能力也有限。所以，在这种信息不对称的情况下，最适课税理论主要对如下三个问题进行了研究：一是直接税与间接税的合理搭配问题；二是寻求一组特定效率和公平基础上的最适商品税；三是假定收入体系是以所得课税而非商品课税为基础的，如何确定最适累进（或累退）程度，以便实现公平和效率的兼顾。可见，从现实情况出发，最适课税论研究的核心是如何实现税制的公平与效率兼顾：商品课税容易实现效率目标（没有扭曲效应或超额负担最小），但要考虑如何使其具有公平收入分配功能；所得课税容易实现公平收入分配目标，但要考虑如何使其促进经济效率。

最适课税理论的主要内容体现在直接税与间接税的搭配理论、最适商品课税理论和最适所得课税理论三个方面。

（一）直接税与间接税搭配理论

一是直接税与间接税应当是相互补充，而非相互替代。许多经济学家从不同角度分析了直接税和间接税的优劣，虽然莫衷一是，但一般认为所得税是一种良税，而差别商品税在资源配置效率方面也是所得税所不能取代的。首先，由于所得税不能对闲暇课税，而且它与其他商品之间不具有可分离性，所以政府应利用商品税对闲暇课征高税，以抑制人们趋向闲暇。其次，由于经济活动存在着外部效应，所以政府应通过征收差别商品税使各项经济活动的私人成本等于社会成本，从而使社会资源得到更合理的配置。况且，所得税也会产生额外负担，因为税率过高，所得税会影响劳动力供给，抑制私人储蓄和投资活动。由此可知，最适课税论是以承认商品税和所得税均有存在的必然性为前提的。

二是税制模式的选择取决于政府的政策目标。一般而言，所得税易实现分配公平目标，商品税易实现经济效率目标，那么，在所得税和商品税并存的复合税制情况下，是以所得税还是以商品税作为主体税种，即采取哪种税制模式，最终取决于公平与效率目标间的权衡。

（二）最适商品税理论

一是逆弹性命题，是指在最适商品课税体系中，当各种商品的需求相互独立时，对各种商品适用的税率必须与该商品自身的价格弹性成反比。逆弹性命题的含义表明，一种商品的需求弹性越大，征税的潜在扭曲效应也就越大。因此，最适商品课税要求，对弹性相对小的商品课以相对高的税率，对弹性相对大的商品课以相对低的税率。如果对无弹性或低弹性商品（如食品）采用高税率，会使总体超额负担最小化，这是一种最适税制。逆弹性主要就是以税收中性为标准，意味着中性税最好，符合效率标准。

二是最适商品课税要求开征扭曲性税收。这是因为政府在大多数情况下不能获得完全的信息，而且征税能力受到限制，因此，根据逆弹性设计的商品税不能保证生产高效率，还必须课征其他扭曲性税收。同时，如果要求商品税具有一定的累进性，具备一定的再分配功能，至少要满足这样一个条件，即高收入者的消费支出中所含商品税高于低收入者。也就是说，由于信息不完全，可以开征扭曲性税收。比如，税收中性要求对低弹性商品如食品、盐等征税，但是其他商品也会被征税，因为不知道哪些商品弹性高还是低？这就是扭曲性商品税。

（三）最适所得税理论

一是所得税的边际税率不能过高。在政府目标是社会福利函数最大化的前提下，社会完全可以采用较低累进程度的所得税来实现收入再分配，过高的边际税率不仅会导致效率损失，而且也无益于公平分配目标的实现。就标准的累进税制而言，边际税率递增的累进税制所形成的超额负担，要比单一税率的累进税制更大；而且边际税率越高，替代效应越大，超额负担就越大，也即经济效率损失就越大。同时，相对而言，边际税率越高并不等于越有助于收入分配公平。因为最低收入阶层所获得的免税额或补助额是不变的，高边际税率充其量只是限制了高收入者的收入水平，而无助于低收入者福利水平的提高。

二是最适所得税率应当呈倒 U 形。从社会公平与效率的总体角度来看，中等收入者的边际税率可以适当高些，而低收入者和高收入者应适用相对较低的税率，拥有最高所得的个人适用的边际税率甚至应当是零。这一结论是基于这样的判断：在同样的效率损失情况下，政府通过提高中等收入者的边际税率，从较为富裕者那里取得更多的收入，而通过降低最高和最低收入者的边际税率，增加这一群体的福利（效用），就既能实现经济改进，又能促进收入分配公平。总之，倒 U 形税收的横轴为收入，纵轴为税率，对中等收入课税（取得政府收入），对低收入（穷可以少征税）和高收入者（促进他们消费）不征税。

最适课税理论的贡献主要表现在三个方面：第一，论证了在信息不对称的情况下，政府运用“扭曲性”税收工具是不可避免的。如果政府拥有社会中每个人的各种特征的完全信息，不课征扭曲性税收就有充分的理由。一般认为，有能力支付较多税收的人应该多纳税，支付能力较低的人则应少纳税。可是，政府很难确认谁的能力强，只能根据诸如收入、支出等可观测的变量征税，这势必会造成扭曲。比如，以收入作为税基课征所得税就会造成扭曲，因为所得税同等地对待具有相同收入者中的弱者和强者；可是，能力强者很容易多取得收入，而能力弱者要通过勤奋工作才能取得相同的收入。第二，提出了在税制结构优化状态下税制经济效率的衡量标准，并讨论了如何据此标准对经济行为主体提供刺激信号问题。第三，论证了在最适税制下，公平与效率两大原则统一起来的可行性。

三、财政交换理论

20世纪90年代，财政交换论由魏克塞尔和布坎南等提出。财政交换论来源于魏克塞尔关于财政学的自愿交换理论以及布坎南等对这一传统理论的现代研究成果，这种“公平”税制的理论基础是边际效用理论。他们认为，税收通过政治程序对个人或利益集团进行分配时，应当使得国家付给个人的边际效用等于个人因纳税而损失的财富的边际效用。换一个角度来说，纳税人能够根据自己对公共物品数量的效用判断和承担相应的税收份额的意愿，在交换中选择最佳的公共物品数量和税收份额，达成一种每个参与者都能一致接受的协议。应该说，这种财政交换论为现代公共选择理论的形成奠定了基础。

具体来说，财政交换论的主要内容就是通过重新确立一套经济和政治活动的宪法规则，对政府权力施加宪法约束，并在此基础上进行税制改革。一是对政府的征税能力必须从宪法上予以限制，因为如果不通过修改宪法来限制政府的权力，政府就不会放弃以前被赋予的权力。因此，税制设计属于宪法设计问题，而不是政府本身的事情。二是财政交换论研究的重点是选择税基和税率结构，将政府的总税收收入限制在理想的水平范围内。由于政府会采用对所有可利用的税基都课以使税收收入最大化的税率结构，所以宽税基会增加总的无谓损失，扩大政府的规模，而窄税基则会限制政府的权力、总收入规模以及无谓损失，由此不能奉行最适课税理论的宽税基思路。三是宪法对政府可利用的税基性质进行限制，也有助于确保政府所提供的公共物品的水平和类型符合公民的意愿。如果政府可以选择与特定的公共物品具有很强互补性的税基，那么政府就会全力去追求所谓的“公共利益”。例如，宪法规定要求道路只能对机动车辆和相关的投入（如燃油、轮胎等）征税，就会促使政府把大部分收入用于道路的建设和维护上，这是因为机动车辆税收入将随着机动车辆的使用而不断增加，而这种增加又会随着道路网的规模扩大和质量提高而扩大。四是由于政府是使税收收入最大化的政府，它常常试图课以高名义税率并辅之以大量特殊规定，以获得最大收入，所以要从宪法上制约政府制定税收差别待遇。五是政府应该取消对资本的课税。因为固定资本与劳动所得、消费等税基相比，更加缺乏弹性，不容易逃脱政府的征税。而如果政府提高税率，投资者很难作出反应，那么税制结构就是不合理的。因此，需要用弹性大的税基来取代对资本的征税。

总之，财政交换论特别强调两个方面：一是为了实现有效配置资源的目标，要求尽可能广泛地采用受益税；二是为了使政府官员在决策中的“自私自利”动机最小化，强调政治程序在约束预算决策中的重要性，如公共选择理论。

【本章小结】

马克思主义给出税收的基本含义，税收“三性”给出了税收的特征。税收原则包含公平和效率两大类，其中公平原则包括受益原则和能力原则，效率原则应该重点研究税收中性和超额负担。税收转嫁方式多样，税收转嫁的一般规律对现实生活有重要意义。税制改革理论包括公平课税理论、最适课税理论和财政交换论。

【思考题】

1. 辨析题：税收中性就是超额负担。

2. 辨析题：税收转嫁就是税收归宿。

3. 知识应用题：计划经济体制时期结婚的“三转一响”（自行车、手表、缝纫机和收音机）属于奢侈品要被征收税收，但是这些商品在现在不可能再征税了。你认为税收有哪些特性？这种变化体现了税收的什么特性？

4. 综合论述题：结合我国实际，一种税收如果具有税收中性就是好的税收吗？

【案例分析】

案例一

某税务检查组到一生产新特药的高新技术企业 W 公司检查所得税汇算清缴情况。检查人员围绕高新技术企业认定需同时满足的六大条件中最主要的两条，即对被检查会计年度研究开发费用总额占销售收入总额的比例、高新技术产品收入占企业当年销售总收入的比例进行了认真检查。在整个检查过程中，检查人员不仅事前设计了具有针对性、实用性的检查程序，而且还特地了解了各类药品，特别是被认定为拥有自主知识产权的高新技术药品的性能、作用、主要成分、市场占有率及耗用的主要原辅材料等情况，同时还对各类药品常规发生的主要制造费用的种类及额度等情况进行了解和掌握。

在检查研究开发费用时，检查人员对企业已列入研究开发费范围，但究竟是否应属于为获得科学技术新知识，创造性地运用科学技术新知识，或实质性改进对产品的生产技术、治疗性能及疗效而持续进行的研究开发活动发生的费用进行了认真分析和甄别，特别检查了研究开发费用与研究开发项目之间的关联性。

在检查高新技术产品收入时，检查人员对 W 公司划分的高新技术产品收入，从账面对收入的核算，到发票上开具的药品名称是否属于确认的高新技术产品，再到产品的成本结转和产品入库，一直追溯到对相关产品生产成本的发生和主要原材料的领用等，都做了认真检查，而且还特别关注了对高新技术产品收入与非高新技术产品收入的划分界限和分类标准。

然而，除了对划分的费用究竟是否一定属于为研究开发新产品发生有些疑问而无法准确判断外，对高新技术产品收入的划分则无可挑剔。这让检查人员感到 W 公司的会计核算基础较好，应该可以放心。

W 公司的财务科钟科长表示，自己做了近 20 年的会计，绝不会为了偷税在会计处理上弄虚作假，败坏名声。钟科长的话提醒了检查人员，在会计处理上没有弄虚作假，那在其他方面呢？检查人员想到了高新技术企业认定需满足条件的第 4 条：“企业从事研发和相关技术创新活动的科技人员占企业当年职工总数的比例不低于 10%。”由于当下假文凭流行，W 公司会不会利用假科技人员弄虚作假呢？想到这里，检查人员一方面了解 W 公司制定的对员工工资的发放标准，另一方面对照工资发放标准对科技人员工资的实际发放情况进行检查，果然发现了不少低于工资标准的情况。但由于 W 公司实际发放的工资有些模糊及一些人为因素的影响，并不能说明一定有问题。至此，检查人员不得不另辟蹊径，决定通过中国高等教育学生信息网查询并核对大专以上学历科技人员的毕业证书。这不查不知道，一查吓了一大跳。检查人员不仅发现了一些大学未设置专业的毕业证书，而且毕业证书的颁发时间还出现了早于大学成立、更名或设置相关专业的时间，发现了"莫须有"大学的毕业文凭。公司总经理不得不承认通过文凭造假虚列科技人员的行为。最终，W 公司不仅被取消了高新技术企业资格，而且因此享受的税收优惠也被全部追补入库，同时被处以大额罚款。

附件：认定为高新技术企业须同时满足以下条件：(1)企业申请认定时须注册成立一年以上；(2)企业通过自主研发、受让、受赠、并购等方式，获得对其主要产品(服务)在技术上发挥核心支持作用的知识产权的所有权；(3)对企业主要产品(服务)发挥核心支持作用的技术属于《国家重点支持的高新技术领域》规定的范围；(4)企业从事研发和相关技术创新活动的科技人员占企业当年职工总数的比例不低于10%；(5)企业近三个会计年度(实际经营期不满三年的按实际经营时间计算，下同)的研究开发费用总额占同期销售收入总额的比例符合如下要求：最近一年销售收入小于 5 000 万元(含)的企业，比例不低于 5%；最近一年销售收入在 5 000 万元至 2 亿元(含)的企业，比例不低于 4%；最近一年销售收入在 2 亿元以上的企业，比例不低于 3%。(6)近一年高新技术产品(服务)收入占企业同期总收入的比例不低于 60%；(7)企业创新能力评价应达到相应要求；(8)企业申请认定前一年内未发生重大安全、重大质量事故或严重环境违法行为。

(资料来源：《中国税务报》)

请回答：

(1)制定税收优惠的目的是什么？能实现吗？

(2)结合案例和财政交换论的知识，为什么要从宪法上对税收优惠加以限制？

案例二

世界各国是如何征收碳税的。1988 年，美国气候科学家詹姆斯·汉森在美国国会的一次听证会上，第一次向议员们宣讲燃烧化石燃料等人类活动可能导致全球变暖风险。此后，碳税渐渐在世界各国普及开来。所谓碳税，就是对排放二氧化碳产品和服务征税，是环境税的税种之一，其主要针对化石燃料(如汽油、柴油、煤炭、天然气等)中碳的含量或碳的排放量来征收。据不完全统计，截至 2012 年底，国际上已有将近 20 个国家(或地区)开征了碳税。

第一类以丹麦、荷兰为代表的北欧国家，较早开始推行碳税，力度也比较大，并且实施得都比较坚决，所以到 20 世纪末，这些国家基本上都构建起较为完备的碳税制度；第二类像澳大利亚、法国、欧盟等经济发达国家和地区，虽然在全球呼声越来越高的形势下下决心开征了碳税，但由于各种原因，有起有落；第三类是以美国、日本等国家为代表的一些国家，从自身利益出发，对通过征收碳税来减少碳排放并不积极。

荷兰大概是全球最早开始征收碳税的国家。早在 1990 年，荷兰就开始正式征收碳税。到了 1992 年，荷兰将碳税调整为能源/碳税，比例各占 50%。荷兰碳税的征税范围涉及到所有能源，电力通过对燃料的征税而被间接征税。矿物燃料的二氧化碳税由商品税的交纳者支付，天然气和煤的二氧化碳税由燃料的开采者、生产者和进口者交纳。1995 年，荷兰的二氧化碳税税率为 5.16 荷兰盾/吨二氧化碳(相当于 25 美元/吨二氧化碳)。对于天然气使用超过 1 000万立方米的生产厂家，其环境税(能源/碳税)的税率要低 40%左右。

1991 年，瑞典在进行整体税制改革时引入了碳税。瑞典碳税的征收范围包括所有种类的燃料油，但电力部门、船舶、飞机和火车机车等所用燃料免征碳税。其碳税税率则根据燃料含碳量的不同而有区别。考虑到企业的竞争力，工业企业只需要按50%的比例缴税，某些高能耗产业如电力等，则给予税收豁免。1993年，为增加国际竞争力，瑞典对一些能源密集型产业给予了更大程度的税收减免。据测算，进行各项优惠后，对工业企业来说，其二氧化碳的税收总负担被限制在产值的1.7%以内，随后调整为1.2%以内。1994年后，瑞典对碳税税率实行了指数化，使真实税率保持不变。2002年，工业部门税收减免由50%上调至70%，基本抵消了税率上调增加的税收负担。

丹麦也是世界上开征碳税最早的国家之一。从1992年开始，丹麦就正式对家庭和企业一并开征碳税，以实现减少二氧化碳排放的目标，同时也希望通过碳税的开征来刺激家庭和企业使用清洁能源。丹麦碳税征收的范围较广，包括除汽油、天然气和生物燃料以外的所有二氧化碳排放。计税基础是燃料燃烧时的二氧化碳排放量。税率是100丹麦克朗/吨二氧化碳(相当于14.3美元/吨二氧化碳)。在对工业企业征收碳税的同时，丹麦政府将碳税收入中的一部分用于为这些企业提供补贴。该补贴用于企业实施节能项目，同时工业企业还能通过税收返还和减免来减轻实际税负。截至1995年，对于交纳增值税的企业给予50%的税收返还(用作机动车燃料的柴油征收的二氧化碳税除外)。如果二氧化碳净税负(包括返还)超过企业销售额的1%，税率下调为规定税率的25%；如果净税负在销售额的2%～3%之间，则有效税率降至规定税率的12.5%；对净税负超过销售额3%的企业，税率降至规定税率的5%。实际上，大多数能源消耗高的企业最终都没有交纳碳税。到了1996年，丹麦又设计了一个新税，该税由3个税种组成，分别是二氧化碳税、二氧化硫税和能源税，增加了企业的能源税和碳税的总体负担。

碳税给新型煤化工带来的三大影响。

近日，国家有关部门将《中华人民共和国环境保护税法(送审稿)》送达“两高”相关行业，开始广泛征求意见。作为取代现行排污收费的新税种，环保税将二氧化碳排放税纳入其中，二氧化碳的税率区间下限和上限相差高达10倍，税率为10～100元/吨。在二氧化碳排放税征收时限方面，有关专家预测，将根据我国应对气候变化需要和国际气候谈判形势择机开征，或在“十二五”期间实施。那么，碳税征收对新型煤化工有何影响？新型煤化工行业该如何应对碳税？对此，记者进行了深入采访。

一是节能减排淘汰落后之利器。据内蒙古科技大学化工学院院长王亚雄介绍，近年来我国的二氧化碳排放量增长迅速，未来还会随着经济的快速发展继续增加，如何控制和减少碳排放量已引起我国政府的高度重视。碳税就是针对二氧化碳排放所征收的税，旨在为温室气体减排、减缓全球变暖、实施环境保护而设立征收的税种。通过对煤转化和石油下游等化石燃料产品按其碳含量的比例征税，来减少化石燃料的消耗和二氧化碳排放。

二是市场竞争力或有所减弱。记者在采访中了解到，新型煤化工或将受到碳税征收影响，其综合竞争力出现变数及潜在风险。新型煤化工行业整体市场竞争力或有所减弱。

三是推动行业节能技术进步。尽管碳税征收将在一定程度上削弱新型煤化工的综合竞争力，但从国际国内宏观经济环境和科学可持续绿色发展角度考量，此举为大势所趋。那么，作为国家战略性新兴产业的新型煤化工该如何积极应对碳税征收？对此，煤转化国家重点实验室副主任、中科合成油技术有限公司总经理李永旺在接受记者采访时表示，虽然我国新型煤化工产业从规模、工艺技术和装备水平都达到了世界领先水平，但全行业只有不断加强环境保护措施，减少对生态环境的污染，降低二氧化碳排放，才能形成一个良性的产业。李永旺认为，新型煤化工企业必须实现二氧化碳减排低碳绿色发展，只有以科学技术进步为核心，继续加大清洁、节能生产方式的投入，不断采用新技术、新材料和新工艺，加快技术创新，未来新型煤化工才会有更大的发展空间。具体到煤制油产业领域，首先要提高催化剂研发和应用技术水平，实现原子水平催化剂结构控制优化；其次要推进以特殊换热和分离设备为重点的装备标准化和过程装置模块化；再次是加强系统基础研究和工程数据积累，为系统的产业基础提供支撑体系。只有不断提升工艺和装备的技术水平才能有效减少包括二氧化碳在内的污染排放，提高新型煤化工行业企业的经济效益。

（资料来源：国家煤化工网）

请回答：

(1)征收碳税的目的是什么？

(2)请结合税收中性和税收超额负担理论，碳税的征收对煤化工来说是否税收中性？

【翻转课堂任务列表】

1. 梳理本章知识框架，厘清内在逻辑联系。

2. 理解和掌握本章的重点、难点和热点。

3. 完成本章的课后题。

4. 提交一份学习笔记作业，可以是任务列表中的任务，也可以是学习过程中的“亮考帮”等，为课堂讨论和展示提供支撑。作业评价标准为提交、认真和创新三个等级。

【学习实践】

进入任一小饭馆，与老板对话，分析商家对税收转嫁的真实理解。

第九章　税收制度

【内容导读】

1. 为何学？本章理论上介绍了现行的主要税收制度，包括商品税、所得税、财产税等。通过本章的学习，可以充分了解我国的税收体制。从实践看，本章的学习可以明显拓宽学生与税收制度相关的知识范围，提高对我国税收制度的理解和分析能力。

2. 学什么？了解税制概述，理解和掌握商品税、所得税和财产税，了解其他税种。

3. 怎么学？在了解税制基本概念的基础上，抓住各税种在我国的地位，如商品税是主体，所得税次之，财产税正在建设中。其中，需重点关注增值税、个人所得税。

【本章重点、难点和热点】

1. 重点：增值税。
2. 难点：土地增值税、印花税。
3. 热点：个人所得税、房产税。

第一节　税制概述

一、税收制度的概念

税，作为人类社会的产物，一般来说，它随着国家的产生而产生。正如恩格斯所指出的，国家一出现，“为了维持这种公共权利，就需要公民缴纳费用——捐税。捐税是以前的氏族社会完全没有的”，所以，“赋税是喂养政府的奶娘”。我国古代有许多关于税收的规定，如税的种类、缴纳方式、征税比例等，这些都是税的雏形，它们自身都有一定的制度。这种制度指的是税收本身固有的内在结构，是税的内在基础，我们称之为税的自然制度或税收制度的自然属性。因而，税收的各个组成部分就成了我们通称的税制要素。当然，它还不是赋予法律形式以后的税制要素。随着国家治理范围的不断扩大，政府需要的财力不断增加，这就需要有一个稳固的公共收入来源渠道。与此同时，国家的政治、法律制度相继创立，并把它与税收相结合，对税收的自然制度(或属性)加以法制化,使税收这一经济行为制度化、规范化和长期化,从而形成了税收制度的人为属性,即税收的人为制度。为什么要赋予税收以法律形式?道理很简单,赋税"就是国家不付任何报酬而向居民取得东西",都是无偿劳动支付的,谁也不愿意把自己的劳动果实拿出来无偿地送给国家。这样,从客观上就需要一种征纳双方都必须遵守的法律制度来协调征纳双方的税收关系,既保证国家资金需要和有关政策的实施,又维护纳税人的权益,使征纳双方在课税过程中有法可依,有章可循。

所以,从人类社会的发展历史来看,无论哪一国家的税收制度都是税收的从自然制度到税收的人为制度相结合的产物。所以,税收制度就是一个课税主权之下,由税种体系、各种税收法律以及征纳管理办法所组成的聚合体,它具有自然属性和人为属性。从税收结构分析,税收制度是指一国各种税收及其要素的构成体系。从法的角度分析,税收制度是一国税收法律、法规、规章的统称。以法律规范形式出现的制度体系,也称为税收法律制度,是调整国家与纳税人之间税收征纳关系的法律规范,是国家通过法律程序确定的征税依据和工作规程,具体包括国家各种税收法律、法规、规章以及实施细则和征收管理制度等。

二、税收制度类型

税收制度类型,简称税制类型,是指一国征收一种税还是多种税的税收制度。关于税收制度的类型主要有两种不同的理论主张。

一是单一税制,即在一个税收管辖权限范围内,只征收一种税,如单一土地税论、单一消费税论、单一财产税论、单一所得税等。单一税制并没有在哪个国家真正实施过,只是在理论上时有出现这种主张。单一税制的主张之所以会产生,主要有以下几个原因:仅课征一种税,对社会的生产与流通的危害较小;纳税人易于明了其应纳税额,少苛扰之弊;稽征手续简单,减少征收费用。但是,由于单一税制有种种缺陷,从财政收入上看,收入少,弹性小,逃税的可能性大;从社会政策上看,课税范围窄,不普遍,有失公平;从经济发展上看,就某一课税对象课以重税,枯竭税源,阻碍国民经济平衡发展。可见,单一税制弊大于利,因此世界各国都没有实行过单一税制。

二是复合税制,即在一个税收管辖权限范围内,同时征收两种以上的税。世界各国普遍采用复合税制,主要是因为这种税制符合经济运行的要求。就税制本身而言,在税制体系内部税种之间,有相互协调、相辅相成的作用;就财政收入而言,税源广、灵活性大、弹性充分;就税收政策而言,具有平均社会财富、稳定国民经济的功能;就税收负担而言,既公平合理又普遍。因此,复合税制是一种比较科学的税收制度。当然,复合税制也不是一出现就很完备,有它的历史发展过程。这个历史发展过程就是一个不断完善的过程。

三、税制结构

(一)税制结构的含义

税制结构是税收制度结构的简称,是指一国各税种的总体安排。在这里,有两点需要说明:一是税制结构是在具体的税制类型条件下产生的,只有在复合税制下才有税制结构;二是在税制结构中,不同税种的相对重要性差异很大,形成了不同的税制模式。税制模式是指在一国的税制结构中以哪类税作为主体税种。税制结构特别是其中的主体税种(税制模式),决定着税制系统的总体功能。

（二）税制结构的演变

纵观人类社会经济发展的历史，税制结构的演变过程是以简单的直接税为主的税制结构，发展到以间接税为主的税制结构，再发展到以发达的直接税为主的税制结构。

1. 简单的直接税制

最早的直接税是十分粗陋的。对人课征的税种，有人头税、灶税、户税等。例如，我国古代对未成年儿童课征的“口赋”，对成年人课征的“算赋”，以及对应服役者课征的“更赋”，即属于此类。对物课征的税种，有土地税、房屋税、车马税等。我国古代的“田赋”“马口钱”“间架税”等即是这类税收的代表。随着社会经济的发展和政治制度的变迁，特别是随着社会产品占有形式和分配形式的变化，古老的直接税逐渐失去了存在的依据，被新的更为科学的形式所取代。实际上，在农业经济时代，由于当时的生产力水平相当低下，社会剩余产品都是由农业生产的，土地就成为产生社会纯收益的源泉，地租是收益的绝大部分，因此，当时主要是以土地和其他不动产的多少作为衡量纳税能力大小的依据，税收大部分是以土地收益税这种直接税为核心的。

2. 不断完善的间接税制

当社会生产力发展到农工经济时代，工业生产逐渐发展起来。工业的兴起，为商业的繁荣创造了条件，自由职业随之出现，社会纯收益的分配比较分散，而商品的流转环节大量增加，税源比较分散。因此，只有对货物及交易等征收间接税，才能保证财政收入。最开始的间接税主要是市场税（即商品进入市场、利用市场设施及享受市场保护时征收的税）和入市税（即商品运入市场时所征收的税）。后来，在商品经济发展浪潮的推动下，间接税才逐渐演化为包括销售税（营业税）、产品税、消费税、增值税等比较完善的税收体系。

3. 现代直接税制

随着工业化的进程加快，社会生产力迅速发展，剩余产品大量增加，为税收提供了充足的税源；再加上资本主义原始积累结束，资本急剧集中，收入分配严重不公。进入工业化的资本主义国家以第一次世界大战的爆发为契机，把长期实行的以营业税、消费税等间接税为主体的税制结构变革为以所得税等直接税为主体的现代税制结构。

4. 现代间接税制

近半个世纪以来，所得税在工业化国家得到了大力发展，已经成为大多数发达国家的主体税。但是，由于所得税又有对所得重复征税之嫌，抑制了人们劳动供给和私人储蓄，不利于经济增长，再加之通货膨胀对所得税的不良影响，故近年来，理论界又掀起重构税制结构的大讨论，削弱所得税，建立新型的间接税制。这一时期，几乎所有的发达国家都开始关注间接税中的新税种即增值税，并普遍征收较高税率的增值税。

第二节　商品税

一、商品税概述

商品课税是泛指所有以商品为征税对象的税类。就我国现行税制而言，包括增值税、消费税、土地增值税、关税及一些地方性工商税种。与其他税类对比，商品课税有下述四方面的特征：(1)课征普遍。商品课税以商品交换并形成销售收入为前提。在现代社会中，商品是社会生产、交换、分配和消费的对象，商品生产和商品交换是社会生产的主要形式，对商品的课税自然是最具普遍性的税类。(2)以商品和非商品的流转额为计税依据。这里的商品流转额指商品销售的收入额，非商品流转额指交通运输、邮政通信以及各种服务性行业的营业收入。由于商品课税以流转额为计税依据，在税率既定的前提下，税额大小直接依赖于商品和劳务价格的高低及流转额的多少，而与成本和费用水平无关。根据商品课税的这一特征，商品课税又被称为流转课税。(3)实行比例税率。除少数税种实行定额税率外，适用比例税率制是商品税类的一个重要特征。(4)计征简便。商品课税以流转额为计税依据，与商品成本和盈利水平无关，又是实行比例税率，所以计税征税均十分简便。

商品课税的优点是税源充裕，课征方便，并可以抑制消费，增加储蓄和投资，有利于经济发展。但正如前文指出的，由于商品课税与商品价格相联系，在国内会干扰市场运行并形成分配不公，在国际上会阻碍资金、劳动力和商品的自由竞争与流动。总之，商品课税是特征鲜明、功能突出、缺陷明显的一个税类。在税收实践中，必须扬其长而避其短，这也正是我国商品课税制度建设中应遵循的基本原则。

我国的商品课税有多个具体税种，这里只简要介绍具有代表性的主要税种及其基本制度规定，即增值税和消费税，目的在于说明商品课税中课税对象、纳税人、税率及计征方法等税制中的主要问题。2015 年我国国内增值税 31 109 亿元，消费税 10 542 亿元。

二、增值税

(一)增值税含义

增值税，顾名思义，是就商品价值中增值额课征的一个税种。增值额是指企业生产商品过程中新创造的价值，相当于商品价值中扣除生产中消耗的生产资料价值 C 之后的余额，即 $V+M$ 部分。具体到一个生产单位，增值额是指纳税人的商品销售收入或劳务收入扣除外购商品价款后的余额。增值税始建于法国，后来在西欧和北欧各国迅速推广，已成为当今许多发达国家和发展中国家广泛采用的一个国际性税种。

(二)增值税特点及优点

增值税的最大特点和功能是就一种商品和劳务从生产到流通全过程多道课征中采取道道扣税制度，从而消除重复征税，并避免对市场的干扰，充分体现税收中性特征。这一特点适应社会化大生产的需要，在促进生产的专业化和技术协作、保证税负分配相对公平等方面，有较大功效。增值税还有其他一些优点，诸如：

(1)增值税采取道道课税的课征方式，并以各企业新创造的价值为计税依据，可以使各关联企业在纳税上互相监督，减少乃至杜绝偷税漏税。因为上游企业漏税必然使下游企业多纳，在经济利益原则驱使下，下游企业必然主动监督上游企业的纳税情况。

(2)增值税的课征与商品流转环节相适应，但税收额的大小又不受流转环节多少的影响。

(3)企业的兼并和分解都不影响增值税税额，可以保证收入的稳定。

(4)对于出口需要退税的商品可以实行“零税率”，将商品在国内已缴纳的税收一次全部退还给企业，比退税不彻底的一般流转税更能鼓励外向型经济的发展。

以表 9—1 为例，只要面包的售价是 1000 个单位不变，增值额为 1 000 就不变，不论企业兼并还是破产，也不管生产环节的多少，最后的增值税都是 200 单位。同时，因为可以采用扣税制，下游市场主体将自动监督上游市场主体，以获得进项税抵扣单据。

表 9—1 增值税特点和优点

生产者	购买	销售	增值	税率 20%增值税
农民	0	400	400	80
磨坊主	400	700	300	60
烤面包师	700	950	250	50
杂货店主	950	1 000	50	10
总计	2 050	3 050	1 000	200

(三)增值税类型

一般而言,增值税的计税依据是商品和劳务价款中的增值额,但各国的增值税制度对购进固定资产价款的处理有所不同。据此,增值税可分为三种类型:一是生产型增值税。计税依据中不准许抵扣任何购进固定资产价款。就国民经济整体而言,计税依据相当于国民生产总值,故称为生产型增值税。二是收入型增值税。只准许抵扣当期应计入产品成本的折旧部分。就国民经济整体而言,计税依据相当于国民收入,故称为收入型增值税。三是消费型增值税。准许一次全部抵扣当期购进的用于生产应税产品的固定资产价款。就国民经济整体而言,计税依据只包括全部消费品价值,故称为消费型增值税。由于计税依据有差别,因而不同类型增值税的收入效应和激励效应是不同的。从财政收入着眼,生产型增值税的效应最大,收入型增值税次之,消费型增值税最小;从激励投资着眼,则次序相反。西方国家采用生产型增值税者较少,普遍采用后两种类型。

综合来看,生产型增值税:总产出一中间品收入=生产资料+消费资料;收入型增值税:总产出一中间品一已消耗的生产资料(包括当期折旧)=新创造的生产资料+消费资料;消费型增值税:总产出一中间品一资产全部折旧=消费资料。其中,中间品为:一种产品从初级产品加工到提供最终消费要经过一系列生产过程,在没有成为最终产品之前处于加工过程中的产品统称为中间产品,如棉花是初级产品,投入生产过程后得到的棉纱、坯布、色布及裁剪的服装面料等都是中间产品。

(四)增值税计征方法

增值税的计征方法比较复杂,从理论上讲,有三种计征方法:一是将纳税单位纳税期内新创造的价值(如工资、利润、利息和其他增值项目)逐项相加作为增值额,然后按适用税率求出增值税额,故称为"加法";二是从企业单位纳税期内的销售收入额中减去法定扣除额(如原材料、燃料、动力、零配件等)后的余额,作为增值额,故称为"减法"(或扣额法);三是不直接计算增值额,而是从按销售收入额计算的税额中,扣除法定外购商品的已纳税金,以其余额作为增值税应纳税额,故通常称为"扣税法"。在实践中,由于"加法"计算复杂,误差较大,很少有国家采用。

(五)增值税主要内容

我国自 20 世纪 80 年代开始试行增值税,当时的增值税是由原产品税转化过来的,仅限于对部分工业品征收,而且设置多档税率。1994 年全面改革工商税制时,增值税被列为改革的核心内容,其目标是按国际上通行的做法,在我国当时的条件下,建立一种比较完整的增值税课征机制,使税制符合市场经济的要求。1993 年 12 月 13 日发布的《增值税暂行条例》(简称《条例》)的主要内容有:

1. 增值税的征收范围

增值税征收范围包括在我国境内销售货物和提供加工、修理修配劳务以及进口货物，即不仅包括货物的生产、批发、零售和进口商品，而且包括提供加工、修理修配劳务，同时，对视同销售货物、混合销售行为和兼营行为作出特殊规定。

2. 增值税的纳税义务人

增值税的纳税义务人是所有销售应税货物和提供应税劳务的工商企业及其他单位和个人。原缴纳工商统一税的外商投资企业，因已通过法律程序废止工商统一税，也属于增值税的纳税人。

3. 增值税税率

营改增后，增值税的税率适用于一般纳税人，目前有17%、11%和6%共三档税率；增值税的征收率适用于小规模纳税人和特定一般纳税人。小规模纳税人统一按3%的征收率计征；对一些特定的一般纳税人，则适用5%和3%征收率；零税率主要是纳税人出口货物适用，营改增以后部分跨境应税服务也适用零税率。

具体来说，交增值税的主要是销售货物和修理配劳务，一般适用17%的基本税率；11%的税率主要适用于一般纳税人销售粮食、食用植物油、自来水、暖气、冷气、热水、煤气、石油液化气、天然气、沼气、居民用煤炭制品、图书、报纸、杂志、饲料、化肥、农药、农机、农膜、交通运输业、邮政业和基础电信服务；适用6%税率的主要是有形动产租赁服务外的现代服务业以及增值电信服务。

对于一些特定纳税人来说，不应该叫作税率，而是叫作征收率。征收率为3%的项目包括自来水(可选择11%，也可选择3%)、小型水力发电单位生产的电力、部分建材产品和生物制品、寄售、典当和拍卖商品、销售旧货、公共交通运输营改增个别应税服务；征收率为5%的项目为中外合作开采的原油、天然气。

4. 实行价外计算办法

当时增值税的基本税率(17%)是在原有的产品税、增值税和营业税的基础上转换而来的，原来的产品税、增值税、营业税三税都是价内税，即价税合一，以含税价格作为计税依据。增值税则实行价外税，即将原来含税价格中的价和税分开，并以不含税价格作为计税依据，在零售以前各环节销售商品时，专用发票上要求分别填写税金和不含税金的价格。据测算，原商品的含税价格中税款所占的比重平均为14.5%左右，即100元的商品价格中大体包含税款14.5元。而增值税实行价外计税办法以后，首先要求按现行税率将原含税价格换算为不含税价格，计算公式是：含税价格÷(1+税率)，即100元÷(1+17%)=85.5元，应缴税款则是85.5元×17%=14.5元。因此，由于实行价外计税办法，实行17%的基本税率，从国民经济整体来看，仍保持原来的总体税负水平，并不意味着在原含税价格(100元)之外另加17%的税金。在零售环节，消费者购买的商品为自己使用，已不存在税款抵扣问题，为了照顾我国广大消费者的习惯心理，零售环节仍实行价税合一的办法。

5. 按购进扣税法计算应纳税额，实行根据发票注明税金进行税款抵扣的制度

应纳税额=当期销项税额－当期进项税额

销项税额=销售额×税率

准予从销项税额中抵扣的进项税额为下列扣税凭证上注明的增值税额：从销售方取得的增值税专用发票上注明的税额；从海关取得的完税凭证上注明的税额。购进免税农产品原材料从2002年1月1日起准予按照买价和13%的扣除率计算进项税额，从当期销项税额中扣

除。外购货物(固定资产除外)所支付的运输费用,以及一般纳税人销售货物所支付的运输费用,根据运费金额7%的扣除率计算进项税额,但随同运费支付的装卸费、保险费等其他杂费不得计算进项税额。外购的资本性固定资产中所含的税款,计算应纳税额时不得扣除。据此,我国1994年税制改革实行的增值税属于生产型增值税。

三、消费税

(一)课税对象和纳税人

消费税是1994年工商税制改革中新设置的一种商品课税。对烟、酒、汽油等消费品实行高税率或单独设置税种课以较重的税收,是国际上普遍的做法。从1994年税制改革方案的设计上看,消费税的收入由从原税制的产品税、增值税中分离出来的一部分收入所构成,属于新老税制收入的转换,并不是额外向消费者再加一道税。征收消费税商品的价格中,过去就含有产品税、增值税,而且比例相对较高,现在按照统一税率征收增值税后,对这些商品征收的税款比过去减少,把减少的税款通过设置消费税这个税种进行单独征收,并没有增加这些商品的总体税收负担。也就是说,征收消费税的消费品基本上维持了改革前的税负水平。消费税法规定,消费税的课税对象是消费品的销售收入,凡从事生产和进口应税消费品的单位和个人均为消费税的纳税人。在对商品普遍征收增值税的基础上,选择少数消费品再征收一道消费税,主要的作用是调节消费结构和消费方向,治理污染和保护环境,保证国家的财政收入。

(二)消费税征税范围

(1)流转税制格局调整后税收负担下降较多的产品,如烟酒。

(2)非生活必需品中一些高档、奢侈的消费品,如化妆品等。

(3)从保护身体健康、生态环境等方面的需要出发,寓禁于征,不提倡也不宜过度消费的某些消费品,如烟花爆竹。

(4)一些特殊的资源性消费品,如汽油等。

(三)税率

消费税税率为两种税率形式,三种征税方式,即采用比例税率和定额税率两种基本形式;定额税率、比例税率和比例加定额税率三种征税方式。税率中最高比例税率为56%,最低为1%;定额税率最高为每征税单位250元。

表9—2列示了消费税税率的基本形式及适用应税项目。表9—3列示了最新的消费税税目和税率。

表9—2　　消费税税率的基本形式

税率形式	适用应税项目
定额税率	啤酒;黄酒;成品油
比例税率和定额税率复合计税	白酒;生产、进口、委托加工卷烟
比例税率	批发卷烟;除啤酒、黄酒、成品油、卷烟、白酒以外的其他各项应税消费品

表9—3　　最新消费税税目税率表

税　目	税　率
一、烟	

续表

税 目	税 率
1. 卷烟	
(1)甲类卷烟[调拨价70元(不含增值税)/条以上(含70元)]	56%加0.003元/支(生产环节)
(2)乙类卷烟[调拨价70元(不含增值税)/条以下]	36%加0.003元/支(生产环节)
(3)商业批发	11%(批发环节)
2. 雪茄烟	36%(生产环节)
3. 烟丝	30%(生产环节)
二、酒及酒精	
1. 白酒	20%加0.5元/500克(或者500毫升)
2. 黄酒	240元/吨
3. 啤酒	
(1)甲类啤酒	250元/吨
(2)乙类啤酒	220元/吨
4. 其他酒	10%
5. 酒精	5%
三、化妆品	30%
四、贵重首饰及珠宝玉石	
1. 金银首饰、铂金首饰和钻石及钻石饰品	5%
2. 其他贵重首饰和珠宝玉石	10%
五、鞭炮、焰火	15%
六、成品油	
1. 汽油	
(1)含铅汽油	1.52元/升
(2)无铅汽油	1.52元/升
2. 柴油	1.20元/升
3. 航空煤油	1.20元/升
4. 石脑油	1.52元/升
5. 溶剂油	1.52元/升
6. 润滑油	1.52元/升
7. 燃料油	1.20元/升
七、摩托车	
1. 气缸容量(排气量,下同)在250毫升(含250毫升)以下的	3%
2. 气缸容量在250毫升以上的	10%

续表

税　目	税　率
八、小汽车	
1. 乘用车	
(1)气缸容量(排气量,下同)在1.0升(含1.0升)以下的	1%
(2)气缸容量在1.0升以上至1.5升(含1.5升)的	3%
(3)气缸容量在1.5升以上至2.0升(含2.0升)的	5%
(4)气缸容量在2.0升以上至2.5升(含2.5升)的	9%
(5)气缸容量在2.5升以上至3.0升(含3.0升)的	12%
(6)气缸容量在3.0升以上至4.0升(含4.0升)的	25%
(7)气缸容量在4.0升以上的	40%
2. 中轻型商用客车	5%
九、高尔夫球及球具	10%
十、高档手表	20%
十一、游艇	10%
十二、木制一次性筷子	5%
十三、实木地板	5%
十四、铅蓄电池	4%(2016年1月1日起实施)
无汞原电池、金属氢化物镍蓄电池、锂原电池、锂离子蓄电池、太阳能电池、燃料电池和全钒液流电池	免征
十五、涂料	4%
施工状态下挥发性有机物(Volatile Organic Compounds,VOC)含量低于420克/升(含)	免征

(五)计征方法

消费税是价内税,即税金包含在商品价值或价格之内的税。价内税与价外税的最直接的区别在于计算税款的应用公式的区别:

价内税:税款=含税价格×税率

价外税:税款=[含税价格/(1+税率)]×税率=不含税价格×税率

第三节　所得税

一、所得税概述

(一)所得税优点

所得税是对所有以所得额为课税对象的税种的总称。所得税有四个方面的优点:

(1)税负相对公平。所得课税是以纯收入或净所得为计征依据,并一般实行多所得多征、少所得少征的累进征税办法，合乎量能课税的原则。同时，所得课税往往规定起征点、免征额及扣除项，可以在征税上照顾低收入者，不会影响纳税人的基本生活。

(2)一般不存在重复征税问题，不影响商品的相对价格。所得课税是以纳税人的总收入减去准予扣除项目后的应税所得额为课征对象，征税环节单一，只要不存在两个以上课税主体，就不会出现重复征税，因而不致影响市场的运转。所得税的应税所得额不构成商品价格的追加，且不易转嫁，因而一般不会干扰各类商品的相对价格。

(3)有利于维护国家的经济权益。在国际经济交往与合作不断扩大的现代社会，跨国投资和经营的情况极为普遍，于是就必然存在跨国所得。对跨国所得征税是任何一个主权国家都应有的权益，这就需要利用所得税可以跨国征收的天然属性，参与纳税人跨国所得的分配，维护本国权益。

(4)课税有弹性。所得来源于经济资源的利用和剩余产品的增加。从长远来看，随着资源利用效率的提高，剩余产品也会不断增长，因而所得课税不仅税源可靠，而且可根据国家的需要灵活调整，以适应政府支出的增减。

(二)所得税缺点

(1)所得税的开征及其财源受企业利润水平和人均收入水平的制约。

(2)所得税的累进课税方法会在一定程度上压抑纳税人的生产和工作积极性的充分发挥。

(3)计征管理也比较复杂，需要较高的税务管理水平，在发展中国家广泛推行往往遇到困难。

(三)所得税功能

(1)所得税是国家筹措资金的重要手段。2015 年我国企业所得税收入 27 125 亿元，同比增长 10.1%。个人所得税收入 8 618 亿元。随着经济发展和个人收入的提高，所得税收入会逐渐成为我国筹措资金的重要手段。美国第一大税就是个人所得税。

(2)促进社会公平分配。所得税是一种有效的再分配手段。它通过累进课征可以缩小社会贫富和企业之间实际收入水平的差距；通过减税免税对特殊困难的纳税人给予种种照顾，从而缓解社会矛盾，保持社会安宁。所谓税收的社会政策，主要是指所得税政策。

(3)所得税也是政府稳定经济的重要工具。由于所得税的弹性较大，因而政府可以根据社会总供给和总需求的平衡关系灵活调整税负水平，抑制经济波动：当经济增长速度过快，总需求过旺时，提高所得税税负水平；当经济处于萧条时期，社会总需求萎缩时，降低所得税税负水平。由于所得税一般实行累进税率，当经济过热，社会总需求过大时，企业和个人的所得会大幅度增加，原来按较低税率纳税的人要改按较高税率纳税，税收收入会自然增加，从而可以抑制纳税人的投资和消费冲动，维持经济稳定；反之，当经济萧条、纳税人收入下降时，适用税率自动下降，又可以刺激投资和消费，促进经济复苏。具有这种功能的所得税被称为“内在稳定器”和“人为稳定器”。所得税内在的稳定功能，在西方发达国家构成国家财政政策的核心内容。

二、个人所得税

个人所得税是世界各国开征较为普遍的一种税，在中国发展的历史相对较短。1950 年规定了薪金报酬所得税和利息所得税，但前者并未开征，后者也是 1950 年 4 月开征，到 1959 年停征。1980 年 9 月，全国人民代表大会五届三次会议通过了《中华人民共和国个人所得税税法》，正式开征了个人所得税。此后，又对中国公民单独课征个人收入调节税，对个体工商户征收个体工商户所得税。1994 年税制改革中，三税合并为统一的个人所得税。2011 年进行第六次修订，把工资薪金所得的每月的费用扣除标准上调至每月 3500 元，自 2011 年 9 月 1 日起实施。

（一）定义

个人所得税是对我国公民、居民来源于我国境内外的一切所得和非我国居民来源于我国境内的所得征收的一种税。

（二）纳税人

(1)在中国境内有住所，或者无住所而在境内居住满一年的个人，从中国境内和境外取得的所得，依法缴纳个人所得税；

(2)在中国境内无住所又不居住，或者无住所而在境内居住不满一年的个人，从中国境内取得的所得，依法缴纳个人所得税。

（三）课税对象

(1)工资、薪金所得，是指个人因任职或者受雇而取得的工资、薪金、奖金、年终加薪、劳动分红、津贴、补贴以及与任职或者受雇有关的其他所得。

(2)个体工商户的生产、经营所得，是指个体工商户从事工业、手工业、建筑业、交通运输业、商业、饮食业、服务业、修理业及其他行业取得的所得；个人经政府有关部门批准，取得执照，从事办学、医疗、咨询以及其他有偿活动取得的所得；其他个人从事个体工商业生产、经营取得的所得；上述个体工商户和个人取得的与生产、经营有关的各项应税所得。从 2001 年 1 月起，个人独资企业、合伙企业也按此项目征税。

(3)对企事业单位的承包经营、承租经营所得，是指个人承包经营或承租经营以及转包、转租取得的所得。

(4)劳务报酬所得，是指个人独立从事各种非雇用的各种劳务所取得的所得。内容包括：设计、装潢、安装、制图、化验、测试、医疗、法律、会计、咨询、讲学、新闻、广播、翻译、审稿、书画、雕刻、影视、录音、录像、演出、表演、广告、展览、技术服务、介绍服务、经纪服务、代办服务及其他劳务。

(5)稿酬所得，是指个人因其作品以图书、报刊形式出版、发表而取得的所得。

(6)特许权使用费所得，是指个人提供专利权、商标权、著作权（不包括稿酬所得）、非专利技术及其他特许权的使用权取得的所得。

(7)利息、股息、红利所得，是指个人拥有债权、股权而取得的利息、股息、红利所得。利息包括存款利息、贷款利息和各种债券利息，但不包括国债和国家发行的金融债券利息。

(8)财产租赁所得，是指个人出租建筑物、土地使用权、机器设备、车船以及其他财产取得的所得。个人取得的财产转租收入，由财产转租人缴纳个人所得税。

(9)财产转让所得，是指个人转让有价证券、股权、建筑物、土地使用权、机器设备、车船以及其他财产取得的所得。考虑到我国现状，对股票转让所得暂未征税。

(10)偶然所得，是指个人得奖、中奖、中彩以及其他偶然性质的所得。得奖指参加各种有奖竞赛活动，取得名次得到的奖金。中奖、中彩指参加各种有奖活动，如有奖销售、有奖储蓄，或购买彩票经过规定程序抽中、摇中号码而取得的奖金。偶然所得应缴纳的个人所得税税款，一律由发奖单位或机构代扣代缴。

（四）税率

个人所得按照所得项目不同，分为两类税率：超额累进税率和比例税率。

1. 超额累进税率

(1)工资、薪金所得,使用7级累进税率,税率为3%～45%,如表9－4所示。

表9－4　　工资薪金所得适用税率表

级数	全月应纳税所得额(含税级距)	税率(%)	速算扣除数
1	不超过1 500元	3	0
2	超过1 500元至4 500元的部分	10	105
3	超过4 500元至9 000元的部分	20	555
4	超过9 000元至35 000元的部分	25	1 005
5	超过35 000元至55 000元的部分	30	2 755
6	超过55 000元至80 000元的部分	35	5 505
7	超过80 000元的部分	45	13 505

(2)个体工商户的生产、经营所得和对企事业单位的承包经营、承租经营所得,适用5%～35%的超额累进税率,如表9－5所示。

表9－5　　个体工商户的生产经营所得和对企事业单位的承包经营、承租经营所得适用税率表

级数	全年应纳税所得额	税率(%)	速算扣除数
1	不超过15 000元的	5	0
2	超过15 000元至30 000元的部分	10	750
3	超过30 000元至60 000元的部分	20	3 750
4	超过60 000元至100 000元的部分	30	9 750
5	超过100 000元的部分	35	14 750

(3)劳务报酬所得,适用比例税率20%。对劳务报酬所得一次收入畸高的,可以实行加成征收的办法。所谓劳务报酬所得一次收入畸高,是指个人一次取得劳务报酬,其应纳税所得额超过2万元。对应纳税所得额超过2万元至5万元的部分,依照税法的规定计算应纳税额后再按照应纳税额加征五成;超过5万元的部分,加征十成,如表9－6所示。原来的基本税率是20%,加征50%就是在20%的基础上,再增加50%,也就是:20%×(1＋50%)＝30%;加征十成,就是加征100%,也就是20%×(1＋100%)＝40%。

表9－6　　劳务报酬所得税率表

级数	每次应纳税所得额	税率(%)	速算扣除数
1	不超过20 000元部分	20	0
2	超过20 000至50 000元部分	30	2 000
3	超过50 000元部分	40	7 000

2. 比例税率

稿酬所得,特许权使用费所得,利息、股息、红利所得,财产租赁所得,财产转让所得,偶然所得和其他所得,适用20%的比例税率。其中,稿酬所得按应纳税额减征30%,实际税率为

14%。从2001年1月1日起，对个人出租居民住房所得暂减按10%的税率征收。

（五）计税依据

个人所得税的计税依据为应纳税所得额。由于个人所得税的应税项目不同，取得某项所得所需费用也不相同，因此，我国个人所得税采用分项计算法。计算个人应纳税所得额，需按不同应税项目分项计算，以某项应税项目的收入额减去税法规定的该项费用减除标准后的余额为该项应纳税所得额。

（1）工资、薪金所得。工资、薪金所得，以每月收入额减除费用3 500元的余额为应纳税所得额。

应纳税所得额＝每月收入额－3 500（元）

对外籍人员和在境外工作的中国公民的工资、薪金所得，税法规定了附加减除费用的照顾。附加减除费用标准：在每月工资、薪金所得减除3 500元费用的基础上，再减除1 300元，实际减除4 800元。

（2）个体工商户的生产、经营所得。以每一纳税年度的收入总额，减除成本、费用以及损失后的余额为应纳税所得额。

应纳税所得额＝全年收入总额－成本、费用以及损失

（3）对企事业单位的承包经营、承租经营所得，以每一纳税年度的收入总额减去必要费用后的余额，为应纳税所得额。

应纳税所得额＝纳税年度收入总额－必要费用

每一纳税年度的收入总额，是指纳税人按照承包经营合同规定分得的经营利润和工资、薪金性质的所得；减去必要费用是指每月减除3 500元。

（4）劳务报酬所得、稿酬所得、特许权使用费所得、财产租赁所得，每次收入不超过4 000元的，减除费用800元；每次收入在4 000元以上的，减除20%的费用，其余额为应纳税所得额。

（5）财产转让所得，以转让财产的收入额减除财产原值和合理费用后的余额，为应纳税所得额。

应纳税所得额＝收入总额－财产原值－合理费用

财产原值，是指：有价证券，为买入价以及买入时按照规定缴纳的有关费用；建筑物，为建造费或者购进价格以及其他有关费用；土地使用权，为取得土地使用权所支付的金额、开发土地的费用以及其他有关费用；机器设备、车船，为购进价格、运输费、安装费以及其他有关费用；其他财产，参照以上方法确定。合理费用，是指卖出财产时按照规定支付的有关费用。

（6）利息、股息、红利所得，偶然所得和其他所得，以每次收入额为应纳税所得额。

应纳税所得额＝每次收入额

（六）允许免、减项目和扣除项目

捐赠，境外工资，参加的国际公约、签订的国际协议有规定的，省级以上的奖金，国家发的补贴津贴，购买国债的利息，军队转业费、安家费，抚恤金救济金，保险赔款，退休工资，外交人员所得，残疾、孤老、烈属所得，重大自然灾害损失大的人的所得，五险一金等。

（七）征收模式

我国为分类或分项课征模式，国际通常为综合课征制。未来我国的现实选择可能为实行综合与分类相结合的课征模式。

［综合实例］

张某是某设计院的高级职员，2017年全年收入如下：

(1)每月领取工资 8 000 元；

(2)利用休假时间为国内某单位进行工程设计取得收入 60 000 元；

(3)出版专著一本，获得稿酬 50 000 元；

(4)为外国一企业提供一项专利技术的使用权，一次性取得收入 150 000 元，已按收入来源国税法在该国缴纳了个人所得税 20 000 元；

(5)购买国债，获得利息收入 10 000 元；

(6)支出 1 000 元购买体育彩票，获得奖金 100 000 元，将奖金中的 20 000 元通过教育部门捐给农村小学；

(7)到外国讲学，获得收入 80 000 元，已按收入来源国税法在该国缴纳了个人所得税 20 000元。

要求：确定张某在我国 2017 年应缴纳多少个人所得税。

(1)工资所得项目：

每月应纳税所得额＝8 000－3 500＝4 500(元)

全年应纳所得税 (4 500×10%－105)×12＝4 140(元)

(2)工程设计劳务报酬所得项目：工程设计收入 60 000 元已超过 4 000 元，因此计算应纳税所得额时应减除费用 20%。

应纳税所得额＝60 000×(1－20%)＝48 000(元)

应纳所得税＝48 000×30%－2 000＝12 400(元)

(3)稿酬所得项目：稿酬收入 50 000 元已超过 4 000 元，因此计算应纳税所得额时应减除费用 20%。

应纳税所得额＝50 000×(1－20%)＝40 000(元)

稿酬所得税按应纳税额减征 30%，

应纳所得税＝40 000×20%×(1－30%)＝5 600(元)

(4)特许权使用费所得项目：从外国取得专利技术使用费 150 000 元已超过 4 000 元，按我国税法规定计算应纳税所得额时应减除费用 20%。

应纳税所得额＝150 000× (1－20%)＝120 000(元)

应纳所得税＝120 000×20% ＝24 000(元)

按我国税法规定，其取得的专利技术特许权使用费所得应纳税 24 000 元，因已在国外交纳 20 000 元，因此应补税 4 000 元。

(5)购买国债利息不纳税。

(6)偶然所得项目：因为公益救济性捐赠 20 000 元是通过教育部门对农村义务教育的捐赠，因此可以全额扣除。

应纳税所得额＝100 000－20 000＝80 000(元)

应纳所得税＝80 000×20%＝16 000(元)

(7)讲学劳务报酬所得项目：在外国取得讲学收入 80 000 元已超过 4 000 元，因此计算应纳税所得额时应减除费用 20%。

应纳税所得额＝ 80 000×(1－20%)＝64 000(元)

应纳所得税＝64 000×40%－70 00＝18 600(元)

按我国税法规定，其取得的讲学劳务报酬所得应纳税 18 600 元，因已在国外交纳 20 000 元，因此无须补税，也无须退税。但是可以在以后纳税年度的该国家或者地区的扣除限额的余额中补扣，补扣期最长不得超过5年。

张某2017年应纳所得税合计＝4 140＋12 400＋5 600＋4 000＋16 000＝42 140(元)

三、企业所得税

我国的企业所得税曾经按内资、外资企业分别立法，外资企业适用1991年第七届全国人民代表大会第四次会议通过的《中华人民共和国外商投资企业和外国企业所得税法》(以下称《外资税法》)，内资企业适用1993年国务院发布的《中华人民共和国企业所得税暂行条例》(以下称《内资税法》)。自20世纪70年代末实行改革开放以来，为吸引外资、发展经济，对外资企业采取了有别于内资企业的税收政策，实践证明这样做是必要的，对改革开放、吸引外资、促进经济发展发挥了重要作用。加入WTO后，国内市场对外资进一步开放，内资企业也逐渐融入世界经济体系之中，面临越来越大的竞争压力，继续采取内资、外资企业不同的税收政策，必将使内资企业处于不平等竞争地位，影响统一、规范、公平竞争的市场环境的建立。为进一步完善社会主义市场经济体制，有关方面普遍认为，加快内资企业、外资企业(包括中外合资、中外合作、外商独资和外国企业，下同)所得税税制改革进程，尽快出台实施统一的企业所得税法，为各类企业竞争创造公平的税收环境，十分必要。2007年3月16日第十届全国人民代表大会第五次会议通过了《中华人民共和国企业所得税法》，于2008年1月1日起施行。

(一)定义

企业所得税是对在我国境内的企业和其他取得收入的组织(以下统称企业)就其生产经营所得和其他所得征收的一种税。

(二)纳税人

企业所得税的纳税义务人是指在中国境内实行独立经济核算的企业或组织。所谓独立经济核算，是指企业或组织自主从事经济活动，并独立地、完整地进行会计核算。

企业分为居民企业和非居民企业。

居民企业，是指依法在中国境内成立，或者依照外国(地区)法律成立但实际管理机构在中国境内的企业。居民企业应当就来源于中国境内、境外的所得缴纳企业所得税。

非居民企业，是指依照外国(地区)法律成立且实际管理机构不在中国境内，但在中国境内设立机构、场所的，或者在中国境内未设立机构、场所，但有来源于中国境内所得的企业。非居民企业在中国境内设立机构、场所的，应当就其所设机构、场所取得的来源于中国境内的所得，以及发生在中国境外但与其所设机构、场所有实际联系的所得，缴纳企业所得税；非居民企业在中国境内未设立机构、场所的，或者虽设立机构、场所但取得的所得与其所设机构、场所没有实际联系的，应当就其来源于中国境内的所得缴纳企业所得税。

(三)课税对象

企业所得税的征税对象是企业的生产经营所得和其他所得，包括来源于中国境内、境外的所得。

生产经营所得，是指企业从事物质生产、商品流通、交通运输、劳务服务以及经国务院财政部门确认的其他营利事业取得的所得。

其他所得，包括财产转让所得、利息所得、租赁所得、特许权使用费所得、股息、红利以及固定资产盘盈、因债权人原因确实无法支付的应付款项、物资及现金溢余等取得的其他所得。

(四)税率

(1)基本税率25%；低税率20%，实际执行10%税率。

(2)居民企业中符合条件的小型微利企业减按20%税率征税；国家重点扶持的高新技术企业减按15%税率征税。

表9—7列示了企业所得税的税率。

表9—7 企业所得税税率表

<table>
<tr><th colspan="3">纳税人</th><th>税收管辖权</th><th>征税对象</th><th>税率</th></tr>
<tr><td colspan="3">居民企业</td><td>居民管辖权，就其世界范围所得征税</td><td rowspan="2">居民企业、非居民企业在华机构的生产经营所得和其他所得(包括非居民企业发生在中国境外但与其所设机构、场所有实际联系的所得)</td><td rowspan="2">基本税率25%</td></tr>
<tr><td rowspan="3">非居民企业</td><td rowspan="2">在我国境内设立机构、场所</td><td>取得所得与设立机构、场所有联系的</td><td rowspan="3">地域管辖权</td></tr>
<tr><td>取得所得与设立机构、场所没有实际联系的</td><td rowspan="2">来源于我国的所得</td><td rowspan="2">低税率20%(实际减按10%的税率征收)</td></tr>
<tr><td colspan="2">未在我国境内设立机构场所，却有来源于我国的所得</td></tr>
<tr><td colspan="6">优惠税率：居民企业中符合条件的小型微利企业减按20%；国家重点扶持的高新技术企业减按15%税率征税</td></tr>
</table>

(五)计税依据

(1)应纳税额是企业依照规定应向国家缴纳的税款。其计算公式如下：

应纳税额＝年应纳税所得额×税率

(2)应纳税所得额的确认：企业每一纳税年度的收入总额，减除不征税收入、免税收入，各项扣除以及允许弥补的以前年度亏损后的余额，为应纳税所得额。

①企业以货币形式和非货币形式从各种来源取得的收入为收入总额，包括：销售货物收入、提供劳务收入、转让财产收入、股息、红利等权益性投资收益、利息收入、租金收入、特许权使用费收入、接受捐赠收入和其他收入。

②收入总额中的下列收入为不征税收入：财政拨款、依法收取并纳入财政管理的行政事业性收费、政府性基金及国务院规定的其他不征税收入。

③扣除规定：企业实际发生的与取得收入有关的、合理的支出，包括成本、费用、税金、损失和其他支出，准予在计算应纳税所得额时扣除。企业发生的公益性捐赠支出，在年度利润总额12%以内的部分，准予在计算应纳税所得额时扣除。

在计算应纳税所得额时，下列支出不得扣除：向投资者支付的股息、红利等权益性投资收益款项、企业所得税税款、税收滞纳金、罚金、罚款和被没收财物的损失、《企业所得税法》第9条规定以外的捐赠支出、赞助支出、未经核定的准备金支出及与取得收入无关的其他支出。

在计算应纳税所得额时，企业按照规定计算的固定资产折旧，准予扣除。

下列固定资产不得计算折旧扣除：房屋、建筑物以外未投入使用的固定资产；以经营租赁方式租入的固定资产；以融资租赁方式租出的固定资产；已足额提取折旧仍继续使用的固定资产；与经营活动无关的固定资产；单独估价作为固定资产入账的土地；其他不得计算折旧扣除的固定资产。

在计算应纳税所得额时，企业按照规定计算的无形资产摊销费用，准予扣除。

下列无形资产不得计算摊销费用扣除：自行开发的支出已在计算应纳税所得额时扣除的无形资产(发生的研发费用包括：研发人员的工资、差旅费、材料费等，直接计入了管理费用，在缴纳所得税时已经扣除了);自创商誉;与经营活动无关的无形资产;其他不得计算摊销费用扣除的无形资产。

在计算应纳税所得额时,企业发生的下列支出作为长期待摊费用,按照规定摊销的,准予扣除:已足额提取折旧的固定资产的改建支出;租入固定资产的改建支出;固定资产的大修理支出;其他应当作为长期待摊费用的支出。企业对外投资期间,投资资产的成本在计算应纳税所得额时不得扣除。

企业使用或者销售存货,按照规定计算的存货成本,准予在计算应纳税所得额时扣除;企业转让资产,该项资产的净值,准予在计算应纳税所得额时扣除。

④亏损规定:企业在汇总计算缴纳企业所得税时,其境外营业机构的亏损不得抵减境内营业机构的盈利;企业纳税年度发生的亏损,准予向以后年度结转,用以后年度的所得弥补,但结转年限最长不得超过 5 年。

[综合实例]

某企业全年资料如下:主营业务收入 5 600 万元;清理固定资产盘盈收入 55 万元;转让商标使用权收入 150 万元;购买国库券利息收入 10 万元;主营业务成本 3 000 万元(不包括工资);营业费用 240 万元;主营业务税金及附加 310 万元;职工 1 000 人,全年发放工资 1 000 万元;当地政府规定的计税工资标准为月人均 800 元,并已按规定提取了职工工会经费、职工福利费及职工教育经费。一般企业发生的职工福利费支出,不超过工资薪金总额 14%的部分准予扣除;企业拨缴的工会经费,不超过工资薪金总额 2%的部分准予扣除;职工教育经费支出,不超过工资薪金总额 2.5%的部分准予扣除,超过部分准予结转以后纳税年度扣除。应纳税额计算如下:

应纳税所得额=(5 600+55+150)-[3 000+240+310+0.08×1 000×12+0.08×1 000×12×(2%+14%+2.5%)]=1 117.4(万元)

应纳税额=1117.4×25%=279.35(万元)

第四节 财产税

一、课税对象

财产税又称财产课税,是以法人和自然人拥有和归其支配的财产为对象所征收的一类税收。财产税的课税对象一般可分为不动产和动产两大类。不动产如土地和土地上的改良物等;动产又包括有形资产和无形资产,前者如车辆等,后者如股票、债券、借据、现金和银行存款等。遗产税和赠与税就可以针对动产征税。

二、课税形式

对纳税人拥有的财产课征的税收有两种形式:一是个别财产税,即对纳税人拥有的某些财产分别课税,这类财产税的课税对象一般为纳税人拥有的土地、房屋、机器设备等;二是一般财产税,又称财富税,它是对纳税人的全部财产(少数生活必需品可以免税)减去负债后的价值余额按照统一的税率表进行课征的一种财产税。

三、财产课税的特征和作用

(1)课税比较公平。个人拥有财产的多寡往往可以反映他的纳税能力,对财产课税符合量能纳税原则。

(2)具有促进社会节约的效能。对财产的课税可以促进社会资源合理配置,限制挥霍和浪费。

(3)课税不普遍,且弹性较差。这是财产课税固有的缺陷。财产课税只能选择性征税,不可能遍及所有财产,因而征税范围较窄。同时,由于财产增长需要较长时间,速度较慢,弹性较差,因而财产课税不可能作为一个国家的主要税种,一般作为地方政府的主要收入来源。

(4)对社会财富的存量课税。作为课税对象的财产大多是不直接参与流转和交易的财产。

财产课税虽然在组织收入、调节公平和促进效率等方面发挥了一定的作用,但由于财产课税存在一些难以避免的缺陷,如收入缺乏弹性、难以普及到无形资产、妨碍资本形成、财产估价困难等,使得财产税在整个税收体系中的地位有逐渐下降的趋势。在现代社会,财产课税已不可能成为国家的主要税种。但是,财产课税作为现代国家的三大税收体系之一,部分地弥补了商品课税和所得课税的不足,成为税收制度的重要组成部分,在筹集财政收入、公平社会财富分配等方面仍然发挥着其他税系所无法取代的作用。

四、主要税种

(一)房产税

房产税是以房屋为征税对象,按房屋的计税余值或租金收入为计税依据,向产权所有人征收的一种财产税。

现行房产税制度有以下几个要点:

(1)纳税人一般是房屋的产权所有人,具体包括产权所有人、经手人、承典人、代管人或使用人。

(2)征收范围为城市、县城、建制镇和工矿区,农村不征。

(3)税率。我国房产税实行比例税率,按房产余值计征的,税率为1.2%,目前主要对企业征收,个人住房的房产税在2011年的上海、重庆等地进行了试点;按房产租金收入计征的,税率为12%。从2001年1月1日起,对个人按市场价格出租的居民住房,用于居住的,可暂减按4%的税率征收。

(4)应纳税额的计算。房产税应纳税额的计算分为以下两种情况。

以房产余值为计税依据的:应纳税额=房产余值×1.2%

以房产租金收入为计税依据的:应纳税额=房产租金收入×12%

(二)车船税

车船税是对在中华人民共和国境内依法在车船管理部门登记的车辆、船舶征收的一种财产税。

现行车船税制度有以下几个要点:

(1)纳税人是车辆、船舶的所有人或管理人。

(2)征收范围具体可分为车辆和船舶两大类。其中,车辆为机动车,包括载客汽车、载货汽车、三轮汽车、低速货车、摩托车专项作业车和轮式专用机械车;船舶为机动船和非机动驳船。

(3)税率。车船税实行幅度定额税率,对各类车船分别以辆、净吨位或自重吨位为计税标准。

表 9—8　　2012年的车船税(核定载客人数9人(含)以下乘用车部分)

1.0升(含)以下	60元至360元
1.0升以上至1.6升(含)	300元至540元
1.6升以上至2.0升(含)	360元至660元
2.0升以上至2.5升(含)	660元至12 00元
2.5升以上至3.0升(含)	1 200元至2 400元
3.0升以上至4.0升(含)	2 400元至3 600元
4.0升以上	3 600元至5 400元

(4)应纳税额,计算公式为:

载货汽车、三轮汽车、低速货车应纳税额=自重吨位数×适用单位税额

载客汽车、摩托车应纳税额=车辆数×适用单位税额

船舶应纳税额=净吨位数×适用单位税额

(三)土地增值税

土地增值税是以土地为课税对象,以土地增值额为课税标准而征收的一种税。

土地属于不动产,对土地课税是一种古老的税收形式,也是当代各国普遍征收的一种财产税。对土地征税,依据税基不同,大致可以分为两大类:一类是财产税性质的土地税,以土地的数量或价值为税基,实行从量计税或采用从价计税,如我国历史上的田赋、地亩税、地价税等;另一类是收益税性质的土地税,可以对一定时期内土地价格的增加部分征税,也可以对出卖土地的价格高于购入价格的差额部分进行征税,如土地收益税、土地增值税等。

我国现行土地增值税制度有以下几个要点:

(1)纳税人。我国土地增值税的纳税人是对有偿转让国有土地使用权及地上建筑物和其他附着物产权(简称转让房地产)取得增值性收入的单位和个人。不分经济性质,不分内外资企业及中外籍人员,不论是专营还是兼营房地产,只要在中华人民共和国境内转让房地产并取得收入的单位和个人,都是土地增值税的纳税义务人。

(2)征税对象。土地增值税的征税对象,是转让国有土地使用权、地上建筑物及其附着物所取得的收入,减除相关的成本、费用及税金后的余额,即转让房地产的增值额。

(3)税率。土地增值税实行四级超额累进税率,如表9—9所示。

表 9—9　　土地增值税率表

级数	计税依据	适用税率	速算扣除率
1	增值额未超过扣除项目金额50%的部分	30%	0
2	增值额超过扣除项目金额50%、未超过扣除项目金额100%的部分	40%	5%
3	增值额超过扣除项目金额100%、未超过扣除项目金额200%的部分	50%	15%
4	增值额超过扣除项目金额200%的部分	60%	35%

注:纳税人建设普通住宅出售的,增值额未超过扣除金额20%的,免征土地增值税。

(4)应纳税额。其计算公式为:

应纳税额＝增值额× 适用税率－扣除项目金额× 速算扣除系数

（四）城镇土地使用税

城镇土地使用税是以城镇土地为征税对象，对在城镇范围内拥有土地使用权的单位和个人征收的一种税。

我国现行城镇土地使用税征收制度有以下几个要点：

（1）纳税人。凡在城市、县城、建制镇、工矿区范围内使用土地的单位和个人都是纳税人。

（2）征收范围。为城市、县城、建制镇、工矿区范围内的国家所有和集体所有的土地，农村不征。

（3）税率。城镇土地使用税实行定额税率，按大、中、小城市和县城、建制镇、工矿区分别规定每平方米土地使用税的年应纳税额。具体如下：大城市 1.5～30 元，中城市 1.2～24 元，小城市 0.9～18 元，县城、建制镇、工矿区 0.6～12 元。

（4）应纳税额，计算公式为：

全年应纳税额＝计税土地面积× 适用税额

（五）契税

契税是以所有权或使用权发生转移变动的房屋和土地为征税对象，向产权承受人征收的一种税。因房地产的产权发生转移，一般都要书立契约，契税因此而得名。

契税具有财产转移税的特点，并且由产权承受人缴纳，对于增加土地财政收入、保护合法产权、避免产权纠纷等具有一定意义。

我国现行契税征收制度有以下几个要点：

（1）纳税人是在中华人民共和国境内转移土地、房屋权属，承受的单位和个人。

（2）征收范围为发生土地使用权和房屋所有权转移的土地和房屋，具体包括国有土地使用权的出让和转让、房屋的买卖、赠与和交换等。

（3）税率。契税实行 3%～5%的幅度比例税率。

（4）应纳税额。其计算公式为：

应纳税额＝计税依据×适用税率

第五节　其他税种

一、资源税

（一）资源税概述

资源税是一种以各种自然资源为课税对象的税。自然资源是指天然形成、自然存在的物质资源，是大自然对人类无偿赐予的物质财富，一般包括土地、海洋、森林、草原、水、矿藏以及生物资源等。

资源税有两种课征方式：一是以自然资源本身为计税依据，这种自然资源必须是私人拥有的；二是以自然资源的收益为计税依据，这种自然资源往往为国家所有。前一种资源税实质上就是财产税，即对纳税人拥有的自然财富的课征，它与对纳税人拥有的其他形式财产的课税并没有根本的差别。很多国家的自然资源为私人拥有，因而这些国家只有财产税而没有资源税。

(二)我国现行资源税

我国开征资源税的主要目的是,促进资源的合理开发和利用,调节资源级差收入,促进企业平等竞争,并体现国有资源有偿使用的原则。

我国现行资源税有以下特点:

(1)征税范围小。我国现行资源税征税范围仅包括矿产资源,征税品目有原油、天然气、煤炭、其他非金属矿原矿、黑色金属矿原矿、有色金属矿原矿和盐,征税范围窄小。

(2)征税目的主要是调节资源级差收入。我国资源税的立法目的是,调节资源开采企业因资源开采条件的差异所形成的级差收入,为资源开采企业之间开展公平竞争创造条件。为此,采用了对不同资源条件以及利润水平的企业区别对待的原则,实行差别较大的比例税率。

(3)从量定额计税,在开采或生产销售环节征收,计算征收简便。我国现行资源税对在我国境内开采或生产应税资源的单位和个人征收,以应税产品的销售数量为计税依据,从量定额计税,计算征收简便。

从资源税的改革方向看,由于我国资源类初级产品价格普遍偏低,资源粗放开采和浪费使用问题严重,为了促进资源的合理开采和节约使用,保持经济的可持续发展,应配合资源产品的价格调整,改从量计税为从价计税,并扩大资源税的征税范围,有计划地将土地、海洋、森林、草原、水等自然资源列入征税范围,以充分发挥其促进资源合理开发和节约使用的作用。

(4)纳税人。我国现行资源税的纳税人为在我国境内开采或生产应税资源的单位和个人。

(5)征税范围。资源税的征税范围包括所有矿产资源,征税品目有原油、天然气、煤炭、其他非金属矿原矿、黑色金属矿原矿、有色金属矿原矿和盐,共7个税目。

(6)税率。资源税实行定额税率,即固定税额。按产品类别设置有上下限的幅度税额,同类产品资源条件不同,税额也不相同,如表9—10所示。

表9—10　　资源税税率表

税　目		税　率
一、原油		销售额的5%~10%
二、天然气		销售额的5%~10%
三、煤炭	焦煤	每吨8~10元
	其他煤炭	每吨0.3~5元
四、其他非金属矿原矿	普通非金属矿原矿	每吨或者每立方米0.5~20元
	贵重非金属矿原矿	每千克或者每克拉0.5~20元
五、黑色金属矿原矿		每吨2~30元
六、有色金属矿原矿	稀土矿	每吨0.4~60元
	其他有色金属矿原矿	每吨0.4—30元
七、盐	固体盐	每吨10~60元
	液体盐	每吨2~10元

(7)计税方法。资源税实行定额税率,即固定税额。按产品类别从量定额计算征税,决定了资源税以课税数量作为计税依据,其计算公式如下:

应纳税额=课税数量×适用的单位税额

二、行为税

行为税是国家为了对某些特定行为进行限制或开辟某些财源而课征的一类税收，如：针对一些奢侈性的社会消费行为，征收娱乐税、宴席税；针对牲畜交易和屠宰等行为，征收交易税、屠宰税；针对财产和商事凭证贴花行为，征收印花税。行为税收入零星分散，一般作为地方政府筹集地方财政资金的一种手段。行为课税的最大特点是征纳行为的发生具有偶然性或一次性。

目前，我国行为税的主要税种有城市维护建设税、印花税、耕地占用税、车辆购置税。

（一）城市维护建设税

城市维护建设税，简称城建税，是我国为了加强城市的维护建设，扩大和稳定城市维护建设资金的来源，对有经营收入的单位和个人征收的一个税种。城市维护建设税与其他税种不同，没有独立的征税对象或税基，而是以增值税和消费税实际缴纳的税额为计税依据，随二者同时附征，属于它们的附加税。但是，海关对进口产品征增值税、消费税的，不征收城市维护建设税；对出口产品退还增值税、消费税的，不退还已缴纳的城市维护建设税。

城市维护建设税税款专款专用，用来保证城市的公共事业和公共设施的维护和建设，因此，它是一个具有特殊用途的目的税。

我国现行城市维护建设税征收制度要点如下：

(1)征税范围。城市维护建设税的征税范围包括城市、县城、建制镇以及税法规定征收增值税和消费税的其他地区。

(2)纳税人。城市维护建设税的纳税人是缴纳增值税、消费税的单位和个人。不论是单位和个人，只要缴纳了增值税、消费税中的任何一种税，都必须同时缴纳城市维护建设税。外商投资企业和外国企业暂不缴纳城市维护建设税。

(3)税率。按照纳税人所在地的不同，实行地区差别比例税率。纳税人所在地在城市市区的税率为7%，在县城、建制镇的税率为5%，不在城市、县城、建制镇的税率为1%。

(4)应纳税额。其计算公式为：

应纳税额＝实际缴纳的增值税、消费税之和×适用税率

（二）印花税

印花税是对经济活动和经济交往中书立、使用、领受具有法律效力的凭证的单位和个人征收的一种税。印花税是一种具有行为税性质的凭证税，凡发生书立、使用、领受应税凭证的行为，就必须依照印花税的有关规定履行纳税义务。

我国现行印花税征收制度有以下几个要点：

(1)征税范围。印花税征税范围广泛，凡税法列举的合同或具有合同性质的凭证、产权转移书据、营业账簿及权利许可证照，都必须依法纳税。现行印花税的应税凭证有13个税目，涉及经济活动的各个方面。

(2)纳税人。纳税人是在中国境内书立、使用、领受《印花税暂行条例》所列举的凭证并应依法履行纳税义务的单位和个人。具体包括立合同人、立据人、立账簿人、领受并持有权利许可证照的人，以及在国外书立、领受但在国内使用凭证的该凭证的使用人。值得注意的是，对应税凭证，凡有两方或两方以上当事人共同书立的，其当事人各方都是印花税的纳税人，应各就其所持凭证计税金额履行纳税义务。

(3)税率。印花税共有13个税目，2种形式，即比例税率和定额税率，如表9－11所示。

表 9—11 印花税税目税率表

税　目	范　围	税　率	纳税人	说　明
1. 购销合同	包括供应、预购、采购、购销结合及协作、调剂、补偿、易货等合同	按购销金额 0.3‰贴花	立合同人	
2. 加工承揽合同	包括加工、定做、修缮、修理、印刷、广告、测绘、测试等合同	按加工或承揽收入 0.5‰贴花	立合同人	
3. 建设工程勘察设计合同	包括勘察、设计合同	按收取费用 0.5‰贴花	立合同人	
4. 建筑安装工程承包合同	包括建筑、安装工程承包合同	按承包金额 0.3‰贴花	立合同人	
5. 财产租赁合同	包括租赁房屋、船舶、飞机、机动车辆、机械、器具、设备等	按租赁金额 1‰贴花。税额不足 1 元的按 1 元贴花	立合同人	
6. 货物运输合同	包括民用航空、铁路运输、海上运输、内河运输、公路运输和联运合同	按运输收取的费用 0.5‰贴花	立合同人	单据作为合同使用的，按合同贴花
7. 仓储保管合同	包括仓储、保管合同	按仓储收取的保管费用 1‰贴花	立合同人	仓单或栈单作为合同使用的，按合同贴花
8. 借款合同	银行及其他金融组织和借款人(不包括银行同业拆借)所签订的借款合同	按借款金额 0.05‰贴花	立合同人	单据作为合同使用的，按合同贴花
9. 财产保险合同	包括财产、责任、保证、信用等保险合同	按保险费收入 1‰贴花	立合同人	单据作为合同使用的，按合同贴花
10. 技术合同	包括技术开发、转让、咨询、服务等合同	按所载金额 0.3‰贴花	立合同人	
11. 产权转移书据	包括财产所有权和版权、商标专用权、专利权、专有技术使用权等转移书据	按所载金额 0.5‰贴花	立据人	
12. 营业账簿	生产经营用账册	记载资金的账簿，按实收资本和资本公积合计金额 0.5‰贴花。其他账簿按件贴花 5 元	立账簿人	
13. 权利、许可证照	包括政府部门发给的房屋产权证、工商营业执照、商标注册证、专利证、土地使用证	按件贴花 5 元	领受人	

(4)应纳税额。其计算公式为：

应纳税额＝应税凭证的计税金额(或应税凭证件数)×适用税率

(三)耕地占用税

耕地占用税是对占用耕地建房或从事其他非农业生产建设的各类企业、单位和个人征收的一种税。征收耕地占用税的目的是为了保护耕地，抑制耕地被乱占滥用。

我国现行耕地占用税制度要点如下：

(1)征税范围。征税范围是一切用于建房或从事其他非农业生产建设的耕地，包括国家所有和集体所有的耕地。

(2)纳税人。纳税人是占用耕地建房或从事其他非农业生产建设的单位和个人。

(3)税率。耕地占用税采用幅度地区差别定额税率，从量征收。

人均耕地不超过1亩的地区(以县级行政区域为单位，下同)，每平方米为10～50元；

人均耕地超过1亩但不超过2亩的地区，每平方米为8～40元；

人均耕地超过2亩但不超过3亩的地区，每平方米6～30元；

人均耕地超过3亩以上的地区，每平方米5～25元。

(4)应纳税额。其计算公式为：

应纳税额＝实际占用耕地的面积(平方米)×适用的单位税额

(四)车辆购置税

车辆购置税是以在中华人民共和国境内购置规定的车辆为课税对象，在特定环节向车辆购置者征收的一种税。车辆购置税是对应税车辆的购置行为课征，征税环节选择在使用环节(即最终消费环节)，实行一次课征制。纳税人应在向公安机关等车辆管理机构办理车辆登记注册手续前缴纳车辆购置税。

我国现行车辆购置税制度要点如下：

(1)征税范围。纳税范围是《中华人民共和国车辆购置税暂行条例》规定的应税车辆，包括汽车、摩托车、电车、挂车和农用运输车。

(2)纳税人。纳税人是在中华人民共和国境内购置应税车辆的单位和个人。

(3)税率。实行单一比例税率，税率为10％。

(4)应纳税额。其计算公式为

应纳税额＝计税价格×税率

纳税人购买自用的应税车辆，以纳税人购买应税车辆而支付给销售者的全部价款和价外费用(不含增值税)为计税依据；纳税人进口自用的应税车辆以组成计税价格为计税依据，即计税价格的计算公式为：

计税价格＝关税完税价格＋关税＋消费税

【本章小结】

税收制度经过直接税与间接税的变迁，愈加完善。商品税在我国仍占有主要地位，其中的增值税是我国最主要的税种。个人所得税近年一直是舆论的焦点，企业所得税负是否为我国企业的痛点也争论不断。财产税的开征势在必行，其他税种也在更新和调整。

【思考题】

1. 辨析题：土地增值税是增值税的一种。

2. 知识应用题：安德鲁·卡内基、比尔·盖茨、巴菲特都是美国和世界上的顶级慈善家，请结合财产税分析，为什么美国容易诞生超级慈善家，而其他国家则很少出现？

3. 综合论述题：结合我国实际分析，个人所得税应如何改革？

【案例分析】

案例一

国务院常务会议决定扩大营业税改征增值税试点范围。自2012年8月1日起至2012年底，将交通运输业和部分现代服务业"营改增"试点范围，由上海市分批扩大至北京、天津、江苏、浙江、安徽、福建、湖北、广东和厦门、深圳10个省、直辖市和计划单列市。

2016年5月1日起"营改增"全面推行，试点范围扩大到建筑业、房地产业、金融业、生活服务业，并将所有企业新增不动产所含增值税纳入抵扣范围，确保所有行业税负只减不增。

根据统计，上海市有89%的试点企业在改革后税负得到不同程度的下降。如何应对"营改增"带来的好处，享受结构性减税？如何享受出口服务零税率和免税的优惠？如何应对增值税下的纳税申报、会计核算的挑战？无疑让众多试点行业的企业翘首企盼。

此前，对货物和劳务分别征收增值税和营业税，在这种税制结构下增值税纳税人外购劳务所负担的营业税、营业税纳税人外购货物所负担的增值税，均不能抵扣，重复征税问题未能完全消除。中国社科院财贸所主任张斌表示，营业税改增值税从整体上来看，能够降低企业负担。据估算，如果试点扩大到全国，试点行业的税负可能减少约470亿～700亿元。

（资料来源：新华网）

请回答：

(1)为什么进行营业税改增值税的试点？（可结合所学的增值税知识及你所掌握的知识回答）

(2)你对中国目前的结构性减税政策有什么看法？（可结合我国的经济形势来分析）

案例二

上市公司税负榜公布，化工行业税负最高。据媒体对全部A股上市公司的税负情况进行调查，结果显示，就企业性质而言，民企的税负明显高于国企；就行业来看，化工行业税负最高，交运设备行业税负最低；就区域来说，广东省税负最高，青海省最低。

民企高出国企14个百分点。据《投资者报》报道，2010年3月26日，ST成功发布2009年年报，报告显示，公司2009年缴纳所得税2.65亿元，同时公司2009年的利润总额是3.44亿元，两者比值高达77%，公司也因此成为A股所得税税负最重的公司。

调查筛选有4个标准。衡量上市公司税负的税种主要有所得税和流转税，为了简便起见，记者仅就所得税税负做分析。事实上，仅就所得税的税负来看，也有很多比较的指标。在此，此次调查公式为：所得税税负＝所得税/利润总额。第一，提取全部A股过去三年，即2007～2009年的所得税金额和利润总额，由于截至2010年3月31日，共有994家上市公司发布2009年业绩报告，其余尚未出2009年年报公司的数据用2009年三季度数据代替。第二，统计每家上市公司过去三年的所得税和利润总额的平均值，再将每家公司所得税的平均值除以利润总额平均值，所得比值即为该公司的所得税税负。第三，剔除新股。同时，为了保证榜单的科学性，记者统计出A股整体上市公司近三年所得税的平均值，由于有些公司尚未发布年报，所以分开来统计。统计的结果是，已发布年报公司过去三年所得税整体平均值2.3亿元，未发布年报公司，其过去两年及三季度的所得税整体平均值是0.92亿元。以此为筛选标准，我们剔除那些过去三年所得税平均低于2亿元，以及过去两年及三季度所得税平均低于1亿元的公司。第四，经过上述筛选，172家符合条件的公司最终被保留下来。在这些公司中，记者按照税负从大到小的顺序，筛选出排名靠前的50家公司。

平均税负：民企24%，国企10%。在国家"结构性减税"背景下，上市公司的税负有增无减。统计显示，截至2010年3月31日，全部A股公司中，已有994家公司发布2009年年报，这994家公司2009年缴纳所得税总额2 364亿元，同比2008年增长了30%。2008年这994家公司的所得税额仅为1 816亿元。一个极为重要的影响因素不能忽略，那就是在2009年里，上市公司的盈利状况好转了。但事实上，对已发布年报的994家公司的盈利同比情况进行统计，结果发现，其净利润增幅仅为20%，远落后于上市公司31%的所得税额增速。所有的现象都在印证，所谓结构性减税，只是一个口号，上市公司的税负有增无减。同时，数据显示，国企数量不仅多，而且税负明显轻于民企。据现有数据显示，在A股全部的1 700多家上市公司中，具有国企性质的共有992家，占比近六成，国企势力可见一斑。更重要的是，992家国企的平均税负仅为10%，虽然这个数值不算低，但同期民企的平均税负则更高，达到24%，高出国企14个百分点，表明民企税负远远重于国企。

化工行业税负最高。尽管整体上A股公司所得税税负走高，但各个行业所得税税负的轻重，差别还是很大。以全部A股为考察对象，统计结果显示，化工行业的所得税税负最高，平均值达到54.84%。紧随其后的是房地产行业，平均税负达到34%。此外，商业贸易、金融服务和建筑建材行业也都入围高税负前五名。与之相对应的，是税负最低的行业，交运设备行业以−27%的平均税负值，居于税负最低榜的首位，与交运设备行业情况类似的还有电子元器件和餐饮旅游行业，税负平均值均为负值。此外，就上市公司的地理分布来看，也具有明显的特征。其中，广东省以30%的平均所得税税负，居于全国各省(份)所得税税负榜的首位，紧随其后的是西藏，其平均所得税税负为28%，此外还有天津市、吉林省以及重庆市都入围前五。而青海省则以−13%的所得税税负，成为全国税负最低的省份，经济发达的上海市则倒数第二，所得税税负仅为0.43%。

著名的企业家曹德旺有关中美投资环境和投资成本的对比的一段话引发社会对中国税率和成本问题的大讨论。一心向佛的曹德旺可能做梦也想不到自己随口而出的一番话，会被当作中国制造业被高税收、高负担"逼走"的有力证据。事实上，就在2011年，福耀集团在中国的投资也远远大于美国，福耀的主要市场和投资依然在中国，曹德旺没有跑，也不会跑。统计数据表明，在制造业尤其是高端制造业领域，转移的趋势并不明显。超过七成的在华美国企业仍将中国视为企业短期投资方面优先考虑的全球三大目的地之一；日本制造业企业对中期有潜力业务发展所在国的选择，中国仍位于第一名；在中国有重大投资计划的受访欧盟企业数目在稳定增长。

(1)说制造业企业税负不高完全是罔顾事实。曹德旺的现身说法是，以他的企业为例，中国的平均税负比美国高35%。但按照财政部财科所所长刘尚希在《环球时报》题为《中国宏观税负不算高，死亡税率太夸张》文章中的说法："如果拿中国的税负与发达国家比，中国的宏观税负其实不算高。但若单就制造业和美国比，中国企业承担的税负的确高些，因为税制不同，美国以家庭、个人缴税为主，企业缴税为辅；而中国主要对企业征收，因此有中国企业缴税更多的印象。这种税制的差异是历史形成的，与不同国家发展阶段的人均收入水平相关联。"刘所长的说法基本属实。他暗示中美税收制度差异的天然合理性，却有意无意中忽略了一些重要因素的变化。这些因素变化正在对中国企业进而对中国经济产生极大的负面作用。如果前几年说中国企业税负和美国相比总体并不高，有一定道理，现在说中国企业尤其是制造业企业税负不高则完全是罔顾事实。这种变化来自于中国绝大部分产品的严重过剩。举个例子。在中国，一件商品如果企业出厂定价100元，加上17%的增值税，售价为117元。如果物料等可抵扣增值税进项花费50元，人工等不可抵扣项花费27元。那么企业可获得毛利是14.5元(117－17－50－50×17%－27)。中国现行的以增值税为主的税收制度诞生于1994年1月1日。供给侧结构性改革拉开大幕两年来，在政府改革层面，营改增等政策已初见成效，但真正触及利益调整痛处又必须痛下决心的一块"硬骨头"仍在，这就是财税体制改革。迄今为止，财税体制改革措施都是基于原有税收理念和税收体制框架下的修修补补。将间接征税为主向直接征税为主过渡，逐渐增加直接税比重的目标被无限期搁置。其实，即使放在一二年前，曹德旺在美国办厂也会被当作中国企业"走出去"在海外攻城略地的成功典范，尤其在最发达国家的市场被地方政府如此敲锣打鼓地招商引资，是一件十分长脸的事情。用国家对外投资的产业政策来衡量，福耀玻璃这种产能过剩的企业"走出去"投资海外，属于国家的鼓励范围。然而，随着近几个月来资本外流的不断加速和经营困难的企业增多，正常的对外投资也很容易被和资本外流搅和在一起。事实上，要分清哪些资金是出于企业主动走出去拓展业务，哪些资金是因为汇率和国内投资环境变化的资本外流，并不是一件容易的事。按照曹德旺的说法，美国的人工成本是中国的2.57倍，比中国贵，但可以通过自动化生产线减少人员。相比之下，其他没有哪一项比中国贵，中国物流成本是美国的2倍，银行借款成本是美国的2.4倍，天然气成本是美国的2倍以上，这些都是制造成本，美国最吸引人的地方是土地几乎不要钱，买厂房花了1 500万美元，政府补贴了1 600万美元，就算是买土地，工业用地相当于2万元人民币每亩，不到中国县级开发区的1/10，还是永久产权。

(2)现行税收体制实际上是一种"惩罚性"机制。按照现行税制，企业一旦开始营业就面临税收问题。在一份《税收与企业成长性》报告中，按企业支付的各项税费占税前利润的比例，在以中小企业为主的新三板中，企业综合税负达到138.89%，表明企业所缴的各项税费(按现金流计算实际发生)远高于企业的税前利润。另外从创业板来看，公司综合税负急剧上升，表明中小企业负担逐渐加重。因此，现行税收体制对中小企业和创业企业实际上是一种"惩罚性"机制，企业规模越小，企业建立时间越短，需要承担的间接税相对成本越高。这对民间创业无疑会起到阻碍作用。另外，对那些有志于通过技术创新实现转型升级的企业来说，现有税制体系也可能处于"负激励"状态。企业为创新研发所产生的各项费用，很难在短期内产生利润，却一样需要缴纳流转税。而在以直接税为主体的税制中，企业只有获得利润才需要缴纳税收。经济学界给企业"减税"的提议之所以无法大规模实施，根本原因在于，在现有税制下，如果没有建立起现代税收基础信息系统，很难增加更多的直接税收入。减税将直接导致财政收入的减少，而国家需要用钱的地方很多。但是，启动从间接税为主向直接税为主的税制改革已经迫在眉睫。实行直接税有诸多好处。直接税更加符合税负公平和量能纳税的原则，对社会财富的再分配和社会保障的满足具有特殊的调节作用。直接税采用累进结构，根据企业利润和私人所得的多少决定其负担水平。同时，直接税采用累进税率，政府可以更精准地实现对创业的鼓励和对企业研发和创新的扶持。如果能通过税制改善和降低税率，减轻中小企业税负痛苦，则可以在中国经济增长进入换档期的背景下，保护和释放中小企业的成长空间和创新活力，使经济转型代价更小。当然，转变税制，对税务主管部门和税务工作者是一个苦差事，但这一步改革事关经济转型成败，是一块无法也不应绕过的"硬骨头"。

(3)中国依旧是拥有最理想环境的制造业国家。从表象上看，随着中国劳动力价格的攀升，制造业尤其是低端制造业向劳动力价格更低的国家和地区转移的过程正在发生。一些轻纺产品撤离中国的迹象十分明显，例如越南已经超过中国成为耐克最大生产基地。过去的几十年，发达国家不断向劳动力成本更低的发展中国家转移制造业。先是轻纺工业，之后是电子工业、重化工业和装备制造业，造成了产业空心化，美国尤其明显。但一场金融危机让发达国家醒过味来，没有制造业的支撑，只靠服务业很难保持经济的可持续发展。吸引制造业回归成为新的国策。奥巴马在国情咨文中反复强调，为了让美国经济“基业长青”，美国必须重振制造业，鼓励企业家把制造业工作岗位重新带回美国。同时日本也试图出台激励措施避免产业空心化带来的一系列经济和社会问题。但现实的情况是，重振制造业对发达国家来说恐怕是覆水难收。中国已经在制造业领域占据了极佳的位置，成为全球制造业提供最理想环境的国家。在笔者主持过的一个制造业主题的论坛上，参加讨论的有来自中、美、德、日制造业世界四强的企业家。笔者向他们提出问题：是否打算将部分制造基地转移到劳动力成本更低的发展中国家或者发达国家？结果没有一个人举手。笔者接下来问，他们有没有计划在中国增加更多的投资，或者设置更多的工厂？结果所有的人都举起了手。他们当中有生产多种机电产品的西门子公司，生产机械通用标准件轴承的美国铁姆肯公司，生产汽车喷漆和检测设备的德国杜尔公司，生产化工产品和材料的日本三菱化学公司，以及被吉利收购的沃尔沃汽车集团和典型的本土企业沈阳机床集团，涵盖范围非常广泛，都是典型的高端制造业公司。统计数据也表明，在制造业尤其是高端制造业领域，所谓转移或者回流的趋势并不明显。据中国美国商会调查，超过七成的在华美国企业仍将中国视为企业短期投资方面优先考虑的全球三大目的地之一；日本国际协力银行的《日本制造业企业海外业务发展调查报告》显示，日本制造业企业对中期有潜力业务发展所在国的选择，中国仍位于第一名；中国欧盟商会《商业信心调查》亦显示，表示在中国有重大投资计划的受访欧盟企业数目在稳定增长。劳动力成本的升高固然是企业投资需要考虑的因素之一，但在高端制造领域，这并不是决定投资的主要因素。虽然近年来中国劳动力成本提高迅速，但综合来看，劳动力成本大体只占总产值的10%左右。与此同时，中国的蓝领工人和工程师的性价比要远高于大部分发展中国家和发达国家。沃尔沃集团中国区总裁童志远认为，尤其是中国的工程师水平，如果跟德国、欧洲、美国比，优势明显。在笔者看来，中国之所以在制造业上有这么快的提升，一方面，如同大家普遍看到的那样，中国有大量廉价的、敬业的蓝领工人；另外一方面，被长期忽略的事实是中国庞大的高素质工程师资源，这是全世界其他发展中国家所完全不具备的，这是中国制造业竞争力非常重要的元素。从20世纪50年代开始，中国普遍推行苏联式的高等教育，开设了大量的工科院校，培养了大批机械、化工、电子等高素质的工程师队伍，在全世界各国的高等教育体系中，这在其他发展中国家里是很难见到的。据统计，近年来中国大学授予的第一学位在科学与工程领域的近一半，美国这一比例只有33%。全球科学与工程领域的大学第一学位授予总量约为640万，其中23.4%在中国，欧盟占12%，美国只占9%。当世界制造业中心向中国转移之后，这些工程师迅速和发达国家的技术对接，消化吸收外国技术的速度十分惊人。中国高铁是这一现象的典型案例。中国工程师和技术工人在几年内就全面消化、吸收了来自世界三个国家的高铁技术，并在此基础上形成再创新的能力，这在其他国家是难以想象的。除了劳动力因素，物流商业环境、基础配套设施、税收商务环境以及本土市场潜力等都是企业需要综合考虑的因素，而中国在这些方面依然具有显著优势。同时，中国辽阔的国土和区域间经济发展的不平衡给产业梯度转移提供了空间，制造业可以从东部转移到中部和西部而不需要转移出国门；在中西部提供生产要素的同时，东部又提供了市场需求，这种综合优势是其他国家无法比拟的。另外，由于以互联网为代表的信息技术的巨大变化，很可能颠覆之前几十年世界制造业转移的基本路径。沈阳机床集团董事长关锡友认为，过去制造业的转移，一个是按照成本，哪儿成本低向哪儿去，另一个是面向市场，市场在哪儿企业向哪儿去。互联网条件下的全球化新趋势和以前相比，有一个本质的差别。随着信息更透明，信息的传递更快捷，通过信息化给客户提供更好的服务。因此，企业更可能留在综合优势明显的地方。人工成本低未必会成为企业选择最重要的因素。中国在劳动力、市场容量、投资环境方面拥有独特优势，加上信息技术的不断推进，过去几十年世界制造业随劳动力成本的提升而进行全球化转移的发展模式，很有可能在中国画上句号。

（资料来源：《济南日报》、搜狐网）

请回答：

(1)材料中所说的税负过重到底是商品税税负重，还是所得税税负重？为什么？

(2)税收是我国财政收入的主要来源，近几年国家一直在进行减税，但是很多企业仍感觉税负较高。请问，如何从税收角度解决企业税负"重"的问题？

【翻转课堂任务列表】

1. 梳理本章知识框架，厘清内在逻辑联系。
2. 理解和掌握本章的重点、难点和热点。
3. 完成本章的课后题。
4. 提交一份学习笔记作业，可以是任务列表中的任务，也可以是学习过程中的"亮考帮"等，为课堂讨论和展示提供支撑。作业评价标准为提交、认真和创新三个等级。

【学习实践】

挑选任一快递小哥，与快递小哥对话，分析营改增背后的财政努力。

第十章　国　债

【内容导读】

1. 为何学？国债是财政收入的一个重要来源，但是与税收相比，国债具有自己的特征。从理论上来看，通过本章的学习能够明白国债的来龙去脉，理解国债对经济发展的重要作用；从实践上来看，通过本章的学习可以更好地理解债务的本质。

2. 学什么？理解国债原理，掌握国债的经济效应和政策功能，了解国债市场及其功能，理解或有债务和隐性债务。

3. 怎么学？通过国债背后的信用加深对国债知识的理解。重点关注国债的经济效应和政策功能。国债市场和其他市场具有共通性，可以联系起来学习。或有债务和隐性债务的具体表现是地方债。

【本章重点、难点和热点】

1. 重点：国债的含义、种类、结构与负担。

2. 难点：国债的经济效应和政策功能。

3. 热点：地方债。

第一节　国债原理

一、国债的含义、产生和发展

（一）国债的含义

在信用经济高度发展的今天，为某种需要而举债已成为十分普遍的经济现象。举债的主体或借债人主要有两类：一是私人和企业；二是政府。私人和企业举借的债务称为民间债务或私债，政府举借的债务称为国债或公债。通常将中央债称为国债，地方债称为公债。国债是整个社会债务的重要组成部分，是中央政府在国内外发行债券或向外国政府和银行借款所形成的国家债务。

与税收相比，国债是一个特殊的财政范畴。它首先是一种非经常性的财政收入，因为国家发行债券或借款实际上是筹集资金，意味着政府可支配的资金的增加。但是，国债的发行必须遵循信用原则：有借有还。发行债券或借款到期不仅要还本，而且要付一定的利息。国债具有偿还性，又是一种预期的财政支出，这一特点与无偿性的税收是不同的。国债还具有认购上的自愿性，除极少数强制国债以外，人们是否认购、认购多少，完全由认购人自己决定，这也和强制课征的税收是不同的。而且，国债还有一定的灵活性，这是指国债发行与否、发行多少等，一般由中央政府根据具体情况灵活加以确定，而非通过法律形式预先规定。

与私债相比，国债又是一个特殊的债务范畴。它与私债的本质区别在于发行的依据或担保物不同。民间借债一般须以财产或收益为担保，人们只有在确信借债者具有履行还本付息的能力的情况下才会出借。而国债的担保物并不是财产和收益，而是政府的信誉，在一般情况下，国债比私债要可靠得多，通常被称为"金边债券"。

（二）国债的产生与发展

从经济形态来看，自然经济以自给自足为主，信用产生缺少经济基础，商品经济与自然经济相对立，商品交换成为主导；而信用经济是商品经济的高级阶段，现行的预收和预付款项都是信用经济的表现。所以说，国债背后隐藏的就是信用。信用有两层含义：一是道德范畴，也是通常所说的诚信；二是经济范畴，可定义为能力。当信用与个人相结合时产生了个人信用，进而发展为企业信用、银行信用，最后上升为国家信用。国家信用代表着国债产生了。国债的产生离不开商品经济和信用经济的发展，如果社会上没有较为充裕的闲置资金，国债就成为无源之水。国债制度是在私债的基础上发展和演变而来的，产生于奴隶社会。到了封建社会，借债规模有所扩大，但发展十分缓慢，加快发展则是在商品经济和信用经济高度发达的资本主义社会。依照马克思的说法，殖民制度以及它的海外贸易和商业战争是公共信用制度的温室。在今天，国债的发展早已远远超出了发达资本主义国家的范围。不管社会制度怎样，不论经济发展水平如何，几乎所有国家都将国债作为政府筹集财政资金的重要形式和发展经济的重要手段。

新中国成立以后，我国的国债发行分为三个阶段：第一阶段是新中国刚刚成立的1950年，当时为了保证仍在进行的革命战争的供给和恢复国民经济，发行了"人民胜利折实公债"。第二阶段是1954～1958年，为了进行社会主义经济建设，分五次发行了"国家经济建设公债"。第三阶段是1979年实行改革开放政策以后，从理论上矫正了所谓"既无内债，又无外债，是社会主义的优越性"的错误观念，积极完善国债制度，科学地确定国债规模，并按照社会主义市场经济的要求，不断地强化国债的作用。

二、国债的种类、结构与负担

（一）国债的种类

现代国家的国债不仅包括各种各样的借款，而且有名目繁多的债券，是一个庞大的债务体系。为了便于国债管理，必须首先对国债进行分类。

1. 以国家举债的形式为标准，国债可分为国家借款和发行债券

国家借款是按照一定的程序和方式，借贷双方共同协商，通过签订借贷协议或合同而形成的债权债务关系。它是一种较早出现的举债形式，具有契约借款、手续简便、筹资成本费用较低、周期较短等优点。但借款通常只能在应债主体较少的条件下进行，因而又有着应用范围较窄、不具普遍性等缺陷，如向国内、外金融机构和外国政府借款等。发行债券是一种由政府发

行的表示债权债务关系内容的有价证券，它以发达的信用制度为基础，具有普遍性、法律保护和持久性等优点，并且应用范围较广，效能较高，所以对民众和企业的借债主要采用这种方式，如世界各国发行的国库券、中长期债券、预付税款债券、国际债券等。但发行债券的主要缺陷是费用较高，并且需要完善的金融市场和证券市场作为基础。

2. 以筹措和发行的地域为标准，国债可分为内债和外债

本章只介绍内债。

3. 以债券的流动性为标准，国债可分为可转让国债和不可转让国债

一般来说，自由转让是国债的基本属性，大多数国家的债券都是可以进入证券市场自由买卖的，但也有一些国家债券不允许公开出售，如美国的“储蓄券”和我国 1984 年以前发行的国库券。

4. 以发行的凭证为标准，国债可分为凭证式国债和记账式国债

凭证式国债是指国家采取不印刷实物券，而用填制“国库券收款凭证”的方式发行的国债，具有类似储蓄又优于储蓄的特点，通常被称为“储蓄式国债”。这种国债是以储蓄为目的的个人投资者理想的投资方式，具有安全性好，保管、兑现方便的特点。记账式国债是利用账户通过电脑系统完成国债发行、兑付的全过程，称为“无纸化国债”，可以记名、挂失，安全性好，发行成本低、发行时间短、发行效率高、交易手续简便，已成为世界各国发行国债的主要形式。

(二)国债的结构

国债的结构，是指一个国家各种性质债务的互相搭配，以及债务收入来源和发行期限的有机结合。

1. 应债主体结构

应债主体的存在是国债发行的前提；应债主体结构实际上就是社会资金或收入在社会各经济主体之间的分配格局，即各类企业和各阶层居民各自占有社会资金的比例。

2. 国债持有者结构或应债资金来源结构

国债持有者结构是各应债主体即各类企业和各阶层居民实际认购和持有国债的比例，又可称为国债资金来源结构。国债持有者结构要受应债主体结构制约，若社会财富分配不均，贫富差距较大，社会资金集中在少数企业和个人手中，国债持有者则比较集中；而若社会财富分配比较平均，社会资金相对分散，国债持有者也必然相对分散。

3. 国债期限结构

以偿还期为标准，国债可分为短期国债、中期国债、长期国债和永久国债。一般而言，短期国债指偿还期在 1 年或 1 年以内的国债，1～5 年(或 1～10 年)称为中期国债，5 年(或 10 年)以上称为长期国债。永久国债是指没有偿还期的国债，只是按年付息，但可以上市流通，随时兑现。改进国债期限结构，对完善国债体系具有重要意义。我国国库券开始发行时期限为 10 年，1985 年调整为 5 年，后又缩短为 3 年，其他种类的国债也大多为 3～5 年。以 3～5 年的中期国债为主的国债期限结构缺乏均衡合理的分布，易于导致国债偿还集中到期，且难以发挥国债的调节作用。对于投资者来说，这种单一的国债期限结构不利于投资者进行选择，很难满足持有者对金融资产期限多样化的需求，其结果必然使国债的形象欠佳，吸引力减弱。从 1994 年起，为了使期限结构合理化，我国已经开始适量发行短期国债和长期国债。发行短期债券，主要是用于平衡国库短期收支，同时作为中央银行公开市场操作的工具；长期国债通常用于周期较长的基础设施或重点建设项目。

（三）国债的负担

1. 国债负担

（1）认购人负担：国债作为认购者收入使用权的让渡，这种让渡虽是暂时的，但对他的经济行为会产生一定的影响，所以国债发行必须考虑认购人的实际负担能力。

（2）政府负担：政府借债是有偿的，政府举债的负担首先是付息，其次是还本。

（3）纳税人负担：不论国债资金的使用方向如何，效益高低，还债的收入来源最终还是税收。

（4）代际负担：由于有些国债的偿还期较长，连年以新债还旧债并不断扩大债务规模，就会形成这一代人借的债转化为下一代甚至几代人负担的问题。

2. 国债的限度

国债的限度，是指国家债务规模的最高额度或指国债适度规模问题。

（1）衡量国债绝对规模的指标：

①历年累计债务的总规模，即国债余额。

②当年发行的国债总额。

③当年到期需还本付息的债务总额。

（2）衡量国债相对规模的指标：

①国债负担率（债务率）：又称国民经济承受能力，是指国债累计余额占国内生产总值（GDP）的比重。国际公认的国债负担率的警戒线为发达国家不超过60%，发展中国家不超过45%。我国2010年为17%（中央）。

②国债依存度：是指当年国债发行额占当年中央财政支出或财政支出的比率。该比率是反映一个国家在一定时期内财政支出中有多少是依赖发行国债筹措资金的指标。国债依存度一般以占中央财政支出25%～30%、占国家财政支出15%～20%为宜。我国2010年国债依存度为17 850/15 989.73＝111%（中央），17 850/89 874.16＝19.9%（全部）。

③国债偿还率：是指某年的国债还本付息额占当年财政收入的比率。《马斯特里赫特条约》（简称《马约》）中规定了10%的警戒线。我国2010年国债偿还率为12 925.03 /83 080＝15.5%。

④赤字率：《马约》规定，成员国财政赤字占当年GDP的比例不应超过3%。2010年我国中央财政赤字占GDP的比重为2.2%。

三、国债发行、还本与付息

（一）国债的发行

（1）直接发行方式。发行主体直接向个人或机构投资者销售国债。

（2）“随买”方式，或称“连续发行方式”。这种方式是发行主体不预先确定发行条件，而是委托销售网点和代理销售机构相机确定，且可随时调整发行条件，调节发行流量。

（3）承购包销方式。这种方式是由发行主体与承销人（如辛迪加集团）共同协商发行条件，签订承销合同，明确双方权利义务关系，由承销人向投资者分销。

（4）公募招标方式。这种方式是通过金融市场公开投标、招标确定发行条件。投标、招标方式也就是通过市场机制确定发行条件，具有较强的适应性和生命力，已经成为当今世界各国的主导发行方式。

目前我国国债发行方式是一种承购包销与招标发行相结合的模式。

(二)国债的还本

国债到期之后,就要依发行时的规定,按期如数还本。国债偿还中的一个重要任务,就是慎重地选择偿还方式。国债本金的偿还数额虽然是固定的,但政府在偿还方式上却有很大的选择余地。可选择的比较简单的国债偿还方式有分期逐步偿还法、抽签轮次偿还法、到期一次偿还法,还有市场购销偿还法和以新替旧偿还法。市场购销偿还法,即在债券期限内,通过定期或不定期地从证券市场上赎回(或称买回)一定比例债券,赎回后不再卖出,使这种债券期满时已全部或绝大部分被政府所持有。这种方式的长处是给投资者提供了中途兑现的可能性,并会对政府债券的价格起支持作用;其短处是政府需为市场购销进行大量繁杂的工作,对从事此项业务的工作人员要有较高的素质要求,因而不宜全面推行。以新替旧偿还法,即通过发行新债券来兑换到期的旧债券,以达到偿还国债之目的。

还本资金来源可以采取如下几种方式:一是设立偿债基金,即通过预算设置"偿债基金"。二是通过预算列支,就是将每年的国债偿还数额作为财政支出的一个项目(如"债务还本")列入当年支出预算。三是举借新债,就是政府通过发行新债券,为到期债务筹措偿还资金,这种偿还方式可以使国债长时间地延续下去。正因为如此,通过发新债还旧债,便成为各国政府偿还国债的基本手段。

(三)国债的付息

国债的付息方式大体可分为两类:一是按期分次支付法。即将债券应付利息,在债券存在期限内分作几次(如每一年或每半年)支付,一般附有息票,债券持有者可按期剪下息票兑付息款。这种方式往往适用于期限较长或在持有期限内不准兑现的债券。二是到期一次支付法。即将债券应付利息同偿还本金结合起来,在债券到期时一次支付。这种方式则多适用于期限较短或超过一定期限后随时可以兑现的债券。

第二节 国债的经济效应和政策功能

一、国债资产效应

(一)李嘉图等价定理

1817 年李嘉图在《政治经济学及赋税原理》第十七章《农产品以外的其他商品税》中表述了如下思想:政府为筹措战争或其他经费,采用征税还是发行公债的影响是等价的。这是"李嘉图等价"思想的来源。罗伯特·巴罗(Robert Barro)在其 1974 年发表的《政府债券是净财富吗?》一文中,用现代经济学理论对李嘉图的上述思想进行重新阐述。李嘉图等价定理这一术语,最早出现在 1976 年詹姆士·布坎南(James Buchanan)发表的题为《巴罗的〈论李嘉图等价定理〉》的评论中。

李嘉图等价定理认为,政府支出是通过发行国债融资还是通过税收融资没有任何区别,即债务和税收等价。其推理并不复杂。李嘉图学派的核心观点是,国债仅仅是延迟的税收,当前为弥补财政赤字发行的国债本息在将来必须通过征税偿还,而且税收的现值与当前的财政赤字相等。李嘉图等价定理的逻辑基础是消费理论中的生命周期假说和永久收入假说。即假定能预见未来的消费者知道,政府今天通过发行国债弥补财政赤字意味着未来更高的税收,通过发行国债而不是征税为政府支出筹资,并没有减少消费者生命周期内总的税收负担,唯一改变的是推迟了征税的时间。根据李嘉图学派的观点，消费者具有完全理性，能准确地预见到无限的未来，他们的消费安排不仅根据他们的现期收入，而且根据他们预期的未来收入，为了支付未来因偿还国债而将要增加的税收，他们会减少现时的消费，而增加储蓄。从本质上说，李嘉图等价定理是一种中性原理：是选择征收一次性总量税，还是发行国债为政府支出筹措资金，对于居民的消费和资本的形成（国民储蓄）没有任何影响。

李嘉图等价定理是否成立，对评价财政政策的效应具有深远的意义。如果李嘉图等价定理成立，即所谓发行国债等于未来的税收，那么以增发国债为手段的扩张性财政政策就不会影响总需求。因为政府发行国债，居民家庭就会减少消费，把由于发债而不增税所增加的可支配收入储蓄起来，以备支付未来与国债等价的税收，这样政府由发债而增加的支出与消费者减少的消费正好相等，总需求不变。扩张性的财政政策是无效的。

李嘉图等价定理是否成立，众多经济学家给出了自己的见解。许多学者从不同角度反驳了李嘉图等价定理。

第一，不是人人都通晓预期模型。李嘉图等价定理的核心假设就是理性预期，人们因为知晓预期模型，会理解现今的国债正是未来的税收而认识到财富减少而减少消费；但是并不是每个人都是知道理性预期模型的，他们意识不到现在的国债要用未来的税收进行弥补，所以理所当然地认为国债也是资产的一部分，不会减少消费。

第二，父母不是都会给孩子留下遗产。李嘉图等价定理认为父母意识到现在的国债是未来的税收，政府会向他们的下一代征收税收，所以会给下一代留下遗产；反对者认为，事实上并不是每一个父母都会给孩子留下遗产的。

第三，债务与税收相比，会增加投资。李嘉图等价定理既然认为债务和税收相等，那么国债和税收对投资的影响就是一样的。实际上，国债利率低于银行贷款利率，投资者可以通过出让国债获得投资资金，这与政府征税而不得不从银行高利率贷款的成本相比更低，所以发行国债会增加投资。

第四，个人并不能完全预见和有充分信息知道未来的税收就一定等于国债。第一点告诉我们，人们可能根本不知道理性预期模型。本点告诉我们，李嘉图等价定理认为人们应该知晓理性预期模型，并能够完全预见和有充分信息知道未来的税收等于国债；但是，即使人们知晓了理性预期模型的存在，也就是知晓未来的税收就是现在的国债，但是他们并不会能够完全预见，也不会有充分信息。换言之，就算某人知道了未来的税收是现在的国债，但是谁知道未来的税收会等于多少现在的国债呢，现在说两者相等，未来也没有足够的信息告诉他是否相等。

第五，大多数税收不是一次总量税。李嘉图定理认为国债等于未来的税收，但是这个税收实际上是一次总量税。一次总量税也称为一次总付税，即一种征收数量固定的税。这种税的特性是纳税人采取任何行动（除了移居国外或自杀）都不能改变他的纳税义务。在实际纳税种类中很少有完全符合一次总付税定义的税种。一次总付税的一个例子是人头税，或许以性别和年龄为基础有所区别，不能以能力、财富、收入或支出为基础；但实际上，一次总付税是很难实现的，目前没有政府征收一次总付税，可能所得税有些一次总付税的特征，但两者性质不同。而考虑商品税的话，一次总付税与商品税更没有任何可比性了，也就无从谈起国债和税收相等了。

（二）国债错觉

李嘉图等价定理不认为国债是资产，而将国债看作是延期的税收。国债的资产效应主要研究国债存量对资产的影响，也就是说，人们是否将手中的国债看作是自己资产的一部分。国债资产效应与李嘉图等价定理是完全相悖的，支持国债资产效应的理论主要是国债错觉。

国债的资产效应与“国债错觉”的概念相联系。“国债错觉”是指国债持有者在持有国债时认为自己的财富增加了，由此可能增加自己的消费需求，因而国债积累与消费的增加相联系。有人对国债错觉在现实中是否存在持怀疑态度，但一般国债理论都是承认国债错觉的存在并以此为前提展开的。国债错觉存在的理由，即把国债当作财富的合理理由：第一，经济发展，消化掉了未来需要征税还国债的税收，国家不需要征税来偿还国债，国债当然就是财富了；第二，国债是未来的税收，在未来负担和当前负担的选择中，人们都通常会选择未来负担，而不是当前负担，即活在当下，把国债当作财富。承认国债的资产效应，也就是否定李嘉图等价定理。

从李嘉图等价定理来看，把国债当作资产或者部分当作资产都是国债错觉。有专家经过经验分析发现，现实经济生活中，国债错觉确实存在，人们会将国债的一部分当作资产。

（三）国债资产效应

国债本身的资产效应原理如下：当经济萧条时，人们收入或普遍较少，经济萎靡不振，通缩可能存在。在此条件下，人们手中所持有的国债并没有减少，从国债角度看，财富效应较大，人们会增加消费。当经济繁荣时，人们收入普遍增加，通货膨胀可能存在。在此条件下，人们手中持有国债的财富效应较小，从国债角度看，人们可能会减少消费。

国债利息的资产效应原理如下：当经济萧条时，利息不变少，可能增加消费；当经济繁荣时，利息不变多，可能减少消费。

国债的资产效应意味着国债本身和利息都有稳定经济的作用。它们都会在经济繁荣时抑制消费，在经济萧条时促进消费，对经济进行有效调节。

二、国债需求效应

国债需求效应是指通过国债融资，增加财政支出，并通过支出的乘数效应增加总需求；或通过将储蓄转化为投资，并通过投资的乘数效应，推动经济的增长。

国债对总需求的影响有两种不同的情形：第一种情形是叠加在原有总需求之上，增加总需求；另一种情形是在原有总需求内部只改变总需求结构，而不增加总需求。

具体分析上述两种对总需求的影响方式：

中央银行购买国债，会增加总需求。中央银行购买国债，相当于过去传统体制下的财政向银行透支或借款，也就是现在所谓的债务货币化。中央银行购买国债，其持有国债账户增加，同时财政国库存款账户增加，财政用此存款支付时，则形成企业存款和居民储蓄或手持现金，商业银行存款增加。由此推理可知，中央银行购买国债将导致银行准备金增加，从而增加基础货币，对总需求发挥扩张作用，构成通货膨胀因素。所以，一般而言，中央银行购买国债是叠加在原有总需求之上扩张总需求。

商业银行或居民个人购买国债，改变总需求结构，可能会将未来的需求提前。商业银行或居民个人购买国债则和中央银行购买国债的情形不同。商业银行或居民个人购买国债，一般只是购买力的转移或替代，不会产生增加货币供给从而扩张总需求的效应。因为购买国债时表现为商业银行在中央银行准备金的减少或居民个人在商业银行储蓄存款的减少，而当财政支用时又会表现为商业银行准备金的恢复或居民储蓄存款的恢复，货币供给规模不变；只是商业银行拥有的资金暂时转为财政使用，或将居民储蓄通过国债转化为投资，也就是购买力或资金使用权的转移或替代，从而不产生扩张总需求的效应。

三、国债供给效应

国债不仅具有需求效应，而且同时具有供给效应，即增加供给总量和改善供给结构。事实上，需求与供给是一个问题的两个方面，两者相互伴随，不可分割。比如，国债收入用于投资，自然增加投资需求，是不言而喻的；但用于投资也必然提供供给，而且由于投资领域的不同，也就同时改变供给结构。至于关于需求自动创造供给或供给自动创造需求的说法，如果分开说，都有片面之嫌。因为在市场经济下，需求与供给是互动的。比如，只要有需求存在，经过短暂的市场调整，很快就会产生相应的供给。政府发行国债既调整了需求，也改善了供给。

我国实施积极财政政策中，国债投资集中力量建成大批重大基础设施项目，办了一些多年想办而没有办的事，既增加了有效供给，也基本解除长期存在的基础设施的“瓶颈”，改善了供给结构。这也就是国债的供给效应。

四、国债政策功能

（一）弥补财政赤字

用国债弥补财政赤字，实质是将不属于国家支配的民间资金在一定时间内让渡给国家使用，是社会资金使用权的单方面转移。与征税和向银行透支的方式弥补财政赤字相比而言，以发行国债的方式弥补财政赤字，一般不会影响经济发展，可能产生的副作用也较小。一是发行国债只是部分社会资金使用权的暂时转移，一般不会导致通货膨胀；二是国债的认购通常遵循自愿的准则，基本上是社会资金运动中游离出来的资金，一般不会对经济发展产生不利的影响。当然，也不能把国债视为医治财政赤字的灵丹妙药。这是因为：一是财政赤字过大，形成债台高筑，最终会导致财政收支的恶性循环；二是社会的闲置资金是有限的，国家集中过多往往会侵蚀经济主体的必要资金，从而降低社会的投资和消费水平。

（二）筹集建设资金

当用国债弥补财政赤字时，意味着政府的收入不足以补偿支出，必须用其他手段进行调节。通过发行国债弥补财政赤字是政策功能在资金上的表现。从财政支出角度看，政府筹得的资金主要用于筹集建设资金和调节经济。我国财政支出中总要安排一定规模必需的经济建设支出，如果不发行国债，势必要压缩这些必需的经济建设支出，或者挤压民生支出，从这个角度讲，发行国债具有明显的筹集建设资金的功能。有的国家则从法律上或在发行时对两种不同功能作出明确的规定。例如，我国过去发行的国库券，没有明确规定目的和用途，但从 1987 年则开始发行重点建设债券和重点企业建设债券，其中包括电力债券、钢铁债券、石油化工债券和有色金属债券等；又如，日本在法律上将国债明确分为两种：建设公债；赤字公债。

（三）调节经济

国债是对 GDP 的再分配，反映了社会资源的重新配置，是财政调节经济的一种重要手段。除了筹集建设资金，国家还会对经济的其他方面进行调节，比如消费与投资的关系调节、文化与经济的关系调节。随着我国经济的迅速发展，基本建设支出已经逐步完善，国家越来越关注国计民生支出，通过发行国债筹得的资金将越来越多地用在调节经济上。

第三节 国债市场和功能

一、国债市场

国债运行过程是这样的:首先,财政部门决定发行一定品种一定额度的国债,通过国债承销商向社会发售,国债的发售意味着作为债务人的政府取得债务收入;而后由政府按事前确定的期限清偿债务,收回债券,债券持有者取回本金并获取利息。其次,国债的发行意味着作为债权人的居民、企业、商业银行及中央银行持有并支配国债,他们将可转让国债的本息的索取权投入国债市场进行交易,不断转让或换手,以实现自身预期的收益。通过这个运行过程,不仅完成了国债的发行和偿还,而且活跃了债券市场,保证了债权人能够随时变现持有的国债,满足了他们的流动性偏好。由于政府不断发行新的债券,所以这个过程会持续不断地进行下去。这是国债运行过程有机组成的两个层次或两个阶段,而两个层次是相互配合和相互影响的,财政政策主要是在前一个层次发挥作用,货币政策主要在后一个层次发挥作用,从而国债的运行成为财政政策和货币政策的连接点和结合点。

什么是国债市场?国债是一种财政收入形式,国债是一种有价证券。证券市场是有价证券交易的场所,政府通过证券市场发行和偿还国债,意味着国债进入了交易过程,而在证券市场中进行的国债交易即为国债市场。国债市场按照国债交易过程可分为发行市场和流通市场。国债发行市场指国债发行场所,又称国债一级市场,一般是政府与证券承销机构如银行、金融机构之间的交易,通常由证券承销机构一次全部买下发行的国债。国债流通市场是国债流通的场所,又称国债二级市场,一般是国债承销机构与认购者(包括中央银行)之间的交易,也包括国债持有者与国债认购者之间的交易。

二、国债市场功能

(一)国债作为财政政策工具,国债市场具有顺利实现国债发行和偿还的功能

国债通过国债市场发行,而国债市场的发展是国债顺利发行的条件,只有国债市场发展了,债券的流动性得到保证,投资者可以很容易地进入或退出市场,通过频繁的交易为债券合理地定价,国债的发行才能受到社会的认同和欢迎。通过组建承销团制度,使国债发行逐步规范,提高发行的透明度,基本上规范了发行主体和承销机构在国债市场的操作行为,明确各自的权利和义务,保证了国债发行的平稳进行。

(二)国债作为金融政策工具,国债市场具有调节社会资金的运行和提高社会资金效率的功能

在国债二级市场上,国债承销机构和国债认购者以及国债持有者从事的直接交易,国债持有者和国债认购者从事的间接交易,都是社会资金的再分配过程,最终使资金需要者和国债需要者得到满足,使社会资金的配置趋向合理。若政府通过中央银行直接参与国债交易活动,以一定的价格售出或收回国债,就可以发挥诱导资金流向和活跃证券交易市场的作用。这种功能具体表现在诸多方面:

(1)国债市场是一国金融市场的重要组成部分。由于国债风险小、同质性强、规模大,是其他金融资产(如商业票据、证券化资产、企业债券等)定价的基准和众多衍生金融资产(如回购、

期货、期权等)的基础资产,同时也是交易者对冲风险的重要工具。一个富于流动性的国债市场,在提高金融体系的效率、保持金融体系的稳定方面具有重要的意义。国债市场形成的利率期限结构,能够反映市场参与者对利率变化的预期和长期利率趋势,为货币政策的实施提供信息,使得货币政策的意图能够有效地传导。

(2)国债市场拓宽了居民的投资渠道。在一个活跃的市场,社会资金可以很方便地流入流出,企业和居民的富余资金可以投入债市获取收益,需要兑现时又能及时地在市场中卖出债券,增加了投资渠道,丰富了居民的金融资产替代选择;包括国债市场在内的债券市场和股票市场相互配合产生了不同类型的投资工具,为投资者提供了可供选择的收益—风险组合,投资者能根据外部环境的变化适时调整自己的投资策略,这是金融市场有效运作的基础。

(3)国债市场的发展有利于商业银行资本结构的完善,有利于降低不良资产率,使其抗风险能力大大增强。国债是微观金融机构进行风险和流动性管理的重要工具,是机构投资者在进行投资组合时,减小资产风险的一种重要资产。

(4)国债市场是连接货币市场与资本市场的渠道。一些本来不宜进行长期产权投资的短期资金,例如企业暂时不用的闲置资金,也有可能参与到资本市场的投资中来。尽管一个企业的资金可能只在这个市场上停留两三个月,但新的短期投资者会形成新的接替关系,由此就可以实现全社会投资规模的扩大。

(5)国债是央行在公开市场上最重要的操作工具。在不够活跃的国债市场上,央行吞吐基础货币,调节社会信用总量的能力会受到限制,资产价格容易过度波动;而国债市场的壮大,有助于中央银行公开市场操作业务的开展,使中央银行的货币政策从直接控制为主逐步向以市场化为主的间接调控转变。

三、我国债券市场现状

(一)证券交易所国债市场

交易所是一种高度组织化的二级证券市场,是最主要的证券交易场所,在多数国家中也是唯一的证券交易场所。它通常有较严密的组织和管理规则,采用公开竞价的方式并借助完善的交易设施和较高的操作效率进行交易。一般地,只有作为交易所成员的经纪人或交易员才能在交易所中从事交易活动,公众则通过经纪人或交易员进行交易活动,买卖的证券也必须经过核准才能进入交易所。

(二)柜台交易市场

也称店头市场交易,指国债经纪人或国债自营商不通过证券交易所,直接与顾客进行交易的方式。它的主要特点是交易方式灵活,由买卖双方协商定价。投资者既可以与证券公司直接议价买卖,也可以委托经纪人与证券公司议价买卖。柜台交易通常有两种形式,即自营买卖和代理买卖。在自营买卖的情况下,证券公司以批发价格从其他证券公司买进国债,然后再以零售价格把国债出售给客户,或者证券公司以零售价格向客户买进国债,然后再批发给其他证券公司。在代理买卖的情况下,证券公司作为经纪人根据客户的委托,代理客户买卖国债,以赚取手续费。在从事代理业务时,经纪人必须为客户的利益着想,但在交易中不承担任何风险,其所得报酬只是手续费。

(三)银行间债券市场

全国银行间债券市场是指依托于全国银行间同业拆借中心(简称同业中心)和中央国债登记结算公司(简称中央登记公司)的,包括商业银行、农村信用联社、保险公司、证券公司等金融机构进行债券买卖和回购的市场，成立于1997年6月6日。经过近几年的迅速发展，银行间债券市场目前已成为我国债券市场的主体部分。记账式国债的大部分、政策性金融债券都在该市场发行并上市交易。

四、进一步完善国债市场的基本思路

扩大银行间市场交易主体；完善国债管理制度；推进市场信息技术和法制建设；加强市场基础设施建设，改进国债的托管清算制度；加快银行间市场的资信评级制度建设，帮助交易成员控制信用风险；根据市场环境的变化进行国债新品种和交易形式的创新；建立国债投资基金，培育专业投资队伍。

第四节　或有债务和隐性债务

一、或有和隐性债务概述

直接债务是指在任何情况下都要承担的债务，不依附于任何事件，是可以根据某些特定的因素来预测和控制的负债，如政府的内外债及由法律规定的养老金负债等；或有债务是指由某一或有事项引发的债务，是否会成为现实，要看或有事项是否发生以及由此引发的债务是否最终要由政府来承担。

显性债务是被法律或者合同所认可的政府债务；隐性债务是反映公众和利益集团压力的政府道义上的义务。

表10－1列示了政府负债的风险矩阵。

表10－1　　政府负债的风险矩阵

政府债务	直接负债（在任何情况下都存在的负债）	或有负债（只在特定件发生时才产生的负债）
显性负债：法律或合同所确定的政府负债	·国外和国内主权借款（中央政府的合同贷款和其发行的有价证券） ·由预算法律规定的支出 ·受长期法律约束的预算支出（公务员工资和公务员养老金）	·政府对非主权借款和地方政府、公共部门和私营部门实体（如开发银行）债务的担保 ·对不同类型贷款（诸如抵押贷款、对学习农业的学生的贷款和小型企业贷款）的保护性政府担保 ·对贸易与汇率、国外主权政府借款、私人投资的政府担保 ·有关存款、私营养老金基金最低收益、农作物、水灾、战争风险的政府保险体系
隐性负债：主要反映公众期望和利益集团压力的政府道义上的债务	·公共投资项目的未来经常性费用 ·法律未做规定的未来公共养老金（而不是公务员的养老金） ·法律未做规定的社会保障计划 ·法律未做规定的未来医疗保健筹资 ·老龄化问题	·地方政府和公共或私营实体的非担保债务和其他负债的违约

隐性债务和或有债务是一种世界性现象。隐性债务和或有债务无论对于财政本身还是对整个经济体系都产生一定的负面影响，特别是构成财政风险，影响财政的健康和稳定。毫无疑

问，政府采取“机会主义”态度是形成隐性债务和或有债务的重要原因。许多经济发达国家也存在较高的债务负担率，如：1998年，意大利、比利时、希腊等国的政府债务都超过GDP的100%；日本20世纪70年代以来，除两年财政盈余外，其他年份都是赤字，债务负担率曾达到120%。

二、我国地方债问题

（一）地方债现状

据媒体报道，我国地方债2009年总规模已达7万亿元，仅当年就增长3万亿元，总额大于当年6 000多亿元的国债余额，当年增长额相当于当年地方政府财政收入49%。截至2010年底，除54个县级政府没有政府性债务外，全国省、市、县三级地方政府性债务余额共计达107 174.91亿元。2016年地方债余额约为17.2万亿元。

（二）地方债来源及风险

地方债来源主要是地方融资平台公司，这些公司由地方政府及其部门和机构通过财政拨款或注入土地、股权等资产成立，承担政府投资项目融资功能，有独立法人资格。

地方融资平台公司债务的风险具体体现在两方面：一是本届领导班子借款，下届偿还，所以借时很少考虑风险；二是借款规模大，如使用不得当也会产生风险。

（三）规范地方债务管理，防范地方债务风险（当前治标的做法）

（1）首先是清理核实并妥善处理融资平台公司债务。对现有债务进行摸底，算清楚总量和增量，为下一步风险控制做好准备。

（2）对融资平台公司进行清理规范。融资平台公司是地方政府赖以借款的唯一渠道。在地方融资平台越来越成为政府的工具、丧失自己的独立经济地位过程中，应对融资平台公司进一步清理，保持其独立规范运作。

（3）坚决制止地方政府违规担保承诺行为。毫无疑问，地方政府的借款行为是为了保证地方经济运转和持续推动发展的主要方式之一。借款行为有其合理性，但是地方政府为了发展经济，主动为某些企业进行担保等行为已经属于干预市场行为，有越位倾向。这类行为必须制止。

（4）加强对融资平台公司的融资管理和银行业金融机构等的信贷管理。对于目前规范运行的地方融资平台和与其有具体业务往来的金融机构应加强信贷管理，合理合法运作，按照市场经济条件和规则进行操作和管理。

（5）地方各级政府要采取有效措施，落实有关债务人偿债责任。对于已经发生的债务，地方政府应积极协调，主动干预，不缺位，安排债务偿还计划或者履行其他方式的偿债责任。

（四）未来治本的具体做法

（1）解决思路。2011年10月17日财政部已经颁布《2011年地方政府自行发债试点办法》，允许上海、浙江、广东、深圳四省市进行试点，在国务院批准的发债规模限额内，自行组织发行本省（市）政府债券的发债机制。

（2）中央代发政府债券给我们的启示是，未来的地方政府债务体系应是债券和借款两种债务形式并存，以债券形式为主，从而建立管理规范、运行高效、风险可控的地方政府债务管理制度和运行机制。

（3）具体方案：

①承认地方债务存在的合理性。

②确立地方政府债务概念，确定地方债务法律依据。

③纳入预算管理。

④采用发行地方债券形式，公开招标发行。

【本章小结】

国债是与私债和税收不同的一个概念范畴，具有不同的种类、负担和限度。国债具有资产效应、供给效应、需求效应和政策效应。国债市场是连接财政和货币政策的重要桥梁。或有债务和隐性债务在地方债问题上得到了具体的体现。

【思考题】

1. 辨析题：国债和私债只是借款人不同而已。

2. 知识应用题：有人说，国债是左手向右手借钱，所以国债没有负担。请结合所学知识加以评价。

3. 综合论述题：结合我国经济实际分析，如何利用国债促进我国经济的增长？

【案例分析】

案例一

新中国成立至今，中国国债的发行可以分为两个主要阶段。

第一个阶段，从1950年到1958年。新中国成立后，在1950年发行了“人民胜利折实公债”，成为新中国历史上的第一种国债。在此后的“一五”计划期间，又于1954～1958年每年发行一期“国家经济建设公债”，发行总额为35.44亿元，相当于同期国家预算经济建设支出总额862.24亿元的4.11%。1958年后，由于历史原因，国债发行被终止。

第二个阶段，从1981年至今。其中，1981～1993年，国债发行总额为350亿元左右。国债结构以中长期国债为主。1994年，财政部首次发行了半年和一年的短期国债。1997年亚洲金融危机爆发以来，为了走出通货紧缩，针对国内需求不足的局面，中国采取了积极的财政政策，其中一个重要的组成部分就是长期建设国债的发行。1998～2002年，国家共发行长期建设国债6 600亿元，国债投资每年拉动经济增长1.5～2个百分点，累计创造就业岗位750万个。

我国国债的发展是相当迅速的。从发行额看，改革开放初每年只有几十亿元，而到1994年首次突破1 000亿元大关。1998年国家启动积极财政政策，当年国债发行额就超过了3 000亿元，2002年达到5 679亿元，2004年超过7 000亿元。2008年预算中，国家赤字1 800亿元，国债余额限额控制在55 185.85亿元，财政赤字率为0.6%，国债负担率为19.5%。2008年，中国实际发行国债8 558亿元。2009年的财政预算赤字最终确定为9 500亿元，新增的赤字规模，主要通过国债筹集。多家投行对2009年的国债发行规模作出分析预判，结合2009年将到期偿还的国债,预计新债发行可能会达到1.5万亿元甚至更多。2009年1月22日,国家统计局局长马建堂通报了2008年全年GDP情况,总额为300 670亿元,增长9%。如果按此比照,9 500亿元财政赤字的规模,已经占到了2008年GDP总量的3.1%,而按照国际通行规则,3%是赤字的"警戒线"。

(资料来源:网易财经频道)

请回答:

(1)从上述资料看,我国国债的不同时期的作用是什么?

(2)结合所学的国债负担和限度的知识分析,国债的快速增长是否存在风险?为什么?

案例二

2017年4月6日,中国石化再次成功发行34亿美元境外债券,涵盖3年期、5年期、10年期、30年期4个期限品种,综合融资成本率约3.17%。这是集团公司连续第9次成功发行国际债券,是今年央企发行人在全球债券市场上的首次发行,也是亚洲企业今年以来最大规模的海外债券发行。

财政部国库司副司长杨瑞金表示,2015年财政部加大政府债券发行力度,全年国债发行规模首次超过2万亿元,达到2.1万亿元,其中储蓄国债发行3 000亿元。杨瑞金在当天中央结算公司主办的"2016年债券市场投资策略论坛"上表示,2015年财政部会同央行完善储蓄国债定价机制,进一步扩大储蓄国债网银销售范围,目前国债网银销售机构已达19家,占全部38家储蓄国债承销团成员的一半。"作为地方政府债务管理改革全面启动第一年,2015年地方债发行总规模约3.8万亿元,比2014年增长8.5倍。"杨瑞金说,国债、地方债发行为实施积极财政政策,完成稳增长、促改革、调结构、惠民生等提供了良好保障。据杨瑞金介绍,2016年财政部将继续深化国债发行市场化改革,完善国债期限结构。计划全年按周滚动发行3个月国债,增加2年期以下国债发行规模,适当加大30年期国债发行规模。同时,进一步完善地方债国债招标发行机制,将招标期限由5个工作日减少到3个工作日。2016年,国债发行2.9万亿元,地方政府债券发行6万亿元。

(资料来源:新浪财经、网易财经)

请回答:

(1)两段资料中的债务是什么债务?本质区别是什么?

(2)债务对经济发展起到重要的作用,国家、地方政府、企业应如何合理利用债务?

【翻转课堂任务列表】

1. 梳理本章知识框架,厘清内在逻辑联系。
2. 理解和掌握本章的重点、难点和热点。
3. 完成本章的课后题。
4. 提交一份学习笔记作业,可以是任务列表中的任务,也可以是学习过程中的"亮考帮"等,为课堂讨论和展示提供支撑。作业评价标准为提交、认真和创新三个等级。

【学习实践】

利用各种途径,找到任一基层政府的人员,与其对话,调查地方债的影响。

第十一章 收 费

【内容导读】

1. 为何学？收费从来不是一国财政收入的主要来源，但是收费却在各国一直存在。在理论上，通过本章的学习可以知晓收费存在的原因和未来的改革方向。在实践上，通过本章的学习可以对土地转让、彩票等社会现象有一个系统的认知。

2. 学什么？了解收费的概述，理解收费的理论基础以及收费的主要内容，掌握我国税费改革。

3. 怎么学？学习收费概述应理解收费是提供非纯公共产品的方式，其理论基础应抓住"有偿服务"这个核心点。收费的主要内容一是土地出让收入，二是政府性基金如彩票。我国税费改革的最终目标是费改税。

【本章重点、难点和热点】

1. 重点：收费的性质，收费的性质分类。
2. 难点：收费的作用，税费改革。
3. 热点：公共定价、土地出让收入、政府性基金。

第一节 收费概述

一、收费的含义

政府收费是政府在提供公共服务、公共设施或实施行政管理的过程中，向受益者或管理对象所收取的费用。政府收费是公共部门提供有偿服务取得的报酬，或者是公共部门支配、管理特定社会资源的价格。纯公共产品具有非排他性和非竞争性，只能通过税收弥补成本，但是准公共产品的提供，如果技术上排他可行且经济上合理，那么政府可以一定程度上根据"谁受益、谁付费"的原则向特定私人主体收取费用。所以，政府收费一般是针对准公共产品的供给而言的。政府收费的目的是补偿项目成本，所以只就受益方实际获益相对应的成本收费，不得收取与项目的全部成本相对应的费用。从财政分配的角度讲，政府收费是一种国民收入分配和再分配的行为，是凭借国家权力所获得的收入，从本质上看也是财政性资金。从政府行为角度来看，政府收费是依据国家法律法规推行政务的组织活动，在一定程度上体现了政府行政管理职能和经济管理职能，是管理经济和社会的重要手段之一，具有法律手段、行政手段和经济手段的某些特征。

二、收费的分类

（一）按收费的性质划分

政府收费按其性质不同可分为规费和使用费两种。

1. 规费

规费是公共部门向个人或企业提供某种特定服务或实施行政管理时所收取的手续费或工本费。规费一般包括行政规费和司法规费。

(1)行政规费。这是附属于公共部门各种行政活动的收费，名目繁多，范围广泛，一般包括内务规费（如户籍规费）、外事规费（如护照费）、经济规费（如商标登记费、商品检验费、度量衡鉴定费）、教育规费（如毕业证书费）以及其他行政规费（如会计师、律师、医师等执照费）。

(2)司法规费。它又可分两类：一是诉讼规费，如民事诉讼费、刑事诉讼费；二是非诉讼规费，如结婚登记费、出生登记费、财产转让登记费、继承登记费和遗产管理登记费等。

2. 使用费

使用费是政府根据既定标准，向特定公共服务或公共设施的使用者收取的费用，以补偿提供这些服务和设施的部分或全部成本，这种成本补偿是按照使用者的受益程度来分配的，如公路使用费、公共交通的车票、公园门票费、水费、电费、煤气费、教育收费、使用体育设施收费、到公共医院看病收费，等等。

（二）按收费的主体划分

政府收费按其收费主体不同，可分为行政性收费和事业性收费两种。

1. 行政性收费

行政性收费是国家行政部门在履行职能，进行社会与经济管理时依法收取的费用。政府提供的服务种类繁多，但并非都要征收规费。只有当政府提供的服务能给某人或单位带来某种特定的权益，如证明一种权利或身份等，才予以收费。行政性收费主要包括如下几种类型。

(1)管理性收费。包括：①资格审查收费。如对饮食业进行卫生条件审查的卫生许可收费；对机动车辆和驾驶人员进行年审的收费等。②证照性收费。对合格、合法的单位或个人颁发的证明其行为或身份合法性的证件收费，如工商营业执照、结婚证、卫生许可证、生产许可证、行车执照、驾驶执照、居民身份证、出口许可证等。③裁定性收费。对社会经济活动中某些发生争议的行为进行协调和裁定的收费，如经济合同仲裁费、鉴定费、劳动合同手续仲裁费等。④交易行为管理费，如市场管理费、摊位费、旧车交易市场管理费等。

(2)惩罚性收费。对违反国家法律法规，有损社会和经济秩序正常运转的行为给予的经济性惩罚，如对违反交通规则的罚款、违反治安管理条例的罚款，对经营假冒伪劣商品的罚款，对违反技术标准、违反商标管理的罚款等。

惩罚性收费与管理性收费都是规范和管理社会经济的有效手段，但它们在社会经济管理中所处的环节不同，管理性收费侧重事前规范和事中控制，而惩罚性收费侧重事后惩罚和纠正。

(3)资源性收费。对自然资源的监督、使用和保护的收费,如土地管理费、矿产资源补偿费等。

一般来看,政府行政管理部门提供的服务是纯公共产品,不能以收费方式来筹集资金,但行政部门为了更有效地提供管理服务,有时也可以选择以下项目收费:一是对违规者的罚款;二是对特许权的收费;三是在提供部分行政管理服务中发生的与被服务对象直接相关的可计量费用,如工本费等。

2. 事业性收费

事业性收费是国家规定的实行事业管理的单位向服务对象收取的费用,其实质是对劳务服务的部分补偿,如学校、医院、科研单位、文化馆、体育馆、图书馆、剧院、出版社等单位向服务对象收取的费用。事业性收费对象与服务对象是统一的,征收单位不能向未享受其服务的单位或个人收取费用。但这类收费与市场交易行为有区别。市场交易行为必须遵循等价交换的原则,具有营利性;而事业性收费大多数是不等价的,不以营利为目的,是对劳务服务成本的部分补偿。

(三)按收费的经济效应划分

政府收费按其经济效益不同,划分为限制自然垄断的收费、市场准入性收费及校正外部不经济的收费三种。

1. 限制自然垄断的收费

自然垄断性行业具有边际成本递减的特点。由于边际成本低于平均成本,如果按效率定价的要求,价格低于平际成本,企业会发生亏损。垄断者为确保利润往往会通过减少产量来提高价格,损害消费者的利益。因此,这种商品应由政府来提供或委托经营,把价格定在边际水平上,所发生的亏损可通过政府财政补贴来解决。

2. 市场准入性收费

政府从社会管理的角度出发,对某些行业往往实行必要的市场准入制度,通过颁发或拍卖许可证,收取一定的费用,一方面可以将一些资源使用效益不高的经营者排除在外,另一方面也可以规范经营行为,如资源开发许可、建筑许可、烟草专卖许可等。

3. 校正外部不经济的收费

按照社会治理外部负效应所需成本来核定公共收费,迫使企业将这部分惩罚性收费打入生产成本,以校正社会成本和私人成本的差异,使生产者负担起其真实的活动成本,可以有效地遏制外部不经济行为,使生产达到适度规模。

第二节 收费的理论基础

一、收费的性质

从理论上说,政府收费主要是使用费(user charges)。按世界银行有关文件的说法,使用费是指“为交换公共部门所提供特殊商品和服务而进行的支付”。此外,政府收费还有少量的其他收费,如罚没收入和捐赠收入等。使用费实际上是政府模拟私人物品的定价方式收取的公共物品的价格,以便回收提供特殊商品和服务的全部或部分成本。使用费模拟市场价格,但又不同于市场价格,因为政府对公共物品定价不能采取利润最大化原则,所以使用费一般不能全部弥补提供特殊商品和服务的成本。收费有时与税收难以截然区分,因为有时一项收入既可以采取税收形式也可以采取收费形式,如使用公路可以收取公路费,也可以征收燃油税。但两者也确实存在着差别,主要表现在四个方面:一是税收与政府提供的商品和服务没有直接联系,税收收入一般不规定特定用途,由政府统筹安排使用,而收费与政府提供的特定商品和服务有直接联系,专项收入,专项使用。二是税收是作为政府一般的筹资手段,而收费往往是作为部门和地方特定用途的筹资手段。三是税收收入是政府的主要收入,必须纳入预算内统筹使用,而收费则可以有所不同,全国性收费一般纳入预算内,部门性收费或地方性收费可以作为预算外收入,按预算程序管理,形成政府性基金或由部门和地方自收自支。四是一般而言,税收的法治性和规范性强,有利于立法监督和行政管理,而收费的法治性和规范性相对较差,容易诱发滥收费现象,因而法治性不强的发展中国家应避免收费项目过多,并力求加强管理。

二、收费的特殊作用

既然税收与收费难以截然区分,那么政府为什么要采取收费形式呢?这是因为:首先,收取使用费在弥补市场失灵方面,如矫正私人物品的外部效应上有特殊的作用。比如,假定某一工厂对周围的环境带来污染而又没有采取治理措施,那么它的私人成本将小于社会成本,获取额外利润,政府使用费可以定在等于甚至高于额外利润水平上,从而就可以运用经济手段迫使企业治理污染,或者政府运用这笔使用费来治理污染。其次,收取使用费有利于提高公共物品的配置效率。使用费遵循的是受益原则,谁受益谁支付,合情合理,同时吸收了价格机制的优点,至少要支付相当于成本水平的使用费,显示了提供特殊商品和服务的价格信息,有利于避免公共物品的过度需求,提高公共物品的配置效率。那么在某一项收入可以采取税收形式也可以采取收费形式的情况下,如何合理选择呢?这可以根据政策目标和效率原则进行抉择。比如,如果公路使用费不是在全国统一征收,即有的公路收取使用费,有的公路不收取使用费,就会产生车主选择不收费的公路,甚至绕道而行,在这种情况下,选择征收燃油税更有效率;如果财政收入奉行受益原则,则选择使用费更为公平,如果奉行支付能力原则,则选择燃油税更为公平;如果为了防止诱发滥收费现象,无疑采取税收形式更为恰当。

三、公共定价

(一)政府收费价格的定价准则

1. 政府收费定价的基本准则

收费价格又称收费标准,也称为费率。收费标准的确定、执行和调整是否合理,直接关系到政府收费行为的导向力度和社会效果。由于政府收费是一种非市场行为,其价格往往由供应方单方面确定,因此必然要求对政府收费的定价进行有效的制度约束,针对不同的收费内容确定定价所必须遵循的基本准则。实践中,通常以两个标准衡量政府收费的数额:一是费用还原原则,即根据政府部门提供服务所消耗的成本费用数额确定收费标准,即以收费补偿所费。因此,政府收费资金往往采取专款专用的形式。二是劳务报偿标准,即以公民从政府部门服务中受益的大小确定收费标准,即劳务应得收益。

2. 不同收费主体的定价准则

(1)行政收费的标准。行政单位的经费由国家财政拨付,其收费不以营利为目的,只是对管理成本的部分补偿,故行政性收费主要包括提供特定服务的直接费用,不包括税金、利润等费用。收费主体与收费对象之间,主要是管理与被管理的行政关系,收费多少与公共部门的管理性劳动并不存在必然联系，具有很强的政策性。此时，公共部门的首要任务是有效地实施社会经济管理，管理费用的补偿居于次要地位。根据收费对象的不同，应有不同的收费标准。

①罚款收费定价。罚款收费必须以相关的法律法规为准绳。首先，必须有判断某种行为违法违规的法律依据。其次，罚款的标准必须同违法违规造成的社会危害相联系，经由法律程序确定。同个别案例相联系的罚款要通过专门的程序确定，经常发生的违规罚款标准则应写入相关的法律法规和管理条例中，使之成为收取罚款的定价依据。为达到有效规制的目的，罚款收费标准可高于实际的管理成本，但要坚决杜绝罚款人员随意定价收取罚款的行为。

②特许权收费定价。应经过一定的政治程序来确定哪些行业和哪些行为是必须经过特许才能获得的权利。从政府管理角度来看，主要有两类：一是特许行业，即那些不适合充分竞争的行业，如金融业、娱乐业、出租车行业、特殊资源行业等。其收费应以特许行业的经营者获得的超额收益为依据，对超额利润的测算要准确，过高的收费会导致特许行业的供应不足或价格过高，而过低的收费会导致特许行业利润过高而导致非法经营者的出现。以竞标拍卖特许行业经营权来确定特许费价格，可以较准确地显示特许经营的超额利润水平。二是特许行为，即需要经过特殊职业资格审查的行为，如驾驶、行医、诉讼代理等。其收费应以资格审查过程中直接发生的服务成本为定价标准，任何凭借权力抬高收费标准的行为都应被杜绝。

③证照收费标准。证照收费是国家机关授权行使职能的单位通过发放证照，如许可证、登记证、通行证等实施对社会经济、技术和自然资源管理时，按照法律、法规、规章所收取的费用。对财政拨给经费的，不得收费；财政未拨足经费的，只收工本费，不收管理费和手续费，如有节余则上缴财政。工本费也只能以实际耗费作为收费的标准，但收费单位必须从消费者的立场出发尽量降低工本费。

(2)事业性收费的标准。国家事业单位向社会提供的服务一般都具有公共消费的特征，体现了一定的公益性。收费主体不同程度地享受财政拨款或补贴，以更好地发挥作用，为社会服务。收费只是为了补充财政拨款的不足部分，包括为社会提供某种特定服务的直接费用和间接费用，不含税金和利润。事业的发展必须与经济发展的水平相适应，收费的水平不能超过收费对象的承受能力。事业性收费应根据特定的服务所需的合理性支出，以财政拨款为基础，既要考虑价值的补偿，以维持正常的事业发展，同时要考虑交费方的承受能力，以有利于贯彻国家大政方针政策。交费者在付费的同时，不仅获得了某种服务或公共设施的使用，还间接地享受到了一定的财政补贴，付费和受益之间体现了一定的对应关系。

(二)公共定价的基本方法

1. 公共定价的含义

在市场经济中，所有经济主体都采取使自我利益(企业是利润，消费者是福利或效用)最大化的行动，价格成为行为信号，价格机制是实现最优资源配置的主要机制。由于政府也提供大量的满足社会公共需要的"市场性产品"，那么这些产品(包括服务)也涉及同其他产品和服务一样的问题。政府相关部门通过一定程序和规则制定提供公共产品的价格和收费标准，即公共定价。

从定价政策来看，公共定价包括两个方面：一是纯公共定价，即政府直接制定自然垄断行业(如能源、通信和交通等公用事业和煤、石油、原子能、钢铁等基本品行业)的价格；二是管制定价或价格管制，即政府规定竞争性管制行业(如金融、农业、教育和保健等行业)的价格。政府通过公共定价，不仅可以提高整个社会资源的配置效率，而且使这些产品和服务得到最有效的使用。

2. 公共定价的方法

无论是纯公共定价还是管制定价，都涉及定价水平和定价体系两个方面。定价水平是指政府提供每一单位"公共产品"的定价(收费)是多少。在管制行业里，定价水平依据正常成本加合理报酬得到的总成本计算。因此，研究定价水平实质上是研究如何确定总成本。定价体系是指把费用结构和需求结构考虑进来的各种定价组合。公共定价方法包括平均成本定价法、二部定价法和负荷定价法。

(1)平均成本定价法。平均成本定价法是指政府在保持企业收支平衡的情况下，采取尽可能使经济福利最大化的定价方法。理论上，边际成本定价是最理想的定价方式，但它会致使企业亏损，长此以往，它们很难提供足够的满足社会公共需要的产品，因为财政补贴是有限度的。因此，在成本递减行业，为了使企业保持收支平衡，公共定价或价格管制要高于边际成本定价。

(2)二部定价法。二部定价方法是由两种要素构成的定价体系：一是与使用量无关的按月或按年支付的"基本费"；二是按使用量支付的"从量费"。因此，二部定价是定额定价和从量定价两者合一的定价体系，也是反映成本结构的定价体系。由于二部定价法中的"基本费"是不管使用量的多少而收取的固定费，所以有助于企业财务的稳定。由于二部定价法具有"以收支平衡为条件实现经济福利最大化"性质，所以现在几乎所有受管制的行业(特别是电力、城市煤气、自来水、电话等自然垄断行业)都普遍采用这种定价方法。

(3)负荷定价法。负荷定价法是指对不同时间段或时期的需要制定不同的价格。在电力、煤气、自来水、电话等行业，按需求的季节、月份、时区的高峰和非高峰的不同，系统地制定不同的价格，以平衡需求状况。在需求处于最高峰时，收费最高；处于最低峰时，收费最低。

3. 自然垄断行业的公共定价

自然垄断行业主要采取的是平均成本定价法。以图 11—1 具体分析自然垄断行业采取该平均成本定价法的动机和过程。

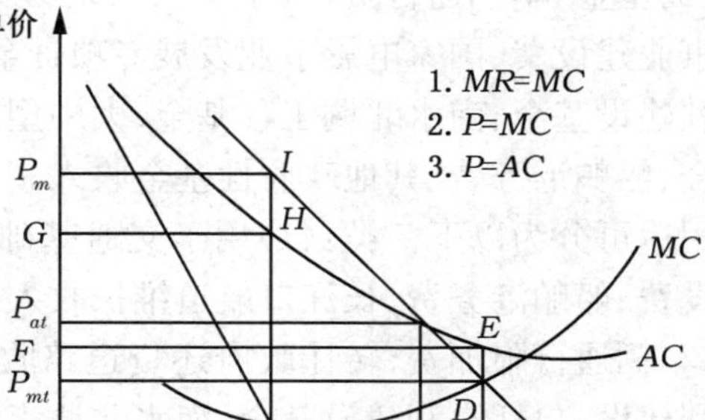

图 11—1 自然垄断的公共定价法

首先，对于企业来说，它会自主选择边际收益等于边际成本，即数量为 C，价格为 P_m，但此时价格高于平均成本，企业会获得超额利润，产量最少，价格最高，消费者福利较低。

其次，政府可以选择最有效率的标准进行定价，即按照价格等于边际成本的原则进行定价。这种定价模式虽然效率最高，价格为 P_{mt}，产量为 A，企业定价低于平均成本，企业亏损，消费者福利较高。

再次，可以选择价格等于平均成本定价方式，价格为 P_{at}，产量为 B，价格适中，产量适中，企业长期运行不亏损,消费者福利适中。

因此,从上述三种模式选择可知,按照边际收益等于边际成本的定价方式,企业获得超额利润,消费者福利过低;按照价格等于边际成本模式的定价方式,企业亏损,消费者福利过高;按照价格等于平均成本的定价方式,企业不亏损也没有超额利润,消费者福利适中。所以,自然垄断行业定价应采取平均成本定价方式。

第三节 我国收费的主要内容

一、政府性基金收入

政府性基金是国家通过向社会征收以及出让土地、发行彩票等方式取得收入,专项用于支持特定基础设施建设和社会事业发展的支出的一种基金。政府性基金收入按收入归属划分,分为中央收入、地方收入以及中央与地方共享收入。2013 年,纳入政府性基金预算管理的财政资金共 45 项,属于中央收入的有 16 项:铁路建设基金、民航发展基金、旅游发展基金、农田水利建设基金、大中型水库移民后期扶持基金、三峡水库库区基金、中央特别国债经营基金财务收入、贸促会收费、长江口航道维护收入、核电站乏燃料处理处置基金、可再生能源电价附加、船舶油污损害赔偿基金、铁路资产变现收入、电力改革预留资产变现收入、无线电频率占用费、废弃电器电子产品处理处置基金;属于地方收入的有 16 项:山西省煤炭可持续发展基金、海南省高等级公路车辆通行附加费、转让政府还贷道路收费权收入、散装水泥专项资金、新型墙体材料专项基金、地方教育附加、新菜地开发建设基金、育林基金、残疾人就业保障金、城市公用事业附加、国有土地使用权出让收入、国有土地收益基金、农业土地开发资金、城市基础设施配套费、小型水库移民扶助基金、车辆通行费;属于中央与地方共享收入的有 13 项:农网还贷资金、港口建设费、文化事业建设费、国家电影事业发展专项资金、新增建设用地土地有偿使用费、森林植被恢复费、水利建设基金、南水北调工程基金、大中型水库库区基金、彩票公益金、国家重大水利工程建设基金、船舶港务费、其他政府性基金收入。

政府性基金按照支出用途可分为以下 7 类:(1)用于交通基础设施建设,包括铁路建设基金、民航发展基金、港口建设费、船舶港务费、长江口航道维护收入、农网还贷资金、铁路资产变现收入、海南省高等级公路车辆通行附加费、转让政府还贷道路收费权收入、车辆通行费安排的支出 10 项。(2)用于水利建设,包括水利建设基金、南水北调工程基金和国家重大水利工程建设基金 3 项。(3)用于城市维护建设,包括新菜地开发建设基金、国有土地收益基金、政府住房基金,以及城市基础设施配套费、城市公用事业附加、国有土地使用权出让收入、农业土地开发资金、新增建设用地土地有偿使用费安排的支出 8 项。(4)用于教育、文化、体育等社会事业发展,包括旅游发展基金、地方教育附加、文化事业建设费、国家电影事业发展专项资金、彩票公益金、贸促会收费安排的支出 6 项。(5)用于移民和社会保障,包括大中型水库移民后期扶持基金、大中型水库库区基金、小型水库移民扶助基金、三峡水库库区基金、残疾人就业保障金 5 项。(6)用于生态环境建设,包括山西省煤炭可持续发展基金、船舶油污损害赔偿基金、新型墙体材料专项基金、育林基金、废弃电器电子产品处理墓金,以及散装水泥专项资金、森林植被恢复费安排的支出 7 项。(7)用于其他方面,包括核电站乏燃料处理处置基金、中央特别国债经营基金财务支出,以及可再生能源电价附加收人、电力改革预留资产变现收入、无线电频率占用费安排的支出和其他政府性基金支出等6项。

政府性基金的管理方式是在一般公共预算之外编制政府性基金收支预算，构成政府预算体系的重要组成部分。政府性基金收支预算的管理原则是"以收定支、专款专用、结余结转使用"。基金支出根据基金收入情况安排，自求平衡，不编制赤字预算。当年基金预算收入不足的，可使用以前年度结余资金安排支出；当年基金预算收入超出预算支出的，结余资金结转下年继续安排使用。各项基金按规定用途安排，不得调剂使用。编制政府性基金预算，对于提高政府预算的统一性和完整性，增强预算的约束力和透明度，更好地接受人大和社会监督，具有十分重要的意义。

2012年全国政府性基金收入为37 534.90亿元，相当于当年财政收入的24%，同比下降9.3%，主要是国有土地使用权出让收入减少较多。加上2011年结转收入822.21亿元，2012年全国政府性基金收入总量为38 357.11亿元。主要基金收入项目执行情况：国有土地使用权出让收入为28 892.3亿元（含中央新增建设用地土地有偿使用费和中央统筹地方的农田水利建设资金），下降13.7%，主要是受房地产调控政策影响，土地出让合同成交价款减少；车辆通行费收入为1 196.47亿元，下降0.5%，主要是受地方逐步取消政府还贷二级公路收费等因素影响；地方教育附加收入为936.74亿元，增长36.1%，主要是为了支持教育事业发展，各地按规定陆续开征该项基金；城市基础设施配套费收入为884.06亿元，增长3.1%；彩票公益金收入为738.34亿元，增长17.4%，主要是彩票销售收入持续快速增长；铁路建设基金收入为622.5亿元，下降3.9%，主要是受经济增速放缓影响，铁路货运周转量下降；水利建设基金收入为406.09亿元，增长21.2%，主要是各地按规定调整和完善该基金筹集政策，进一步拓宽基金来源渠道。

2012年全国政府性基金支出为36 330.87亿元，同比下降9.1%，主要受国有土地使用权出让收入下降影响，国有土地使用权出让收入安排的支出28 608.46亿元，下降13.8%，其中征地拆迁补偿等成本性开支为22 881.84亿元（占国有土地使用权出让支出总额的80%），农业土地开发整理和农村基础设施建设等支出为1 560.75亿元，教育支出为291.41亿元，农田水利建设支出为231.06亿元，保障性安居工程支出为594.2亿元，城市建设支出为3 049.2亿元。

二、国有土地使用权出让收入

土地出让收入是市县人民政府依据《土地管理法》、《城市房地产管理法》等有关法律法规和国家有关政策规定，以土地所有者身份出让国有土地使用权所取得的收入，主要是以招标、拍卖、挂牌和协议方式出让土地取得的收入，也包括向改变土地使用条件的土地使用者依法收取的收入、划拨土地时依法收取的拆迁安置等成本性的收入、依法出租土地的租金收入等。土地出让收入构成政府性基金收入的主体，2010年土地出让收入为29 397亿元，同比增长106.4%，占政府性基金收入的81.4%；2012年土地出让收入为28 892.3亿元，占政府性基金收入的77%。可见，土地出让收入的大幅增长，是政府性基金收入以及全口径财政收入过快增长的主要因素。

2007年之前，土地出让收入先纳入预算外专户管理，再将扣除征地补偿和拆迁费用以及土地开发支出等成本性支出后的余额缴入地方国库，纳入地方政府性基金预算管理。2007年，国家对土地出让收入管理制度进行了改革，将全部土地出让收入缴入地方国库，纳入地方政府性基金预算，实行"收支两条线"管理，与一般预算分开核算，专款专用。按现行政策规定，土地出让收入缴入国库后，市县财政部门先分别按规定比例计提国有土地收益基金和农业土地开发资金，缴纳新增建设用地土地有偿使用费，余下的部分统称为国有土地使用权出让金。其中，计提的国有土地收益基金专项用于市县土地收购储备，包括土地补偿费、安置补助费、地上附着物和青苗补偿费、拆迁补偿费以及前期土地开发支出，计提比例由省级人民政府确定。计提的农业土地开发资金(其中省级最高可以集中30%)，专项用于农业土地开发，具体使用范围包括土地整理和复垦、宜农未利用地开发、基本农田建设以及改善农业生产条件等方面的土地开发。新增建设用地土地有偿使用费是国务院或省级人民政府在批准将农用地、未利用地转为建设用地时，向取得新增建设用地的市县人民政府收取的收入，由市县人民政府从土地出让收入中按规定标准向中央和省级缴纳。新增建设用地土地有偿使用费实行中央和省两级3∶7分成，专项用于耕地开发、土地整理、基本农田建设和保护支出。国有土地使用权出让金主要用于征地拆迁补偿、土地开发、城乡基础设施建设、城镇廉租住房保障等支出。综合起来看，政府明确规定土地出让收入的使用范围包括10个方面：(1)征地和拆迁补偿支出，包括土地补偿费、安置补助费、地上附着物和青苗补偿费、拆迁补偿费；(2)土地开发支出，包括与前期土地开发相关的道路、供水、供电、供气、排水、通信、照明、土地平整等基础设施建设支出，以及与前期土地开发相关的银行贷款本息等支出；(3)补助被征地农民社会保障等支出；(4)农村基础设施建设支出，包括用于农村饮水、环境、卫生、教育以及文化等基础设施建设支出；(5)农业土地开发支出；(6)城市建设支出，包括城市道路、桥梁、公共绿地、公共厕所、消防设施等基础设施建设；(7)耕地开发、土地整理、基本农田建设和保护支出；(8)城镇廉租住房保障支出；(9)土地出让业务支出；(10)破产或改制国有企业土地出让收入用于职工安置等支出。

近年土地出让收入增长较快，社会媒体将地方财政过分依赖土地出让收入的现象称为"土地财政"。"土地财政"这个词体现出明显的贬义。有人则从土地管理制度改革的角度，认为土地财政的弊端越来越明显，理应退出历史舞台。当然，土地管理制度的进一步改革是应当探讨的，但当前还是应该在现行管理制度的前提下，对土地出让收入进行实事求是的分析。

我国现行的土地制度是土地国有制和集体所有制，私人不得买卖，政府是国有土地的代表者兼土地经营者，有偿转让使用权。土地出让收入是政府转让土地使用权所取得的收入，因而土地出让收入纳入国库，构成财政收入的一项收入是天经地义的事情。政府向房地产业提供土地，促进房地产业的发展并带动经济的增长，创造良好政绩，而且可以增加政府收入，这是应当肯定的。土地是一种不可再生的资源，我国人口众多，土地稀缺，土地问题的核心是旺盛的需求与有限供给的矛盾，我国能够出让的土地的量是限定的，所以土地一旦投入市场，必然长期是卖方市场的一种特殊商品，需求过旺，价格趋高，而且随着土地需求的日益增长，价格上升也是必然的。这个矛盾不是什么管理制度所能改变的。当前出让土地主要是采取"招拍挂"方式，80%以上土地出让收入来自"招拍挂"。而土地拍卖价格是竞拍形成的，甚至形成"地王"抢拍，说明土地价格虽高，开发商还是有利可图的。如果拍卖市场是公开、公正和透明的，拍卖程序是正常的，那么从市场供求关系的角度看也是无可非议的。

近年土地出让收入增长较快是多种原因形成的，其中起决定作用的是两个原因：一是土地供应规模加大，如2010年国土管理部门审核批准的土地供应量比上年大幅度增加，总量达到42.82万公顷，同比增长34.2%，这是土地出让收入大幅增长的基础性原因。二是以"招拍挂"形式提供的商业用地和商品房用地的比重增大，出让价格升高，以"招拍挂"形式出让的土地达25.7万公顷，占土地供应总面积的60%，出让土地的收入达到2.6万亿元，占全部土地出让收入的88%。显然，土地供应是因，土地出让收入是果，所以，问题的核心不在于为什么土地出让收入增长得那么快，而在于应当从执行国家政策的角度考察是否符合国家土地管理政策。

我国土地资源总量丰富但人均贫乏，随着人口的增加和经济的发展，土地资源供需矛盾日趋尖锐，形势严峻。一方面，我国耕地面积大量减少，土地退化；另一方面，土地利用粗放，利用率与产出率低，浪费土地的情况十分严重。因此，党中央、国务院提出了以世界上最严格的措施管理土地的方针，将"十分珍惜、合理利用土地和切实保护耕地"立为我国的基本国策，明确写进了《土地管理法》。科学合理地利用土地资源，确保我国人民生活和生产对土地特别是耕地的需求，是我国实现可持续发展的基础。居民住房的土地供应是必需的，但供应土地的量是有限的，土地供应政策是以有限的土地供应实现居者有其屋的总目标。土地出让收入既是一项财政收入，也是一个重要的政策杠杆，而某些地方政府往往为了创造高政绩，违背土地管理政策，把增加土地出让收入作为主要目标。比如，在城市，热衷于商品房的开发，忽视普通老百姓住房的保障，因为保障性住房采取划拨办法，只收取一部分土地出让的成本和转移性费用，拿不到那么多的收入。开发商囤积倒卖土地，而建保障房的用地却无保证，投入的资金短缺，如 2009 年全国土地出让支出 12 327 亿元中仅有 1.5%(187 亿元)用于廉租住房建设；在农村，征购土地没有给予足够的补偿，廉价征购，高价卖出，最近又出现了以耕地增减挂钩的名义展开撤村增地的举动，都是严重损害农民切身利益的违纪行为。为什么"招拍挂"成交价格那么高？因为土地供应有限，更主要是因为需求过旺，有那些由银行充分供应资金的企业参与和操纵，因此必须严格执行大型国有企业退出土地市场的方针。一手从农民那里廉价得到土地，另一手又高价卖给开发商，而宽马路、大广场又表现出自己的所谓政绩，这又同官员的考核制度有关。这里所说的官员考核制度，正是政府违规行为和政策偏差的根源。因此，必须责令各地方政府严格执行国家土地政策，严格执行有关土地出让以及土地出让收入使用的规定，制止为了创造"政绩"而肆意出让土地来攫取财政收入的短期行为。

第四节　我国税费改革

一、实施税费制度改革的必要性

我国现行收费制度起源于新中国成立初期。当时，由于我国财税体制实行高度集中、统一领导的管理模式，地方财权较小，收费得到了有效控制，在筹集建设资金方面也发挥了一定的积极作用。直到 20 世纪 80 年代简政放权后，由于财权部分下放，税收难以满足支出需要，经中央政府批准，开征了一些新的收费项目，如能源交通重点建设基金和预算调节基金等。20 世纪 90 年代，乱收费问题比较突出。一些部门和单位违反国家有关规定，越权设立收费项目，擅自提高收费标准，随意扩大收费范围，收费名目繁多，数额巨大，农民、企业负担沉重。乱收费侵蚀税基，挤占财政收入，干扰收入分配秩序，削弱了政府宏观调控能力，破坏了经济运行环境和秩序。收费过多过滥，使分配主体多元化、收费资金使用部门化的趋势日益严重，一些部门通过乱收费来满足自身利益的需求，使行政管理职能有偿化，严重损害了政府的形象。

在发达市场经济国家，政府履行职能所需要的资金大部分依靠税收筹集，收费等非税收入只是税收收入的补充形式；而且，世界多数国家政府收费一般都是通过立法确定，政府收费必须具有法律依据，履行严格的收费立法程序。立法层次一般集中在中央(联邦)和省(州)两级，由政府提出预案，经国会或议会批准后执行，并对设立收费项目收取的资金统一纳入财政预算，实行规范化财政管理。借鉴发达市场经济国家的通行做法，为了从根本上减轻社会负担，增强政府宏观调控能力，理顺政府收入分配秩序，必须实施税费制度改革。

近年来，各级财政部门全面清理、取消不合法、不合理的收费、基金，切实规范和加强非税收入管理。2008 年，全国统一停征了个体工商户管理费和集贸市场管理费，涉及金额约 170 亿元；全国统一取消和停征了 100 项行政事业性收费，涉及金额约 190 亿元；各省、自治区、直辖市取消和停征了 1 207 项省级审批的行政事业性收费，降低 170 项收费标准，涉及金额约 103 亿元，切实减轻了企业和社会负担。2012 年财政部和发改委联合发文，决定自 2013 年 1 月 1 日起，取消和免征税务发票工本费、户口簿工本费、户口迁移证准迁证工本费、企业注册登记费、个体工商户注册登记费、采矿登记费、进网许可标志工本费、房屋租赁管理费等 30 项涉及企业和居民的行政事业性收费，每年可减轻企业和居民负担约 105 亿元。虽然我国减免了较多收费，但是税费改革仍然任重道远。

二、深化我国税费改革的原则

税费改革的基本目标，是通过对现有收费基金进行清理整顿，逐步规范政府收入分配秩序，理顺税费关系，建立适应社会主义市场经济发展要求的以税收为主、少量必要规费为辅的政府收入分配体系，从根本上减轻企事业单位和人民群众负担。税费改革的基本原则：一是有利于从源头上遏制各项乱收费，坚决取消不合法、不合理的收费项目，降低过高的收费标准，对必须保留的收费实行规范化财政管理；二是有利于正确处理税费关系，实现以税聚财，集中理财，避免财权、财力在部门之间过于分散，增强政府宏观调控能力；三是有利于进一步完善和深化财税体制，提高财政收入“两个比重”（财政收入占 GDP 的比重和中央财政收入占全国财政收入的比重），振兴国家财政；四是有利于实行政企分开和政府职能转变，规范政府收入分配渠道，保证政府实施公开管理和提供公共服务有稳定的资金来源。

当前，规范政府非税收入管理仍应以治理政府收费为重点，继续推进税费改革。总体思路是：对现有各级政府及其所属行政事业单位的收费，区别不同类别和不同情况，采取“一清、二转、三改、四留”的改革措施。“一清”，即根据转变政府职能和建立公共财政的要求，取消政府实施公共管理和提供普遍性公共服务收取的管理费，所需经费由财政预算统筹安排；“二转”，即按照政企职责分开的要求，将体现市场经营行为的服务性收费，根据自愿有偿原则合理定价，转为经营收费，所得收入依法征税；“三改”，即将政府为支持某些重点产业和重要事业发展设立的政府性基金和专项性收费改为相应的税收，用税收形式筹集资金；“四留”，即保留政府对社会实施特定管理或提供特殊服务，以及对国有资源有偿使用收取的必要费用，并实行规范化的财政管理，最终形成以“税收收入为主体，政府收费等为辅助”的政府收入体系。

三、完善税费改革的建议

1. 进一步完善分税制改革

中央和地方政府的财权与事权不对称使一些地方政府很难实现收支平衡，导致“乱收费”现象的存在。因此，要继续完善分税制改革，将中央和地方的事权与财权明确分开。其中，在事权的划分上，中央财政主要承担国家安全、外交和中央国家机关运转所需经费，调整国民经济结构、协调地区发展、实施宏观调控所必需的支出以及由中央直接管理的事业发展支出；地方财政主要承担本地区行政机关运转所需支出以及本地区经济、事业发展所需支出。在财权的划分上，将维护国家权益、实施宏观调控所必需的税种划分为中央税；同经济发展直接相关的主要税种划分为中央与地方共享税；适合地方征管的税种划分为地方税，并充实地方税税种，增加地方税收入。

2. 加强财政预算管理

将一切履行政府职能的收支全部纳入该体系，列入财政预算管理，经过法律程序，由人民代表大会审批、通过。改变原来财政预算统收统支、收支两条线的方式，取消预算外收入及其管理办法，建立财政预算内多种预算方式和管理办法的新体系，将所有的政府收入完全归入财政税务部门管理。这样的好处是，可以切断各个政府职能部门的行政、执法与收费之间的直接联系，将收费使用权和收费所有权相分离。

3. 通过法律程序规范税费范围

先清理，后规范。当务之急是摸清各级政府的收费项目和收费数额，区分出符合规定且合理的收费和不符合规定且不合理的收费，坚决取缔不符合规定且不合理的收费，将符合规定且合理的收费纳入税费改革范围。同时，制定政府收费条例，通过试点后，经立法程序使之同税制一样具有法律效力。国外的经验告诉我们，法制才是约束政府财力分配的最有力手段，要从法制建设入手，通过建立和完善税收立法、行政法规，明确各种合理收费的征收标准、程序及管理办法，并用法律程序约束财政分配，达到严肃财政纪律的目的。

4. 加大税务部门的执法力度，完善现有的税收体系，提高税收占国内生产总值的比重

增加政府部门的预算内收入，政府财政困难问题将有所减少，预算外收入的动力减弱，各种乱摊派、收费会相应有所减少。同时，财政收入的增加可以使政府有一定的财政力量来完善社会保障体系，提高人民群众的生活水平，解决他们的后顾之忧，使其具有基本生活用品之外的消费能力，有助于缓解国内市场的消费不足。

5. 加大费税改革力度，为市场经济运行与发展提供宽松环境

在规范的市场经济体制中，税收是政府取得财政收入最重要的方式，税费的界限和关系也是十分清晰的。为了解决税外收费过多的问题，应尽可能取消大量不合理的收费项目，严格批审新的收费项目；属于税收性质和具有税收功能的收费应尽快并入税收，加快费改税进程，以减轻企业名目繁多、不堪重负的税外费负担。

税费改革涉及延续多年的既得权力和既得利益，会存在很大阻力，同时也存在许多实际问题，但通过政府机构改革和政府职能转换，政府机构开支趋于减轻，收费主体趋于减少，税费改革的难度会相应缓解。关键在于，税费改革的过程以及所采取的各项措施，既要有利于政府收入机制的规范化，又要实事求是地解决现实问题，争取各方面的认同和支持；既要积极，又要稳妥地实施。

【本章小结】

收费是政府有偿服务的体现，是提供非纯公共物品的一种方式。收费主要是使用费，收费时要注意公共定价的方式。我国目前收费的主要内容包括土地出让和政府性基金。未来，税费改革的趋势是费改税。

【思考题】

1. 辨析题：费与税作用相同，只是表现形式不同。

2. 知识应用题：大学学费高还是低？这是一个一直有争论的问题。请结合公共定价知识讨论，我国大学学费应如何定价？

3. 综合论述题：结合我国经济实际分析，费如何改税？

【案例分析】

案例一

拆迁乱象的根源分析与制度重建：近年来，拆迁事件越来越表现出一个鲜明的特点，即各种暴力拆迁手段和反暴力手段不断升级，这使得拆迁已经走到了“战争”的边缘。这种说法听起来似乎有些危言耸听，但是有许多事实为证：上海市闵行区被拆迁户潘蓉用“燃烧瓶”抵抗强拆；湖北武汉东西湖区居民杨友德自制“土炮”轰退百人拆迁队；江西抚州临川区居民钱明奇因遭强拆上访十年无果，最终酿成 3 人死亡、5 人受伤的“5·26”连环爆炸案；云南昆明被拆迁户邹铭灿用燃烧瓶、砖块、点燃的煤气罐等布下重重防线抵抗拆迁队。传媒在报道这些事件时使用的词语均是“拆迁大战”“一个人的战争”，如此等等，这些描述性词语虽然不乏夸张性修辞的成分，但在一定程度上仍然符合实际的事实。美国征用法制中最为引人注目的是其宪法第五修正案的规定：“……未经正当法律程序，不得剥夺任何人的生命、自由或财产；未经公正补偿，不得将私有财产充作公用。”这一看似非常简单的条款实际上蕴含着极为丰富的内容。根据这一条款的规定，征用必须符合三个条件：必须是为了公共用途；必须给予公正补偿；必须经过正当法律程序。

治理彩票行业乱象，期待中纪委出手：财政部综合司 2015 年 11 月 16 日对外发文称，我国将调整彩票资金构成比例，严格限定彩票奖金比例，适当控制单注彩票最高中奖奖金额度，在保障彩票公益金比例最低不得低于 20%的同时，合理控制彩票发行费比例。对此，有媒体评论道，该政策最大亮点在于合理控制彩票发行费比例，提高彩票中奖面，增强购彩体验和娱乐性，既可抑制彩票发行过程中的不规范行为，遏制彩票资金使用混乱及腐败现象发生，也将成为调动广大民众参与彩票活动积极性的“兴奋剂”，为推动新一轮彩票市场繁荣提供动力。该评论还认为，“这是一个历史性进步”。“历史性”三字，用在这里太轻飘飘了。中国的彩票市场，至少有三个特点：一是发行费用高。即便是这次政策调整，要求传统型、即开型彩票发行费比例不得超过 15%，乐透型、数字型、竞猜型、视频型、基诺型等彩票发行费比例不得高于 13%，也高过英美等国通常不超过 10%的比例。二是用于奖励的比例较低。多数国家规定彩票奖金比例不低于 50%，而据审计署 2014 年年底公布的审计结果看，中国的比例实际上远低于此数。三是彩票业的信息透明度太差。尤其是第三个特点，被人诟病已久，但是却改观甚微。上述评论照例把着力点放在呼吁彩票资金管理信息公开上。可是这样的呼吁又有多大用呢？这些年来，媒体一直在呼吁信息公开，但是据新华社报道，一些地方的彩票公益金使用混乱的情况一直未有改观，甚至有愈演愈烈之势：有的趴在账上睡大觉，有的沦为“小金库”，有的被挪去盖楼买车，有的被挪作办公经费，用于改善福利，甚至有的被贪污。现在重申彩票公益金比例不得低于20%，可是这能改变彩票公益金使用混乱顽疾吗？如果上述问题不解决，那么岂不是公益金比例越大，小金库也就越大，“硕鼠”也就越肥？此类新政(其实是重申法规要求)初衷当然是好的，但执行效果未必尽如人意。破解中国彩票问题，不能仅靠纸面上的三令五申，甚至不能仅靠加强审计，得有请所向披靡的中央纪委出马才行！2015年6月28日，我国首次大规模针对彩票资金的审计结果公布，共查出虚报套取、挤占挪用、违规采购、违规购建楼堂馆所和发放津贴补贴等违法违规“问题资金”169.32亿元，占抽查资金总额的25.73%，意味着超1/4被审计资金存在问题。同时民政部称，审计中发现的96个问题已全部整改。但是从相关报道中，我们看不出有谁为之担责，更不用说负法律责任乃至刑事责任了。彩票业问题多多，涉及的金额如此巨大，如果说其中没有贪污腐败问题，恐怕谁都不会相信。现在各行各业都在反腐，股市反腐正如火如荼，彩市却似乎波澜不惊。这多少有些不正常。或许彩票市场的顾主们都是些穷人吧，他们把致富的希望都押在彩票这个投资少但却有可能一夜暴富的纸片上了，无奈他们又恰恰是话语权与话语能力都最弱的群体之一，谁来关照他们的命运？恐怕唯有中央纪委了！当然，这主要是一种修辞，呼唤“中央纪委”，其实是呼唤法律和秩序，呼唤反腐的铁拳挥向博彩业。日前，习近平主席在出席二十国集团领导人第十次峰会第二阶段会议时强调，中国坚持有腐必反、有贪必肃，以零容忍态度惩治腐败。这一表态令人期待，期待中央纪委早日进驻整治彩市。

(资料来源：江苏政府法制网、《中国青年报》)

请回答：

(1)从资料看，为什么土地出让和彩票销售会成为热点问题？

(2)如何使土地出让和彩票等问题不再成为热点？

案例二

环保税真的来了。自从2015年3月5日，李克强总理在政府工作报告中提出“做好环保税立法工作”，环保税的立法推进工作就成了社会各界关注的焦点。环境保护税法从动议到草案出台，已近10年。8月29日迎来了我国环保税立法的历史性一刻：《中华人民共和国环境保护税法(草案)》提请十二届全国人大常委会第二十二次会议审议，财政部部长楼继伟做相关说明。楼继伟在做草案说明时表示，2003～2015年，全国累计征收排污费2 115.99亿元。制定环境保护税法、推动环境保护费改税，有利于从根本上解决现行排污费制度存在的执法刚性不足、地方政府和部门行政干预较多、强制性和规范性较为缺乏等问题。

备受关注的环保税终于浮出水面，一起来看看有哪些值得关注的亮点吧：

第一，现行排污费标准作为税额下限。根据草案，税负方面以现行排污费收费标准作为环保税的税额下限。具体上，草案规定大气污染物税额为每污染当量1.2元，水污染物税额为每污染当量1.4元；固体废物按不同种类，税额为每吨5～1 000元；噪声按超标分贝数，税额为每月350～11 200元。另外，由于目前部分省、直辖市已上调了排污费收费标准，且有的省、直辖市收费标准较高，草案中明确规定，税额标准可以向上浮动。此前，有报道称，环保税税率达到排污费收费标准三倍以上须报国务院批准，三倍以内采用备案制。对于此前争议较大的二氧化碳是否应该纳入环保税的征税范围，楼继伟则表示，二氧化碳征收环境保护税问题暂不纳入征收范围。第二，普通居民不用缴税。草案提出，与现行排污费制度的征收对象相衔接，将征税对象确定为大气污染物、水污染物、固体废物和噪声四类，并直接面向环境排放应税污染物的企业事业单位和其他生产经营者。草案同时规定，向依法设立的污水集中处理、生活垃圾集中处理场所排放应税污染物，无需缴纳环保税，即环保税不向普通居民征收。第三，5 种情形可免税。根据草案，不包括规模化养殖的农业生产、流动污染源、依法设立的城镇污水集中处理和生活垃圾集中处理场所达标排放、符合标准综合利用固体废物五种情形给与免税；对排放应税大气污染物和水污染物的浓度值低于国家或者地方规定的污染物排放标准 50%的减半征税。草案明确指出，对机动车、船舶和航空器等流动污染源排放的应税污染物免税。对此，楼继伟表示，现行税制中已有车船税、消费税、车辆购置税等税种，在推进结构性减税的大环境下，不宜再进一步增加使用成本。第四，环保税将采用“企业申报、税务征收、环保协同、信息共享”的征管模式。纳税人向税务机关申报纳税，对申报的真实性和合法性承担责任；重点监控(排污)纳税人和非重点监控(排污)纳税人将被分类管理；税务机关发现纳税人有申报数据明显不实、逃避纳税等行为的，可提请环保部门审核纳税人的污染物排放情况；环保部门和税务机关建立相关信息共享机制。第五，哪些行业将受影响？财政部副部长朱光耀曾指出，法律出台后，将会对石油、造纸及其他排污性行业造成冲击。也有专家表示，钢铁、水泥、平板玻璃、电解铝、煤化工等产能严重过剩行业在开征环保税后，将受到影响。据了解，截至 2012 年底，已经有 47 个国家开征了环境保护类税种，包括世界主要发达国家以及众多发展中国家，分别对大气污染物、废水排放、固体废弃物、噪声以及二氧化碳排放征税。

（资料来源：北极星环保网）

请回答：

(1)排污费转为环保税的原因是什么？

(2)征收环保税将对化工行业产生什么样的影响？请大胆预测一下。

【翻转课堂任务列表】

1. 梳理本章知识框架，厘清内在逻辑联系。

2. 理解和掌握本章的重点、难点和热点。

3. 完成本章的课后题。

4. 提交一份学习笔记作业，可以是任务列表中的任务，也可以是学习过程中的“亮考帮”等，为课堂讨论和展示提供支撑。作业评价标准为提交、认真和创新三个等级。

【学习实践】

与至亲的人做一场正式的访谈，询问他们最深恶痛绝的政府收费是哪些，分析费改税的任重道远。

第十二章 预 算

【内容导读】

1. 为何学？预算是指国家预算。通过本章的学习，使学习者从理论上明晰预算的基本概念、预算管理制度和预算管理体制，知晓预算的基本知识。实践上看，本章的学习能够使大家对我国分税制的实施有所了解，对我国分税制的进一步改革方向有所把握。

2. 学什么？理解预算概述，了解预算管理制度，理解预算管理体制，掌握我国分税制。

3. 怎么学？预算概述中的重点是零基预算和增量预算，以及预算的原则。预算管理制度以部门预算为核心，配套以政府采购制度、国库集中收付制度、收支两条线制度。预算管理体制注意其主要内容及类型。我国分税制改革仍在不断完善。

【本章重点、难点和热点】

1. 重点：预算管理体制的类型，分税制。

2. 难点：部门预算，政府采购。

3. 热点：增量预算和零基预算，单式预算和复式预算及预算的原则。

第一节 预算概述

一、国家预算的含义

国家预算是政府的基本财政收支计划，是国家的重要立法文件。国家预算的功能首先是反映政府的财政收支状况。

从形式上看，国家预算就是按一定标准将财政收入和支出分门别类地列入特定的表格，可以使人们清楚地了解政府的财政活动，成为反映财政活动的一面镜子。

从实际经济内容来看，国家预算的编制是对财政收支的计划安排或编制财政收支平衡表，预算的执行是财政收支的筹措和使用过程，预算的年终决算则是国家预算执行的总结。所以，国家预算反映国家和政府活动的范围、方向和政策。同时，由于国家预算和决算要经过国家权力机构的审批方才生效，因而又是国家的重要立法文件，体现国家权力机构和全体公民对政府财政活动的监督。

二、国家预算的类别

(一)以预算形式的差别为依据，国家预算可分为单式预算和复式预算

单式预算，是指国家财政收支计划通过统一的一个计划表格来反映；复式预算，则指国家财政收支计划通过两个以上的计划表格来反映，一般分为经常预算和建设预算(或债务预算)。复式预算虽对预算安排和预算分析有一定的意义，但编制和实施比较复杂。

我国新《预算法》第5条确定，预算包括一般公共预算、政府性基金预算、国有资本经营预算、社会保险基金预算。一般公共预算、政府性基金预算、国有资本经营预算、社会保险基金预算应当保持完整、独立。政府性基金预算、国有资本经营预算、社会保险基金预算应当与一般公共预算相衔接。

一般公共预算是对以税收为主体的财政收入，安排用于保障和改善民生、推动经济社会发展、维护国家安全、维持国家机构正常运转等方面的收支预算。中央一般公共预算包括中央各部门(含直属单位)的预算和中央对地方的税收返还、转移支付预算。中央一般公共预算收入包括中央本级收入和地方向中央的上解收入。中央一般公共预算支出包括中央本级支出、中央对地方的税收返还和转移支付。地方各级一般公共预算包括本级各部门(含直属单位)的预算和税收返还、转移支付预算。地方各级一般公共预算收入包括地方本级收入、上级政府对本级政府的税收返还和转移支付、下级政府的上解收入。地方各级一般公共预算支出包括地方本级支出、对上级政府的上解支出、对下级政府的税收返还和转移支付。各部门预算由本部门及其所属各单位预算组成。

政府性基金预算是对依照法律、行政法规的规定在一定期限内向特定对象征收、收取或者以其他方式筹集的资金，专项用于特定公共事业发展的收支预算。政府性基金预算应当根据基金项目收入情况和实际支出需要，按基金项目编制，做到以收定支。

国有资本经营预算是对国有资本收益作出支出安排的收支预算。国有资本经营预算应当按照收支平衡的原则编制，不列赤字，并安排资金调入一般公共预算。

社会保险基金预算是对社会保险缴款、一般公共预算安排和其他方式筹集的资金，专项用于社会保险的收支预算。社会保险基金预算应当按照统筹层次和社会保险项目分别编制，做到收支平衡。

(二)以预算分项支出的安排方式的差别为依据，国家预算可分为增量预算和零基预算

增量预算，指计划财政年度的预算分项支出数是以上年度各该项支出数作为基数，考虑新的财政年度的经济发展情况加以调整之后确定的。它的要点是：逐项确定支出预算，以各项支出上年度的支出数为依据，以人员经费的保障为重点。这种预算安排方法的初衷是控制支出规模，但最终结果则可能是平均分配资金，难以保证重点，导致支出规模的日益膨胀。

零基预算，是指计划财政年度预算分项支出指标的确定，只以对社会经济发展的预测和对当年各部门新增任务的审核为依据，不考虑以前财政年度各项支出的基数。从理论上看，零基预算是完全重新编制年度预算，如同编制一个新的预算一样，但也不能简单地理解为一切从头开始，丝毫不考虑上年的基础。零基预算的明显优点是有利于优化支出结构，提高预算效率，控制预算规模，但要求具备科学的预测和评估方法以及统一的标准，否则也可能与成功失之交臂。

世界各国的预算，无论是单式预算还是复式预算，主要仍采用增量预算法。零基预算事实上还未成为确定的编制预算的一般方法，通常只用于具体收支项目上。我国预算编制长期以来是采取分项增量法，近年来有些省、市试行零基预算法，并取得了一定的成效和经验。

三、国家预算的原则

国家预算管理原则是指国家选择预算形式和体系以及编制国家预算应遵循的指导思想和方针。自国家预算产生之后，就开始了对预算原则的探讨和争论，曾形成了各种各样的思想和主张。时至今日，影响较大并为世界大多数国家所接受的预算管理原则，主要有如下五条：

（一）公开性

如前所述，国家预算反映国家和政府活动的范围、方向和政策，与全体公民的切身利益息息相关，因此，国家预算及其执行情况必须采取一定的形式公之于众，让民众了解财政收支情况，并置于民众的监督之下。

（二）可靠性

每一收支项目的数字指标，必须运用科学的计算方法，依据充分，数据确实，不得假定、估算，更不能任意编造。

（三）完整性

该列入国家预算的一切财政收支都要反映在预算中，不得打埋伏、造假账，国家允许的预算外收支，可以另编预算外收支预算，也应在国家预算中有所反映。

（四）统一性

尽管各级政府都设有各该级财政部门，也有相应的预算，但这些预算都是国家预算的组成部分，所有地方政府预算连同中央预算一起共同组成统一的国家预算。这就要求设立统一的预算科目，每个科目都要严格按统一的口径、程序计算和填列。

（五）年度性

任何一个国家的预算的编制和实现，都要有明确的预算时间的界定，即所谓预算年度。预算年度是指预算收支起讫的有效期限，通常为一年（365 天）。目前世界各国普遍采用的预算年度有两种：一是历年制预算年度，即从每年 1 月 1 日起至同年 12 月 31 日止，我国即实行历年预算年度；二是跨年制预算年度，即从每年某月某日开始至次年某月某日止，中间历经 12 个月，但却跨越了两个年度，如美国的预算年度是从每年的 10 月 1 日开始，到次年的 9 月 30 日止。所谓预算的年度性原则，是指政府必须按照法定预算年度编制国家预算，这一预算要反映全年的财政收支活动，同时不允许将不属于本年度财政收支的内容列入本年度的国家预算之中。

第二节 预算管理制度

一、部门预算制度

（一）部门预算的内容

顾名思义，部门预算就是按部门编制预算，改变过去长期以来按支出功能和收入类别编制预算的做法。部门预算要反映部门的所有收入和支出，既反映一般预算的收入和支出，也反映基金预算的收入和支出；在部门一般预算中既反映预算内收支，也反映预算外收支；在预算内收支中，既反映财政部门直接安排的预算拨款，也反映经济发展委员会、机关事务管理局和科技部门等具有预算分配权的部门安排的资金。总之，部门预算是一种全面反映部门收支活动的预算。

部门的一般预算收入包括部门及所属事业单位取得的财政拨款、行政单位预算外资金收入、事业收入、事业单位经营收入、其他收入等。部门预算改革中所指部门应包括三类：一是开支行政管理费的部门，包括人大、政协、政府机关、共产党机关、民主党派机关、社团机关；二是与财政有直接关系的，由财政拨款的公检法司部门；三是依照公务员管理的事业单位，如气象局、地震局等。

（二）部门预算的背景和意义

长期以来，我国预算主要是按收支性质而不是按部门、单位编制，一个部门或单位需要多种不同性质的经费，如行政、教育、科技、基建投资等，由财政部内部的不同职能司局切块管理，层层进行分配。国务院下属司局、基层单位分别到财政部的相应部门要钱，各有各的渠道，有时还多个渠道要钱。财政部不知道一个部门到底能拿到多少钱，有的部门的负责人也不掌握本单位从财政部到底拿到了多少钱。这种做法使财政部门难以优化配置资源，用钱部门和单位也不能进行统一管理和控制；同时，由于多层次分配，层层留机动，造成预算的随意性，既不利于充分发挥预算资金的使用效益，也不利于立法机构和审计部门对预算的监督。编制部门预算要求各部门必须将本部门所属各司局、各基层单位所需各类不同性质的资金，综合为统一平衡的部门预算，体现预算的完整性和统一性，财政部只按部门的口径，统一审核，批复预算，划拨资金。因此，编制部门预算是加强预算管理和监督的重大措施。

编制部门预算的重要意义在于：(1)编制部门预算，有利于提高国家预算的透明度，全面体现国家预算的公开性、可靠性、完整性和统一性原则，避免预算编制和执行中人为的随意性，防止“暗箱”操作，加强廉政建设。(2)编制部门预算，使预算编制和执行的程序和流程制度化、规范化和科学化，从而提高预算管理水平，有利于财政部门控制预算规模和优化支出结构，有利于使用资金的部门和单位合理使用财政资金，充分发挥财政资金的效益。(3)编制部门预算，使预算细化到部门、项目，有利于各级人大履行立法监督职能，有利于审计部门履行财政审计职能，社会各界也可以清晰地了解预算的编制与执行情况，发挥社会监督作用。(4)编制部门预算，也是贯彻落实“依法治国”方针和规范政府行为的重要措施，实现依法理财、依法行政。

二、政府采购制度

（一）政府采购的含义

政府采购制度是以公开招标、投标为主要方式选择供货商（厂商），从国内外市场为政府部门或所属团体购买商品或劳务的一种制度。政府采购制度是政府有效地利用商业竞争机制，能从市场买到性能最佳和价格低廉的商品和劳务，能节省费用，使公民缴纳的税收和财政支出产生更大的效益。

（二）政府采购的方式

我国2003年1月1日实施的《政府采购法》规定了6种采购方式：公开招标、邀请招标、竞争性谈判、单一来源采购、询价、其他采购方式。政府采购按其是否采取招标可分为招标性采购和非招标性采购。6种采购方式中前两种属于招标方式，其余属于非招标方式。

招标采购方式，是以招标方式邀请所有的或一定范围的供货商参加投标，采购人根据事先确定并公布的标准，从投标者中选出中标供货商。招标采购根据其竞争程度和采购过程的差别，又可分为公开招标采购和限制性招标采购。公开招标是一种无限竞争的招标，由采购机构公开发布招标通告，所有符合条件的供货商都可以参加竞标，具有透明度高、公平高效和广泛竞争等优点，为各国政府采购所广泛采用，一般占政府采购总额的30％～40％。邀请招标是一种限制性招标方式，是因为采购货物和服务的特殊性，只能从有限范围的供货商处采购，或因采取公开采购方式的费用占政府采购项目总价值的比重过大。

非招标采购方式，是采取招标以外的方式进行采购。这是因为采购时间紧急，采购的货物和服务数量有限或采购项目特殊，采取招标方式不符合经济和有效原则，需要采取灵活的方式采购。竞争性谈判方式，是指由于技术复杂，不能确定详细规格或具体要求，或者招标后没有供货商投标，采购人通过与多家供货商谈判，从中确定中标的供货商。单一来源采购方式，是指所采购的货物和服务来源单一，或因专利、首创、合同追加等原因，只能从唯一供货商处采购。询价采购方式，是指采购人向有关供货商（多家）发出询价单，在报价的基础上确定供货商，这种采购方式适用于规格单一、现货货源充足且价格变化幅度小的政府采购项目。

总之，各采购方式的主要区别如下：公开招标，都能生产，价格差异较大；邀请招标，少数能生产；竞争性谈判，几家能生产；单一来源采购，一家生产；询价，都能生产价格还差不多。

（三）政府采购的效益

政府采购制度从三个层面提高财政支出的效益。一是从财政部门自身的角度来看，政府采购制度有利于政府部门强化支出管理，硬化预算约束，在公开、公正、公平的竞争环境下，降低交易费用，提高财政资金的使用效率。二是从政府部门及其采购代理机构角度来看，通过招标竞价方式，从中优选，采购人将尽可能地节约资金，提高所购货物、工程和服务质量。三是从财政部门与采购人及供货商之间的关系角度来看，由于政府采购制度引入了招标、投标的竞争机制，使得采购人与供货商之间的“合谋”型博弈转化为“囚徒困境”型博弈。合谋博弈使政府高价买低质产品，囚徒困境使政府低价买高质产品，政府采购制度大大减少它们之间的共谋和腐败现象，在很大程度上避免了供货商（厂商）和采购人是最大利益者而财政是最大损失者的问题。为了严格执行《政府采购法》，切实达到提高财政资金使用效率的目的，《政府采购法》要求负有编制部门预算职责的部门在编制下一财政年度部门预算时，应当将该财政年度政府采购的项目即资金预算列出，报本级财政部门汇总，部门预算的批审按预算管理权限和程序进行。《政府采购法》规定了每种采购方式的采购程序，要求不论采取哪一种采购方式，都必须严格遵守《政府采购法》规定的政府采购程序。要求采购人及其采购代理机构要组织对供货商履约的验收，大型或复杂的政府采购项目，应当邀请国家认可的质量检测机构参加验收，验收方成员要在验收书上签字，并承担相应的法律责任。

三、国库集中收付制度

（一）国库集中支付制度的含义

我国国库制度改革的最终目标是借鉴经济发达国家实行的“国库单一账户制度”，即实行集中收付制度。目前由于国库收入制度改革的条件尚不成熟，本着先简后繁的原则，第一步先实行集中支付制度，而后再实现国库集中收付制度。

国库集中支付制度，就是对预算资金分配、资金使用、银行清算及资金到达商品和劳务供应者账户的全过程集中进行全面的监控制度。它的要点是：(1)财政部门在国库或国库指定的代理银行开设统一的账户，各单位在统一账户下设立分类账户，实行集中管理，预算资金不再拨付给各单位分设账户保存。(2)各单位根据自身履行职能的需要,可以在经批准的预算项目和额度内自行决定所要购买的商品和劳务,但要由财政部门直接向供货商支付货款,不再分散支付。(3)除某些特殊用途外,购买商品和劳务的资金都要通过国库直接拨付给商品和劳务供货商。集中支付制度并不根本改变各部门各单位对预算资金的支配权和使用权,但由财政部门集中掌握预算资金的支付权,从而可以考核资金的使用是否符合规定而决定是否给予支付,防止滥收滥支的违纪现象,提高资金使用效益。将采购资金直接由国库拨付给商品和劳务供货商,不再通过任何中间环节,财政部门则可以掌握资金的最终流向,杜绝在预算执行中的克扣、截留、挪用等现象,有利于防腐倡廉。

(二)实施国库集中支付制度的背景

过去的国库支付制度是一种分散支付制度,也就是将预算确定的各部门和各单位年度支出总额按期拨付到各部门和各单位在商业银行开设的账户上,由各部门各单位分散支付使用。这种支付制度存在以下缺陷:(1)缺乏严格的预算约束和预算监督机制,容易滋生腐败和寻租等违法和违纪行为。(2)财政资金周转过程中的沉淀资金分散于各部门和各单位,不利于充分发挥财政资金的使用效益。(3)不利于预算管理制度的全面改革。比如,编制部门预算和实行政府采购制度的改革要求与国库支付制度相互配套,如果仍实行分散支付制度,就不可能真正实现前两项改革有关提高财政支出效益的目标。

(三)国库集中支付制度的内容

实行集中支付制度首先要做好准备工作,包括:制定《国库集中支付操作程序》和《国库支付管理办法》;修改《国库条例》及其实施细则、《中国人民银行会计制度》、《国库会计核算办法》、《财政总预算会计制度》等相关财政金融法规;建立支付中心业务和信息处理系统,选择代理国库日常业务工作的商业银行。

其次,建立资金管理方式。一是在中央银行建立国库单一账户体系,相应地在财政部门建立资金账册管理体系,预算资金由中央银行的国库单一账户统一保存和管理,财政部门只给预算单位下达年度预算指标及审批月度用款计划。二是设立"国库集中支付中心",由支付中心根据各预算单位的用款情况和实现的购买活动开具的付款申请,通过国库单一账户直接向供货商支付货款,人民银行国库部门负责国库账户管理、资金清算及监督工作。近年来,我国已经逐步纵向向乡级国库支付制度延伸。

再次,明确集中支付外的辅助支付办法。为了保证预算单位的及时和便利用款,可以允许有几种集中支付外的辅助支付办法。一是工资支付,由支付中心在商业银行开设工资账户,根据同级财政部门下达的工资预算按月将资金从国库单一账户划拨到商业银行的工资账户;商业银行再根据各预算单位开具的职工工资表,将资金拨付到职工个人的工资账户(工资卡)。二是零星支出支付,即预算单位的日常小额经费支出的支付,包括购买一般办公用品、支付差旅费、业务招待费等,由支付中心根据核定的零用金数额,将资金从国库单一账户拨付到在商业银行开设的"零用金付款"账户,并委托商业银行提供小额支票(包括现金支票)和信用卡,由各单位自主支配使用,先支出后报账。三是转移性支出支付由支付中心按核定的资金从国库单一账户直接拨入受款人的银行账户。

四、收支两条线制度

(一)收支两条线的含义

收支两条线管理是针对预算外资金管理的一项改革,其核心内容是将财政性收支(原预算外收支属于财政性收支)纳入预算管理范围,形成完整统一的各级预算,提高法制化管理和监督水平。

从收入方面看,主要是收缴分离,规范预算外收入并减少各部门和单位的资金占压。对合理合法的预算外收入,不再自收自缴,实行收缴分离,纳入预算或实行财政专户管理。取消现行各执收单位自行开设和管理的各类顶算外资金过渡收入账户,改为由财政部门委托的代理银行开设预算外资金财政汇缴专户,该账户只用于预算外收入的收缴,不得用于执收单位的支出。从支出方面看,主要是收支脱钩,即执收单位的收费和罚没收入不再与其支出安排挂钩,单独编制支出预算,交由财政部门审批。因此,收支两条线改革的目标,就是全面掌握预算外收支的全面情况,真实反映部门和单位的财务收支全貌,编制完整可靠的部门预算和政府采购计划,为编制综合预算提供基础条件,从而逐步淡化以至取消预算外资金,实行预算内外统一核算和统一管理。

(二)收支两条线的完善

近年来,收支两条线管理取得了重要进展,地方改革的力度更大,特别是2002年迈出了实质性步伐。首先是33个中央部门率先进行了收支脱钩改革,以前通过预算外资金安排的支出改由财政部门按照综合预定额统筹安排经费,编制综合预算。与此相适应,非税收入收缴制度改革也开始起步,在15个中央部门进行了试点,形成了规范非税收入收缴管理的制度体系。收支两条线管理改革与编制部门预算和国库集中支付制度紧密联系起来,推动了预算管理制度的改革和建设向纵深发展。

第三节　预算管理体制

一、预算管理体制及其类型

(一)预算管理体制含义

预算管理体制是处理中央财政和地方财政以及地方财政各级之间的财政关系的基本制度;预算管理体制是财政管理体制的主导环节,是国家预算编制、执行、决算以及实施预算监督的制度依据和法律依据。

(二)预算管理体制类型

预算管理体制的核心是各级预算主体的独立自主程度以及集权和分权的关系问题。所以,预算管理体制的类型不是按收支划分方法区分,它的主要标志是各级预算主体的独立自主程度,核心问题是地方预算是否构成一级独立的预算主体。按照这个标准,我国先后实行了四种类型的预算管理体制。

我国改革开放前,基本上是实行高度集中的预算管理体制。新中国成立之初国民经济恢复时期实行统收统支体制。这是一种典型的高度集中的预算管理体制,主要收入集中上缴中央金库,地方开支由中央核准,统一拨付,只给地方留下少许机动财力。

1953～1979年20多年时间内基本上是实行“统一领导、分级管理”体制。主要做法是由中央核定地方收支指标,全部收入分为各级固定收入和比例分成收入,凡收大于支的地方上解收入,凡支大于收的地方由中央补助。中央预算另设专项拨款,由中央集中支配。

改革开放后,于1980年开始曾一度实行“划分收支、分级包干”体制,简称财政包干体制。

财政包干体制对原来的体制有重大的突破，是我国预算管理体制的一次重大改革，主要表现在地方预算初步成为责权利相结合的相对独立的一级预算主体。

1994 年以来实行分级分税预算管理体制（在后续内容中重点讲解）。

二、分级分税预算管理体制简介

（一）分级分税预算管理体制含义

分级分税预算体制是实行市场经济国家普遍采取的一种预算体制。西方财政学称之为财政联邦主义，即有关多级财政体制的概念。它的主要特征在于规范化和法制化，长期相对稳定，地方预算构成名副其实的一级预算主体。

（二）分级分税预算管理体制要点

（1）一级政权，一级预算主体，各级预算相对独立，自求平衡。分级分税预算体制也就是多级预算体制。国家立法机关只审批中央预算，地方预算由本级立法机关审批。各级地方预算经常收入由本级税收、收费收入和中央补助组成，以上收入不能满足需要时，允许发行地方债券或向银行借款，自求平衡。

（2）在明确市场经济体制下政府职能边界的前提之下划分各级政府职责（即事权）范围，在此基础上划分各级预算支出职责（即财权）范围。由于各级政府的职责分工明确，各级预算的重点和层次分明，除国防费和外交支出划归中央支出、行政管理费分别由各级本身负担外，一般而言，中央预算以社会保障、社会福利和经济发展为主，地方预算以文教、卫生保健和市政建设为主。对各级政府的投资职责也有明确分工，或由中央、地方分别承担，或由地方承担中央给予补助，或由中央和地方联合投资。

（3）收入划分实行分税制。在收入划分比例上中央预算居主导地位，保证中央的调控权和调控力度。在税收划分方法上，有的按税种划分，各级预算都有本级的主体税种，大宗收入的税种归中央，如增值税、所得税等，地方税种主要是收入弹性小的销售税和财产税；有的对同一税种按不同税率分享，并通过中央的基础税率限制地方税率；有的实行分成或共享制，即属于中央的税种按一定比例分给地方，或者属于地方的税种按一定比例分给中央，双方共享。一般分设国税局和地方税税务部门，分税、分管与分征相结合。

（4）预算调节制度，即所谓转移支付制度。有纵向调节（或纵向转移）和横向调节（或横向转移）两种形式。纵向调节的典型做法是补助金制度，中央从各地征收国税，同时对每个地方给予补助。横向调节是由"富州"直接向"穷州"转移支付，实行地区间的互助式调节，不再通过中央预算。

政府间转移支付是指政府间财力的无偿转移，一般指上级政府对下级政府的无偿补助或拨款，而财力无偿转移的方法、规则和程序则构成政府间转移支付制度。政府间转移支付有纵向财政均衡拨款和横向财政均衡拨款；无条件均衡拨款和专项拨款。无条件均衡拨款是指一旦确定拨款数额以后，无附加条件地归受补助地区自主使用；专项拨款是一种与无条件的均衡拨款相对应的有条件的指定用途的拨款。政府之所以采取转移支付而不是采取减税的形式，其原因在于"粘蝇纸"效应，即指上级政府通过转移支付拨款可以"粘住"接受拨款的一级政府，不会将拨款用于增加个人收入，而是用于提高公共服务水平。转移支付拨款对地方支出的影响相当于给地方增加了一笔收入，这意味着转移支付降低了该地区的税收。这样，就可以反过来说，如果不采取政府转移支付办法，而是采取削减等额税收的办法，则可以达到同样的效果。然而，实证分析证明，情况并非如此。美国经济学家爱德加·格雷利奇的研究成果表明，辖区成员的净收入每增加1美元，可以使地方政府支出增加0.05～0.1美元，而1美元的转移支付拨款可以使地方政府支出增加0.4～1美元。比如，某地方通过政府转移支付得到100亿元，由于政府官员具有政绩的心理倾向，会将80亿元直接用于提高公共物品水平，将20亿元转为个人收入；如果将这100亿元用于减税，直接交给居民个人支配，则可能将70亿元用于增加个人收入，将30亿元用于政府提高公共物品水平，70亿元与20亿元的差距是50亿元。这就是"粘蝇纸"效应。

(5)各国的分级预算体制是适应本国的政治经济制度和历史传统长期形成的，就体制整体而言是相对稳定的，只是集权与分权关系及其相应的调节方法可以经常进行调整。

(三)收支划分的基本理论依据

1. 公共物品的层次性和"外溢性"(经济标准)

在分级分税预算管理体制下，由各级预算主体分级执行财政职能，为提供公共物品提供财力，满足公共需要。公共物品是分层次的：全国性公共物品、地区性公共物品、交叉性公共物品，因而公共物品的层次性、外溢性是划分收支的基本依据之一。

提供公共物品，满足公共需要，首先表现为通过财政支出提供公共服务和公共工程，而在这里区分公共物品层次性的基本标准是它的受益范围，即受益原则。全国性公共物品的受益范围覆盖全国，凡本国的公民或居民都可以无差别地享用它所带来的利益，因而适于由中央政府来提供。区域性和地方性公共物品的受益范围局限于某一地区和某一地方以内，适于由地方政府提供。按受益范围区分公共物品，也是符合资源配置的效率原则的。因为受益地区最熟悉本地区情况，掌握充分的信息，也最关心本地区公共服务和公共工程的质量和成本。从效率原则出发，跨地区的巨大公共工程也属于全国性公共需要。例如，三峡工程建成后，它的经济输电范围延及北京、广州、上海、兰州等广大地区，后续效益将泽及子孙万代，京九铁路工程南北贯通八个省份，如果这类工程由地方举办或由沿库区、沿路的省份联合举办，将会矛盾重重，难以确保工程质量和工程进度，也会提高工程成本。相反，一个地方性水库由中央提供，就不一定能做到因地制宜，符合地方需要。

公共物品和公共需要表现在财政支出上分为若干大类，而每类从总体上属于全国性的是很少的，典型的只有国防和外交之类的事项，多数属于中央与地方以及地方各级之间交叉的。比如教育类，高等教育有全国性大学、地方性大学，中小学则是地方性的。因此，在安排公共物品特别是地方公共物品的布局时，为了提高效率，还必须考虑某些公共物品具有的"外溢性"。所谓外溢性是指公共设施的效益扩展到辖区以外，对相邻地区带来利益或造成损失。水利工程的上游对下游周边地区的外溢性是最典型的例子。显然，全国性公共物品不存在国内的利益外溢，只有地区性和地方性公共物品才存在外溢性问题。从财政上解决外溢性的有效措施就是由主受益地区举办、中央给予补助，或中央与地方联合投资。

应当指出，公共物品的层次性包含两方面的内容：一是从支出角度分析，以受益范围为标准区分的层次性；二是为满足公共需要提供收入来源的层次性。从中央和地方收支运行的结果看总是要对称的，只有收支对称，才能维持财政收支的平衡。从这个意义上说，收入划分受支出划分的制约，也就是受公共需要受益范围的制约。但是，由于各地方的支出需要和收入能力是不对称的，需要靠中央转移支付来调节这种不对称，所以划分收入需要遵循另外的标准。其实，任何国家税制中的多种税种本身就具有明显的层次性，这就是各税种税源的覆盖范围和各税种调节功能的大小。按照这个标准，凡税源普及全国而且流动性大的税种以及调节功能大的税种，应归中央税；凡税源比较固定而且税基较为狭窄的税种，则应划为地方税。显然，这种划分标准也是符合效率原则的。因为将税源广阔而且流动性强的税种划归中央税，如我国的增值税，有利于控制税源，便于在全国范围内交叉稽核，加强稽征管理，防止税收流失；又如，将调节功能强的所得税划归中央税，有利于发挥所得税调节收入分配不公和稳定经济的功能，如果划为地方税，则有可能出现差别税率和变相减免税问题，不利于生产要素的合理流动和公平竞争。将税源比较固定、仅限于某一地区的税种划归地方税，也有利于地方因地制宜，加强征管。另外，为了保证地方有足够的固定收入，不至于过分依赖中央的补助，可设置共享税，即中央税按税率或按收入的一定比例与地方分享。

由于划分收支的标准不同，一般会形成如下分配格局：支出方偏重于地方，收入方偏重于中央，或者说，中央收大于支，地方支大于收。因此，必须由中央通过转移支付弥补地方财政缺口，均衡地区间的差距。

2. 集权与分权关系（政治标准）

公共需要的层次性作为划分收支的标准，是市场经济国家分级预算体制的一般标准，通用于所有市场经济国家。但各国的收支划分是不同的，有的差别还很大，则主要取决于由各国的政治体制和本国国情决定的集权与分权关系。所以，集权与分权关系也是划分收支的基本依据之一。预算管理体制是政治与经济结合的最明显的体现。如果说公共物品的层次性是经济标准，那么集权与分权关系是政治标准。

在人类社会发展的历史长河中，集权与分权关系是不断调整和变化的。合久必分，分久必合，是对这种变化趋势的恰当描述。综观世界各国，集权与分权关系的变化尽管有所不同，但也有其共同性，即始终以集权为轴心，分权则围绕集权进行调整。恩格斯指出，集权是国家的本质、国家的生命基础。没有一个国家可以不要集权，联邦制国家需要集权，丝毫也不亚于已经发达的集权国家。但是，分权也具有客观必然性。这种必然性来源于地方的相对独立的经济利益，也是国家经济职能不断强化的内在要求，也是一种社会进步的标志。集权与分权关系由于各国的政治体制和国情不同而有差别。一般而言，联邦制国家侧重分权，单一制国家侧重集权。集权与分权关系在预算管理体制上体现为中央与地方间收支划分的比例。几乎所有国家，无论是联邦制还是单一制，中央收入均占主导地位，这是共同的，但转移支付后的中央收入或支出的比重则有较大的差别。

第四节　我国的分税制

一、分税制改革的指导思想

我国原来实行的财政包干体制，曾经发挥了一定的积极作用，但已经不适应社会主义市场经济发展的要求，必须尽快改革。国务院决定从 1994 年 1 月 1 日起改革分级包干体制，实行分税制预算管理体制。分税制改革是与工商税制改革同时并行的，两项改革构成社会主义市场经济体制改革的重要内容。1994 年的分税制改革，充分考虑了我国的国情和当时的可能，并借鉴国际通行的分级分税预算管理体制的成功经验，是一种符合我国当时实际的预算管理体制。分税制改革的指导思想是：

（一）合理处理中央与地方的利益关系，逐步提高中央财政收入的比重

既要考虑地方利益，调动地方发展经济、增收节支的积极性，又要适当增加中央财力，增强

中央财政的宏观调控能力。为此,中央要从财政收入的增量中适当多得一些,以保证中央财政收入的稳定增长。

(二)合理调节地区之间的财力分配

既要有利于经济发达地区继续保持较快的发展势头,又要通过中央财政对地方的税收返还和转移支付制度,扶持经济不发达地区的发展和老工业基地的改造。同时,促使地方加强对财政支出的预算约束。

(三)坚持"统一政策与分级管理相结合"的原则

划分税种不仅要考虑中央与地方的收入分配,还必须考虑税收对经济发展和社会分配的调节作用。中央税、共享税以及一些重要的地方税的立法权都要集中在中央,以保证中央政令统一,维护全国统一市场和企业平等竞争。分设国税局和地税局,实行分级征管,中央税和共享税由国税局负责征收,共享税中的地方部分由国税局直接划入地方金库,地方税由地税局负责征收。

(四)坚持整体设计与逐步推进相结合的原则

分税制改革既要借鉴国外经验,又要从本国实际出发。在明确改革目标的基础上,办法力求规范化,但必须抓住重点,分步实施,逐步完善。首先要针对收入流失比较严重的状况,通过分税和分别征管堵塞漏洞,保证财政收入的合理增长。在目前的条件下,先把主要税种划分好,其他收入划分逐步规范化。作为过渡,原体制的补助、上解和有些结算事项继续运转。通过"存量不动,增量调整"的办法,逐步提高中央财政收入的比重,逐步调整地方利益格局。总之,通过渐进式、温和式的改革,先把分税制的基本框架建立起来,在实施中逐步完善。

二、分税制改革的主要内容

(一)中央与地方的事权和支出划分

中央财政主要承担国家安全、外交和中央国家机关运转所需经费,调整国民经济结构、协调地区发展、实施宏观调控所必需的支出以及由中央直接管理的事业发展支出。

地方财政主要承担本地区政权机关运转所需支出以及本地区经济、事业发展所需支出。

(二)中央与地方的收入划分

1994 年工商税制改革后,将现行税制分为中央税、地方税和中央与地方共享税。具体分税方法如图 12—1 所示。

(三)中央财政对地方税收返还数额的确定

税收返还计算公式:$R=C+75\%V-S$

其中,R 是 1994 年税收返还基数,C 是消费税收入,V 是增值税收入,S 是 1993 年中央对地方的下划收入。

税收返还增长计算公式:

$$R_n=R_{n-1}+R_{n-1}\times 0.3\times[(C+75\%V)_n-(C+75\%V)_{n-1}]/(C+75\%V)_{n-1}$$

$$R_n=R_{n-1}(1+0.3r_n)$$

其中,R_n 是 1994 年以后的第 n 年的中央对地方的税收返还;R_{n-1} 是第 n 年的前一年的中央对地方的税收返还;r_n 是第 n 年的"两税"增长率。

(四)分税制的转移支付制度

分税制改革根据中央与地方财政收入的重新划分和关于原体制中央补助、地方上解及有关结算事项的规定,相应地形成了多种形式并存的政府间转移支付制度。除保留了原体制中

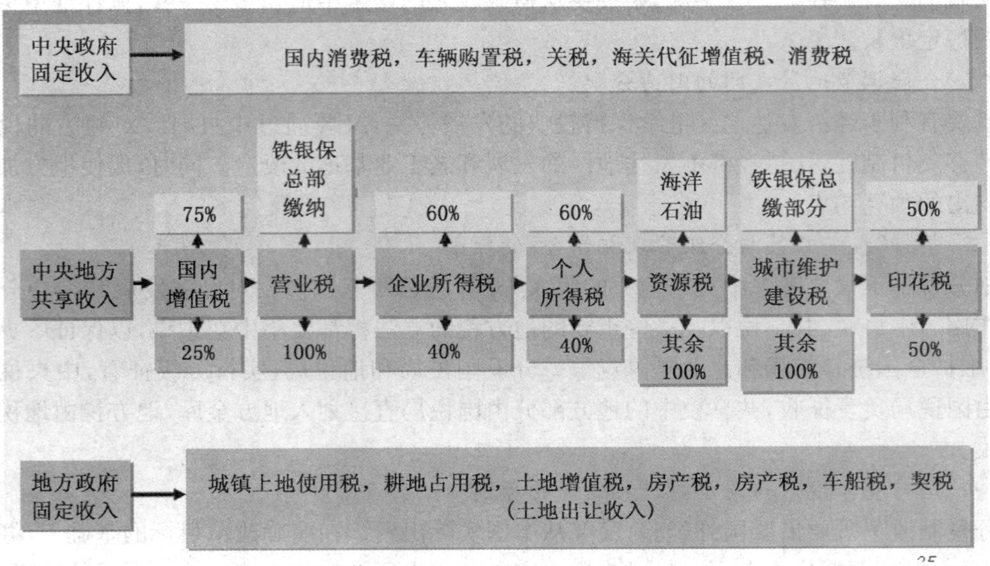

图 12—1　我国分税制税收划分

中央对地方的定额补助、专项补助和地方上解外，新增加了中央对地方的税收返还。此后，为配合国家有关政策的实施，相应地对转移支付进行了调整。

考虑我国地区的实际情况，完全实行规范化、公式化的转移支付制度的条件尚不成熟，因此，从 1995 年起实行过渡时期转移支付办法。基本思路是，从中央财政每年增收的收入中拿出一部分，主要用于对边远的少数民族地区和贫困地区的转移支付，调节这些地区的最低公共服务水平。办法是，借鉴国际通行做法，按照规范和公平的原则，根据客观因素计算确定各地区的标准收入和标准支出，以标准收支的差额作为转移支付的分配依据。计算标准支出选择的客观因素主要有人口、可居住面积、冬天平均气温、平均海拔高度、行政区划个数、都市化程度、学校及学生人数等。计算标准收入选择的主要因素有该地区的 GDP、产业结构、企业规模、企业盈余、职工平均工资及分组等。几年来，转移支付办法不断改进，转移支付金额不断增加。过渡时期转移支付办法在一定程度上调节了地区间最低公共服务水平的差距，更重要的意义还在于对中央与地方之间转移支付制度的规范化进行了实验，也推动了地方各级之间转移支付制度的建设。

从 2002 年开始，过渡时期转移支付的概念不再沿用，其资金合并到中央财政因所得税分享改革而增加的收入中分配，统称为一般性转移支付。一般性转移支付额主要按照各地标准财政收入和标准财政支出差额以及转移支付系数计算确定，凡标准财政收入大于或等于财政支出的地区，不纳入转移支付范围。此外，对难以按统一公式量化但又必须解决的特殊问题，增加特殊转移支付。特殊转移支付的特定条件有三种：一是下级地方发生了非意料中的严重事故，财政支出猛增；二是下级地方出现了非意料中的严重灾难，财政收入突减；三是上级出台的政策制度对下级地方财政收支造成严重影响。特殊性转移支付不是经常存在的，其数量和期限要有专门的法律规范。一些国家把特殊转移支付也称为专项转移支付。各地区标准财政收入由地方本级标准财政收入、中央对该地区的税收返还和财力转移支付构成，地方本级标准财政收入主要根据各税种的税基和税率计算确定，中央对地方的税收返还和财力转移支付（扣除各地区对中央的上解)按财政部核定数确定。各地区标准财政支出主要为该地区行政、公检法标准支出等因素,按人员经费、公用经费和其他经常性支出项目分别计算确定。转移支付系数参照当年一般转移支付总额、各地区标准支出大于标准收入的收支差总额以及各地区财政困难程度确定。对少数民族地区、革命老区、边缘地区,适当提高转移支付系数。

三、分税制的运行情况及其进一步完善

(一)运行情况良好

(1)政府间的财政关系趋向规范。各级政府的收支范围、权限和责任得到进一步明确,税收划分的利益界限趋于明晰,转移支付制度建立。

(2)有利于产业结构的合理调整和资源的优化配置。分税制将消费税划拨中央,营业税划拨地方,增值税为共享税,有效地制约了地方盲目发展烟酒高税率产品生产,鼓励地方发展高效农业和第三产业。

(3)"两个比重"逐步上升(财政收入占国民生产总值的比重和中央财政收入占全国财政收入的比重),中央财力有所增强。

(4)调动了地方组织收入的积极性,促进了地方收入的快速增长,保证了全国财政收入的稳定快速增长。分税制鼓励地方增收的措施得当,通过培养适合营业税的产业和与中央密切的增值税产业的发展,中央和地方的收入都有了保障。

(二)分税制有待完善的问题

(1)进一步明确各级政府的事权范围和各级预算主体的支出职责。这里包含三个层次的内容:一是总体上的政府与市场的关系,也就是政府职能转变问题;二是各级政府事权的划分;三是各级预算主体支出职责(财权)的划分。

(2)逐步调整和规范收入划分。1994 年分税制改革与工商税制改革是同时配套进行的,基本上是按当时税制的税种划分收入,并已形成接近于目标模式的分配格局。但某些收入划分并不符合规范原则,随着经济体制改革的深化,仍需不断调整。分税制与税制是密切相连的,税制调整了,分税及其相应的收入划分也必须随之调整。

(3)完善转移支付制度是进一步完善分税制的重点。实行分税制之后,转移支付制度在不断走向规范和完善,但从运行结果来看,仍然存在两方面的问题:在纵向平衡方面,中央支出的比重不仅没有提高,反而略有下降;在横向平衡方面,转移支付并没有制止地方间公共服务水平差距的扩大。2014 年,全国财政支出为 151 785.56 亿元;中央财政支出为 22 570.07 亿元,占比为 14%。这个数字扣除了税收返还和转移支付之后的数字;地方财政支出为 129 215.49亿元,占比为 86%。

(4)推进省(区)以下转移支付制度的建立和完善。地方税系有待完善,省对下的级次多,因而建立省对下的转移支付制度难点更多,需要的时日更长。

【本章小结】

预算中的复式预算和增量预算是预算的新形式,预算必须遵循预算原则。部门预算是预算管理制度的核心,政府采购制度、国库集中收付制度和收支两条线制度是部门预算的配套制度。预算管理体制分为四种类型,分级分税预算管理体制是目前的最高层次。我国分税制就

是分级分税预算管理体制的具体表现，目前仍存在问题，将持续完善。

【思考题】

1. 辨析题：零基预算就是复式预算。

2. 知识应用题：2016 年吉林省信达交通招标有限公司受吉林化工学院的委托，为吉林化工学院教学建设项目进行国内公开招标。本次招标的项目名称为吉林化工学院教学建设项目，其中第一标段为生物实验教学示范中心建设，采购预算为 300 万元。请结合政府采购制度回答，这种公开招投标的好处是什么？

3. 综合论述题：结合我国经济实际分析，我国分税制应如何进一步改革完善？

【案例分析】

案例一

财政预算，是国家机关、团体和事业单位等对于未来一定时期内的收入和支出的计划。每年“两会”，财政部部长所作的预算报告，都是代表们锁定的“焦点”。政府预算是一本政府公开的“财务大账”：过去的一年收了多少钱？钱投到哪里去了？今年的钱该怎么用？这些钱是不是“取之于民，用之于民”？每年都要接受人大代表的监督和审查。

然而，长期以来，由于财政预算编制较粗，“外行看不懂，内行看不清”，预算的透明度不高，造成了很多部门预算游离在人大监督范围之外。同样，在预算执行方面也不尽如人意，缺乏有效的监督制约办法。对每年人代会批准的财政预算，执行随意性大。由于预算资金没有落实到具体的项目上，造成了执行难的问题。而且，由于各部门申请多、找领导批条子多、临时性支出多，最终变成“一年预算，预算一年”，然后再报人大常委会作出调整预算的决议。

为此，在近年各地的人代会上，代表对财政预算的监督力度明显加大。例如，广东省十届人大二次会议上，代表们对预算中“拨 2 000 万元给机关幼儿园”“事业单位的行政编制外人员每人每年补贴 3.2 万元”等提出了质疑；浙江、四川等省的预算报告也明显加厚，列支项目也更加详尽，以利于人大代表的监督。

（资料来源：搜狐新闻）

请回答：

(1)国家预算应坚持什么原则？

(2)结合所学知识，谈谈如何加快我国财政预算的改革和进步。

案例二

材料 1：

中央国有资本经营预算管理暂行办法

第一章 总 则

第一条 为加强和规范中央国有资本经营预算管理，优化国有资本配置，根据《中华人民共和国预算法》、《中华人民共和国企业国有资产法》等法律和行政法规，制定本办法。

第二条 本办法适用于中央国有资本经营预算的编制、执行、决算、监督检查等预算管理活动。

第三条 中央国有资本经营预算保持完整独立，并与一般公共预算相衔接，应当按照收支平衡的原则编制，以收定支，不列赤字。

第四条 中央国有资本经营预算由预算收入和预算支出组成。

第五条 中央国有资本经营预算应当按照国家宏观经济政策及中期财政规划要求，实行滚动编制。

第六条 本办法适用对象包括纳入中央国有资本经营预算实施范围的中央部门及其监管（所属）的中央企业，以及直接向财政部报送国有资本经营预算的中央企业。直接向财政部报送国有资本经营预算的中央企业包括中国烟草总公司、中国铁路总公司、中国邮政集团公司，国务院及其授权机构代表国家履行出资人职责的国有独资、国有控股、国有参股金融企业（含中国投资有限责任公司）等。

第七条 经法定程序批准的中央国有资本经营预算、决算应当根据有关规定及时向社会公开，涉及国家秘密的除外。

第二章 预算收支范围

第八条 中央国有资本经营预算收入是中央部门及中央企业上交，并纳入国有资本经营预算管理的国有资本收益，主要包括：

（一）国有独资企业按照规定应当上交国家的利润；

（二）国有控股、参股企业国有股权（股份）获得的股利、股息收入；

（三）国有产权（含国有股份）转让收入；

（四）国有独资企业清算收入（扣除清算费用），国有控股、参股企业国有股权（股份）分享的公司清算收入（扣除清算费用）；

（五）其他国有资本经营收入。

第九条 中央国有资本经营预算支出应当服务于国家战略目标，除调入一般公共预算和补充全国社会保障基金外，主要用于以下用途：

（一）解决国有企业历史遗留问题及相关改革成本支出；

（二）关系国家安全、国民经济命脉的重要行业和关键领域国家资本注入，包括重点提供公共服务、发展重要前瞻性战略性产业、保护生态环境、支持科技进步、保障国家安全，保持国家对金融业控制力，推进国有经济布局和结构战略性调整，解决国有企业发展中的体制性、机制性问题；

（三）国有企业政策性补贴。

中央国有资本经营预算支出方向和重点，应当根据国家宏观经济政策需要以及不同时期国有企业改革发展任务适时进行调整。

材料2：化工企业国有资产流失

新华网兰州2009年12月10日电。兰州市中级人民法院10日对一起涉嫌国有公司、企业人员滥用职权导致国有企业8 800万元资金流失案进行了一审宣判。西北永新化工股份有限公司（简称西北化工）原董事长杨德茂、总经理李小文及甘肃德昌投资公司原董事长何俊辉3人被依法判刑。法院审理查明，1999～2001年初，杨德茂、李小文在西北永新化工股份有限公司任董事长、总经理期间，为达到增资扩股的目的，用公司资金进行委托理财活动，期望获取超额利润。在明知国家有关部门禁止和规范有关炒股情况下，委托他人为西北化工理财炒股。为规避1997年5月21日国家证监会等《关于严禁国有公司和上市公司有关炒股的规定》，杨德茂、李小文和西北油漆厂销售处原会计何俊辉等多次与他人商议后成立甘肃德昌投资有限公司，何俊辉担任董事长，将西北化工用于委托理财的资金由该公司进行炒股。后该公司以西北化工资金在银行进行质押担保和委托贷款 1.2 亿元。到起诉时，西北化工用于担保的银行存款尚有 8 800 万元没有追回。法院认为，杨德茂、李小文和何俊辉 3 人身为国有企业工作人员，对国有资产负有经营、管理职责。其间，3 人违规将公司资产用于银行抵押贷款担保或委托贷款，并将贷款变相委托他人用于炒股，造成国有公司严重损失和国家利益遭受特别重大损失，构成国有公司人员滥用职权罪，分别被判处 5 年、4 年和 3 年有期徒刑。

请回答：

(1)请结合资料分析，国有资本经营预算的意义是什么？

(2)结合实际分析，我国预算改革的方向是什么？

【翻转课堂任务列表】

1. 梳理本章知识框架，理清内在逻辑联系。

2. 理解和掌握本章的重点、难点和热点。

3. 完成本章的课后题。

4. 提交一份学习笔记作业，可以是任务列表中的任务，也可以是学习过程中的亮考帮等，为课堂讨论和展示提供支撑。作业评价标准为提交、认真和创新三个等级。

【学习实践】

举办一次模拟招投标会议或慈善拍卖会，采用“次高价”模式进行，分析公开招投标方式在预算制度中的魅力。

第十三章 财政政策

【内容导读】

1. 为何学？财政政策属于财政知识的综合运用。通过本章的学习，理论上能够对财政政策的实施有更深层次的理解；实践上，能够针对相应资料和经济实际作出自己对财政政策的分析。

2. 学什么，理解财政政策概述，了解财政政策的传导和效应，掌握财政政策和货币政策的配合。

3. 怎么学？学习财政政策概述抓住财政政策的目标、工具和类型。财政政策的传导机制和乘数是关注点。财政政策和货币政策的配合应紧密结合 IS-LM 模型来分析。

【本章重点、难点和热点】

1. 重点：财政政策的目标、工具和类型。

2. 难点：政策组合和效力。

3. 热点：传导机制和乘数。

第一节 财政政策概述

一、财政政策的概念

财政收支平衡是指在一定时期内(通常为一个财政年度)财政收入与财政支出之间的等量对比关系。对财政收支平衡的理解应从更多角度深入分析：第一，财政实现平衡是相对的，财政不平衡是绝对的——按数量因素角度分析。收大于支，有结余，即财政顺差；支大于收，有逆差，即财政赤字；收支相等，即财政收支平衡。财政收支绝对平衡为最理想状态，从实际经济运行来看，收入与支出恰好相等的绝对平衡状态是很少见的。第二，静态平衡与动态平衡——按时间因素分析。静态平衡的主要表现是不考虑时间因素，只考察一个财政年度内的收支对比状况。动态平衡则要引进时间因素，考虑年度之间的联系和衔接，研究未来财政收支的发展趋势，研究经济周期对财政的影响以及财政对经济周期的调节作用，以求得一个时期的内在平衡。第三，局部平衡与全局平衡——按研究范围分析。把财政部门看作国民经济的一个部门，财政收支是国民经济货币收支体系中一类货币收支，同其他货币收支，即同家庭部门、企业部门以及对外部门的货币收支有着密切的联系，是相互交织、相互转化的，而且是互补余缺的。财政状况是国民经济运行的综合反映，财政收支是宏观经济的重要指标，财政政策又是宏观调控体系的重要组成部分。第四，中央预算平衡和地方预算平衡——按财政体制分析。我国实行分税制改革，把中央财政与地方财政分开来考察。这样既能反映国家财政收支的全貌，又能够反映中央与地方政府各自收支的对比情况分析。第五，真实平衡与虚假平衡——按赤字反映情况分析。虚假平衡主要表现为由隐性债务和或有债务形成的"财政性挂账"，隐性债务和或有债务构成隐性财政赤字，抵减了当年现实的财政赤字。财政虚假平衡有较大的隐蔽性，会使人们产生一种错觉，即在实际上已存在赤字的情况下，还可能误认为财政状况良好，从而导致决策上的失误。从这一点看，虚假平衡比公开的赤字有更大的危害性。

与财政平衡相对应的是预算赤字，是指在编制预算时在收支安排上就有赤字；与预算赤字相关的概念有决算赤字、赤字政策。决算赤字是指预算执行结果支大于收，出现赤字；赤字政策是指国家有意识地运用赤字来调节经济的一种政策，亦即通过财政赤字扩大政府支出，实行扩张性财政政策，刺激社会有效需求的增长。现实的财政赤字是由结构性赤字和周期性赤字两部分组成的。周期性赤字是由经济周期波动决定的，它体现经济运行对财政平衡的决定作用，是一种内生变量，随着经济周期的波动而增减。结构性赤字是指发生在已给定的充分就业水平(如失业率不超过 4%～－5%)条件下的赤字，也称为充分就业赤字。结构性赤字是由政府财政政策的变量决定的，是一种外生变量，体现财政政策变量对经济的影响。

进而引出来一个重要的概念——财政政策，即指一国政府为实现一定的宏观经济目标，而调整财政收支规模和收支平衡的指导原则及其相应的措施。财政政策贯穿财政工作的全过程，体现在收入、支出、预算平衡和国家债务等各个方面。因此，财政政策是由支出政策、税收政策、预算平衡政策、国债政策等构成的一个完整的政策体系。

二、财政政策主体

财政政策的主体是指政策制定者和执行者，财政政策的主体只能是各级政府，而且主要是中央政府。各级政策主体的行为是否规范，对于政策功能的发挥和政策效应的大小都具有关键性作用。以我国为例，改革开放以前，中央政府处于财政政策制定者的地位，地方政府处于财政政策执行者的地位，两者利益冲突及矛盾较小。改革开放以后，由于经济体制发生了根本性变化，地方政府具有较大的自主权，不仅是一个政策的执行者，也是一个地区的政策制定者。在地方利益的驱动下，地方政府对中央政府的政策态度发生了微妙的变化。一是地方政府的政策抵制行为，有利于地方的政策执行到位，不利于地方的政策消极抵制。二是政策的攀比行为。中央政府对地方的优惠政策往往演变为地方竞相攀比、竞争的浪潮，从而使出于全局考虑的局部优惠政策演变为普遍化、扩大化的优惠政策。

三、财政政策目标

(一)经济的适度增长

适度增长的含义，在我国当前就是落实"五个统筹"，全面贯彻科学发展观。

(1)保持平稳较快的增长。我国仍是一个生产力较低的国家，必须有一个较快的增长速度，同时要注重增长的质量和效益，加快经济结构的战略性调整；要进一步扩大国内需求，调整消费与投资的关系，增强消费的推动力；要保持社会供求总量的基本平衡，避免经济的大起大落。

(2)加快经济增长方式的转变。我国土地、淡水、矿产资源和环境状况对经济发展构成严重的制约，必须把节约资源作为基本国策，发展循环经济，保护生态环境，建设资源节约型、环境友好型社会，促进经济发展与人口、资源、环境相互协调，实现可持续发展。

(3)提高自主创新能力。把增强自主创新能力作为科学技术发展的战略基点和调整产业结构、转变增长方式的中心环节，特别是提高原始创新能力、集成创新能力和引进消化吸收再创新能力。

(4)促进城乡区域协调发展。把"三农"问题作为当前工作的重中之重，推进社会主义新农村建设，促进城镇化健康发展；落实区域发展总体战略，形成中东西优势互补、良性循环的区域协调发展机制。

(5)加强和谐社会建设。以人为本，切实解决关系人民群众切身利益的现实问题，注重经济与社会的协调发展，保持社会安定团结。为促进经济的适度增长，财政政策必须在经济增长的基础上保持财政收入的适度增长，优化支出结构。当前要加大"三农"的投入，促进城乡协调发展；加大教育、卫生、科技和社会保障等各项社会事业的投入，促进经济与社会协调发展；加大转移支付力度，促进地区的协调发展。

(二)物价水平的基本稳定

这是世界各国均在追求的重要政策目标，也是财政政策稳定功能的基本要求。物价相对稳定，并不是冻结物价，而是把物价总水平的波动约束在经济稳定发展可容纳的空间。物价相对稳定，可以具体解释为，避免过度的通货膨胀或通货紧缩。在采取财政措施时，必须首先弄清导致通货膨胀或通货紧缩的原因。如果是由需求过旺或需求不足造成的，则需要调整投资性支出或通过税收控制工资的增长幅度；如果是由结构性摩擦造成的，则必须从调整经济结构着手。总之，物价不稳，对于我们这样一个资源相对短缺、社会承受能力较弱的发展中国家来说，始终是经济发展中的一大隐患。因此，在财政政策目标的选择上必须予以充分考虑。

(三)提供更多的就业和再就业机会

在一些经济发达国家，大量工人失业产生了严重的社会问题和政治问题。降低失业率，实现所谓充分就业，是政府制定政策时首先要考虑的问题，失业率也成为衡量宏观经济的重要指标。失业率和上述两个政策目标——经济增长和价格水平是紧密联系的。在现实生活中，人们要求经济增长率要高，失业率要低，但高产出、低失业会抬高物价和工资水平，通货膨胀率趋向上升。因此，经济增长率、失业率和通货膨胀率往往是制定经济政策的两难选择。西方经济学提出潜在 GDP(或 GNP)和自然失业率的概念。潜在 GDP 是指在保持价格稳定情况下所能生产的最大产出量，即国民经济按潜在产出能力运行时，产出水平高，失业率低，而且价格稳定。潜在 GDP 也称为充分就业产出量。意思是说，在这个产出水平上达到了充分就业。但充分就业水平并不意味着不存在失业，在充分就业水平条件下存在的失业称为自然失业率。自然失业率是与潜在 GDP 相对应的失业率，是价格和工资水平处于均衡状态的失业率，也是经济运行中可以维持的最低失业率。据测算，美国 20 世纪 80 年代后期的自然失业率在 5%～6%。

我国的劳动力就业市场除遵循市场经济的一般规律以外，还具有较强的经济转型期的特征，主要是国有企业改制的下岗职工和农村富余劳动力向城市转移给就业市场带来了巨大的压力。因此，采取各种措施缓解就业、再就业的压力，控制失业率，是当前宏观经济政策的一项重要任务。国家财政建立以职工基本生活保障、失业保险和城市居民最低生活保障为内容的"三条保障线"制度，支持下岗职工上岗培训和农民工的技术培训，实行有利于再就业的税收政策，支持劳动密集型中小企业的发展等，对缓解就业、再就业的压力发挥重要作用。

（四）收入的合理分配

"吃大锅饭"的平均主义分配，抑制了劳动者的生产积极性，不利于经济的发展；收入分配不合理，贫富差距过大，又不利于社会经济的稳定。在社会主义市场经济下，同资源配置机制一样，应使市场分配起决定性作用，同时实施政府的宏观调控。收入分配既要有利于充分调动社会成员的劳动积极性，同时又要防止贫富差距过大，因此，在政策的导向上存在着公平与效率的协调问题。当社会成员的收入差距过大时，则必须重视社会公平，使全体人民共享改革发展成果。通过税收调节缩小收入分配的差距，建立完善的社会保障体系和最低生活保障体系等，是实现收入合理分配目标的有效措施。

（五）社会生活质量的逐步提高

经济系统的最终目标是满足社会全体成员的需要，需要的满足程度不仅取决于个人消费需求的实现，而且取决于社会公共需要的实现。这种社会公共需要的满足，综合表现为社会生活质量的提高。比如，公共安全、环境质量、基础科学研究、普及教育和公共卫生等水平的提高都标志着社会生活质量的提高。财政政策把社会生活质量的提高作为政策目标之一，是因为提高社会生活质量，仅靠市场是远远不够的，还必须依靠政府部门提供足够的高质量的社会公共物品。

四、财政政策工具

（一）税收

税收作为一种政策工具，具有形式上的强制性、无偿性和固定性特征，这些特征使税收调节具有权威性。税收调节作用主要是通过宏观税率和具体税率的确定、税种选择、税负分配、转嫁以及税收优惠和税收惩罚等规定体现出来的。具体体现在：一是确定宏观税率，即税收收入占 GDP 的比重。二是确定税负的分配。政府的税负分配和市场的税收转嫁对于个人和企业的经营活动有重要影响。三是税收优惠与税收惩罚。在正税基础上通过税收优惠和惩罚对经济运行和调节起到影响作用。

（二）公共支出

公共支出主要指政府满足纯公共需要的一般性支出（或称经常项目支出），它包括购买性支出（消费性支出）和转移性支出两大部分。购买性支出包括商品和劳务的购买，它是政府的一种直接消费支出。转移性支出将货币收入从一方转移到另一方，此时，民间的消费并不因此而发生变化。在我国，财政补贴占有重要地位，这不仅因为补贴支出数额大，而且因为财政补贴是我国目前经济体制运转不可或缺的润滑剂。我国经济正在向市场经济转型，新旧体制的摩擦较大，存在诸多利益冲突，而财政补贴的运用则对实现体制的平稳过渡发挥了重大作用。当然，补贴的过快增长也给我国经济与财政带来了沉重的负担，产生了一些消极的影响。财政补贴是一种具有明显"二重性"特征的政策工具，在运用上，必须充分考虑到它的双重作用。

（三）公共投资

政府投资指财政用于资本项目的建设支出，它最终将形成各种类型的固定资产。在市场经济条件下，政府投资的项目主要是指那些具有自然垄断特征、外部效应大、产业关联度高、具有示范和诱导作用的公共设施、基础性产业以及新兴的高科技主导产业。政府的投资能力与投资方向对经济结构的调整起关键性作用。考虑到国民经济基础设施和基础产业的“瓶颈”制约现状，政府投资所产生的效应就不局限于自身的投资效应；作为一种诱发性投资，它可将“基础瓶颈”制约所压抑的民间部门的生产潜力释放出来，并使国民收入的创造达到一个较高的水平。这就是政府投资在“基础瓶颈”条件下所产生的“乘数效应”（见图 13－1）。公共投资使基础产业数量 Y 增加，进而生产可能性曲线 UV 外移，与更高的社会无差异曲线 SW 相切，社会效益增加。

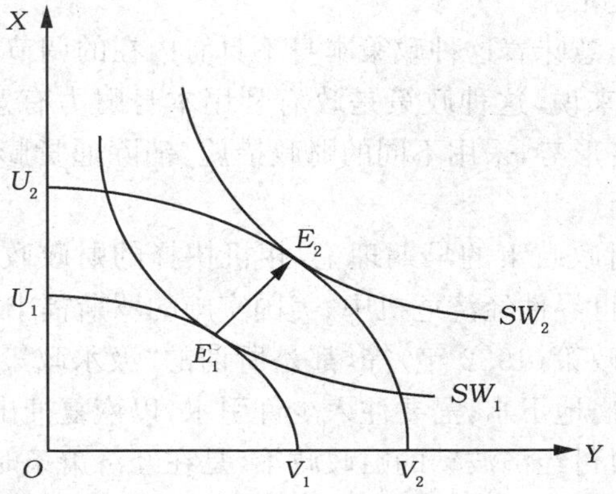

图 13－1　基础产业投资“乘数效应”

（四）国债

国债作为一种财政信用形式，最初是用来弥补财政赤字的，随着信用制度的发展，国债已成为调节货币供求、协调财政与金融关系的重要政策手段。国债的调节作用主要体现在三种效应上：一是“挤出效应”，即由于国债的发行，使民间部门的投资或消费资金减少，从而对民间部门的投资或消费起调节作用。二是“货币效应”，即国债发行引起货币供求变动。它一方面可能使部分“潜在货币”变为现实流通货币；另一方面则可能把存于民间部门的货币转到政府部门，或由于中央银行购买公债而增加货币的投放。由国债发行所带来的货币的一系列变动，统称为“货币效应”。三是“收入效应”。不论是以未来年度增加税收还是以发行新债来偿还，国债持有人在国债到期时，都不仅收回本金而且得到利息报偿。而政府发行国债主要用于社会公共需要，人人均可享用。这样，在一般纳税人与国债持有人之间就产生了收入的转移问题。此外，国债所带来的收入与负担问题，不仅影响当代人，而且还存在着所谓“代际”的收入与负担的转移问题。对这些问题的分析，即所谓收入效应的分析。

五、财政政策类型

（一）根据调节经济周期的作用来划分

1. 自动稳定的财政政策

自动稳定的财政政策，是指这种政策本身具有内在的调节功能，能够根据经济波动情况，无须借助外力而自动地发挥稳定作用。财政政策的自动稳定性主要表现在两个方面：一是税收的自动稳定效应。税收体系，特别是企业所得税和累进的个人所得税，对经济活动水平的变化反应相当敏感。如果当初政府预算是平衡的，税率没有变动，而经济活动出现不景气，国民产出就要减少，这时税收收入也会自动下降；如果政府预算支出保持不变，则税收收入的减少会使预算赤字发生，这种赤字具有一种内在的扩张力量，会“自动”地抑制国民产出的继续下滑。二是公共支出的自动稳定效应。经济学家们一致认为，对个人的转移支付支出是普遍的“自动稳定器”。转移支付支出是指政府为维持居民的最低必要生活水平而提供的失业救济金和最低生活保障金等福利性支出。当国民经济出现衰退时，就会有一大批居民享有失业救济金和低保收入，从而可以使总需求不致猛然下降；当经济繁荣来临时，失业者可重新获得工作机会，政府就可以停止失业救济和低保支出，从而可以抑制总需求的过旺。

2. 相机抉择的财政政策

相机抉择的财政政策，意味着这种政策本身不具有内在的调节功能，需要借助外力才能对经济产生调节作用。一般来说，这种政策是政府利用本身财力有意识干预经济运行的行为。比如，政府根据当时的经济形势，采用不同的财政措施，消除通货膨胀缺口或通货紧缩缺口就属于这种财政政策。

(1)汲水政策。按照财政政策的早期理论，相机抉择的财政政策包括汲水政策和补偿政策。在20世纪30年代的世界性经济危机中，美国实施的罗斯福中霍普金斯计划(1929～1933年)、日本实施的时局匡救政策(1932年)等，都是所谓的“汲水政策”。从字面上看，这种政策就如同水泵里缺水不能抽出地下水，需要注入少许引水，以恢复抽出地下水的功能。按照汉森的财政理论，汲水政策是对付经济波动的财政政策，是在经济萧条时靠付出一定数额的公共投资使经济自动恢复其活力的政策。汲水政策有四个特点：其一，汲水政策是一种诱导经济复苏的政策，是以经济本身所具有的自发恢复能力为前提的治理萧条的政策；其二，汲水政策的载体是公共投资，以扩大公共投资规模作为启动民间投资活跃的手段；其三，财政支出规模是有限的，不进行超额的支出，只要使民间投资恢复活力即可；其四，汲水政策是一种短期的财政政策，随着经济萧条的消失而不复存在。

(2)补偿政策。补偿政策是政府有意识地从当时经济状态的反方向调节景气变动幅度的财政政策，以达到稳定经济波动的目的。在经济繁荣时期，为了减少通货膨胀因素，政府通过增收减支等政策来抑制和减少社会有效需求；而在经济萧条时期，为了减少通货紧缩因素，政府则通过增支减收等政策来增加消费和投资需求，谋求整个社会经济有效需求的增加。

可以看出，汲水政策和补偿政策虽然都是政府有意识的干预政策，但其区别也是很明显的：一是汲水政策只是借助公共投资以补偿民间投资的减退，是医治经济萧条的处方，而补偿政策是一种全面的干预政策，它不仅在使经济从萧条走向繁荣中得到应用，而且还可用于控制经济过度繁荣；二是汲水政策的实现工具主要是公共投资，而补偿政策的载体不仅包括公共投资，还有所得税、消费税、转移支付、财政补偿等；三是汲水政策的公共投资不能是超额的，而补偿政策的财政收支可以超额增长；四是汲水政策的调节对象是民间投资，而补偿政策的调节对象是社会经济的有效需求。

(二)根据调节国民经济总量的不同功能

1. 扩张性财政政策

扩张性财政政策是指通过财政收支规模的变动来增加和刺激社会的总需求。在总需求不足时，通过扩张性财政政策使总需求与总供给的差额缩小以至平衡。扩张性财政政策的载体主要是增加财政支出和减少税收，两者相比，前者的扩张效应更大一些。财政支出是社会总需求的直接构成因素，财政支出规模的扩大会直接增加总需求，增加支出的乘数效应大于减税的乘数效应。减税政策可以增加民间的可支配收入，在财政支出规模不变的情况下，也可以扩大社会总需求。同时,减税的种类和方式不同,其扩张效应也不同。流转税的减税在增加需求的同时,对供给的刺激作用更大,所以,它的扩张效应主要表现在供给方面。所得税尤其是个人所得税的减税,主要在于增加人们的可支配收入,它的扩张效应体现在需求方面。在增加支出与减税并举的情况下,扩张效应虽然更大,但可能导致财政赤字。从这个意义上说,扩张性财政政策等同于赤字财政政策。

2. 紧缩性财政政策

紧缩性财政政策是指通过财政收支规模的变动来减少和抑制总需求,在国民经济已出现总需求过旺的情况下。通过紧缩性财政政策可以消除通货膨胀,达到供求平衡。实施紧缩性财政政策的手段主要是减少财政支出和增加税收。减少支出可以降低政府的消费需求和投资需求,增加税收可以减少民间的可支配收入,降低民间的消费需求和投资需求。所以,无论是减支还是增税,都具有减少和抑制社会总需求的效应。如果在一定经济状态下,增税与减支同时并举,财政盈余就有可能出现。在一定程度上说,紧缩性财政政策等同于盈余财政政策。

3. 中性财政政策

中性财政政策是指财政收支活动对社会总需求的影响保持中性,既不产生扩张效应,也不产生紧缩效应。在一般情况下,中性财政政策要求财政收支保持平衡。在经济政策理论中,一般把通过增加盈余或减少盈余以及增加赤字或减少赤字的形式表现出来的财政政策,称为非均衡财政政策,而以收支均衡的形式表现出来的财政政策,称为均衡财政政策。均衡财政政策的主要目的在于力求避免预算盈余或预算赤字可能带来的消极后果。但是,预算收支平衡或均衡财政政策,并不等于中性财政政策。因为通过支出结构的调整和税收政策的调整,同样可以对经济发挥调节作用,而且平衡预算本身也具有乘数效应。

第二节　财政政策的传导和效应

一、财政政策传导机制

财政政策传导机制就是财政政策在发挥作用的过程中,各政策工具通过某种媒介的相互作用形成的一个有机联系的整体,财政政策发挥作用的过程实际上也就是财政政策工具变量经由某种媒介的传导转变为政策目标变量(期望值)的复杂过程。那么,财政政策主要通过哪些媒介将财政政策工具的作用传导出去?主要的媒介是收入分配、货币供应与价格。财政政策工具变量的改变主要是通过引起上述媒介中间变量的改变来达到预期目标的。这样,政策能否达到预期目标,在很大程度上就与传导机制的作用联系在一起。不注重对政策传导机制的研究,就无法回答财政政策在贯彻执行中的种种效应偏差,并无法解释财政政策体系的整体作用的机理。

(一)收入

让我们来分析财政政策工具变量调整是如何通过收入分配来传导的,它们之间又如何协调。收入分配的范围很广,我们只选择对整个GDP分配影响最大的个人收入分配和企业利润收入分配进行分析。

政策工具变量的调整对个人收入分配的影响,主要体现在改变货币收入者实得的货币收入或使货币收入者的实际购买力发生变化。对于前者,主要是通过对居民个人征税,使其税后收入减少，或通过某种形式的补贴使居民个人的实得收入增加；对于后者，主要是通过货币的升值或贬值来进行调节。居民个人收入的变化会影响其储蓄与消费的行为，并影响劳动者的生产积极性，在一定程度上还可能导致劳动者在工作与闲暇之间重新作出选择。例如，开征消费税直接影响消费支出，开征利息税可能影响储蓄行为；又如，开征个人所得税，当累进税率达到一定高度时，就可能使一部分人在工作与闲暇中重新选择，产生减少工作(或有效工作)时间而增加闲暇时间的替代问题。这样，财政政策通过收入分配这种媒介就会对总产出产生影响。

政策工具变量的调整对企业利润分配的影响，则主要体现在企业税后利润的分配上。比如，我国经济体制改革后，国有企业走向市场，自主经营，自负盈亏，利润成为企业追求的主要目标，税后利润的多少直接影响企业的经营活动和职工的利益。企业所得税直接影响企业税后利润的变化，从而影响企业的生产经营行为，尤其是影响企业的投资行为。对于国有企业来说，国家与企业的利润分配关系不稳定，缺乏规范化和法制化的刚性，往往是导致企业片面追求短期利益倾向的重要诱因，带来诸如盲目生产、重复建设等一系列问题。

总之，在总供求波动的背后，主要是收入因素变动影响，而收入的变动是分配的结果，或者说是利益格局调整的结果，财政政策工具正是通过对利益格局的调整来实现政策的目标值。

(二)货币

政策工具变量的调整是如何影响货币供给的？因为货币供给是社会需求的载体，任何一笔财政收支的增减都必须通过货币供给量这种媒介作用于总需求。比如，当实行赤字政策的时候，不论是增支还是减税，也不论是采取货币化融资还是采取债务化融资，首先都是扩大货币供给量，而后才能达到扩大总需求的目标值的目的。在利率市场化的条件下，财政收支的增减则会影响利率的升降，如果扩大财政支出而不相应地扩大货币供给量，必然迫使利率上升，对民间投资产生挤出效应，这样就达不到总需求的政策目标等。

(三)价格

价格为什么也是财政政策传导的重要媒介？因为许多财政政策工具的作用是通过价格作用体现出来的，或者是与价格相互作用共同发挥调节作用的。比如，长期以来，我国产业部门间的利润率存在着不合理的差异，这种差异是导致产业结构不合理的一个重要原因。调整产业结构从某种意义上讲就是调整利益结构，而部门与行业间的利润率的差别，除了受成本变动等因素影响外，主要与价格政策有关。例如，基础设施的定价偏低，加工工业产品的价格相对偏高，是导致两种行业盈利差别的重要原因，而价格不合理往往是基础设施发展滞后的最关键因素。价格市场化是我国经济体制改革的必然趋势，然而在向市场经济转型中，政府对价格的适度控制仍然是必要的。当然，这种控制主要不是依靠行政手段来管制物价，而是通过经济手段，如在加大基础产业部门政府投资的同时，运用税收、补贴等财政政策工具控制基础产业部门的价格，达到调整产业结构的政策目标。

二、财政政策效应

财政政策效应即财政政策作用的结果，政策是否有效主要看政策执行的结果。一般来说，政策实施能达到预期的目标即为有效；反之，则为效果不佳或无效。但要作出政策是高效还是低效的判断，则不仅要看政策执行的结果，还要分析为达到目标而付出的代价。为此，我们有必要首先讨论政策效应的评价问题。对某项财政政策效应的优与劣作出客观评价，是政策研究中一个十分重要的问题，它可以为决策者的科学决策提供依据。然而，对某项财政政策的效应做准确的评价又是一项十分困难的工作。因为财政政策作用的结果有积极的一面，也有消极的一面，尽管政策的制定者总是在寻求最佳的政策效果，努力减轻或消除消极效果的影响，但是客观经济运行过程的复杂性使政府的预期与实际很难完全相符。

政府为推行某项政策所付出的研究费用、执行费用和补偿费用构成了该项政策的"成本"，而某项政策实施所产生的积极作用则可视为该项政策的"效益"。这样，对政策有效性的评价可以通过政策成本与政策效益的对比分析来进行。即当政策效益大于政策成本时，政策的有效性程度高，反之则低。政策效益实际上也就是政策目标值的实现。一般来说，政策目标值是根据客观经济运行需要规定的，实现政策目标值，财政政策就会产生积极的作用。政策研究费用与执行费用可以用货币单位直接计算；困难在于，对某项政策实施所产生的消极影响难以完全用货币计量，实施某项政策而需给受损者的必要补偿费用或由此带来的社会效益损失难以准确度量。比如，政府为平衡预算，实施一项增加税收的政策。当个人所得税增加时，减少了个人收入，可能使一部分人的劳动生产积极性受影响；当企业所得税增加时，减少了企业的税后利润，也可能降低部分企业的投资热情。对于一个社会来说，这种损失究竟有多大，是难以准确估算的。因此，政策效应评价的关键是在政策效益既定的前提下，确定政策成本最低者为优。上述分析可以归结为一个简单的逻辑表达式：

$$\text{政策的有效性}=\frac{\text{政策的积极作用（实现政策目标产生的效果）}}{\text{政策研究费用}+\text{政策执行费用}+\text{补偿费用（或效率损失）}}$$

这一逻辑表达式说明了分析政策的有效性的思路，即如同分析财政支出效益一样，必须从"成本与效益"的对比中作出判断。当然，政策的"成本与效益"分析较之一般企业的经济效益与成本的比较分析更为复杂。

三、财政政策乘数

从上述分析中已经看到财政政策的经济调节作用，但它的这种作用到底有多大？这就是我们要说明的财政政策乘数问题。

可以依据经济学关于国民收入的决定方程式推导出财政政策乘数。国民收入的决定公式为：

$$Y=C+I+G \tag{13-1}$$

式中，Y 为国民收入；C 为消费支出；I 为私人投资支出；G 为政府购买性支。其中，

$$C=C_a+bY_d \tag{13-2}$$

式中，C_a 为消函数数中的常数，也就是说，人们即使在短期没有收入也要消费，这可能就需要动用原有资产（如储蓄）或借债等；b 为边际消费倾向；Y_d 为可支配收入，即扣除税收（T）后的收入，则

$$Y_d=Y-T \tag{13-3}$$

把式（13－2）、式（13－3）代入式（13－1），可得：

根据以上公式，我们就可以求得简单的财政政策乘数。

$$Y=C_a+b(Y-T)+I+G$$

$$=C_a+bY-bT+I+G$$

$$(1-b)Y=C_a-bT+I+G$$

$$Y=\frac{C_a-bT+I+G}{1-b} \tag{13-4}$$

（一）税收乘数

求式（13－4）对 T 的导数，即可求得税收乘数：

$$\frac{\partial Y}{\partial T}=-\frac{b}{1-b}$$

税收乘数表明的是税收的变动(包括税率、税收收入的变动)对国民产出的影响程度。它的特点和作用是:(1)税收乘数是负值,说明税收增减与国民产出呈反方向变动。(2)政府增税时,国民产出减少,减少量为税收增量的$b/(1-b)$倍。假定边际消费倾向(b)为0.8,则税收乘数为-4。可见,若政府采取减税政策,虽然会减少财政收入,但将会成倍地刺激社会有效需求,有利于民间经济的增长。

(二)购买性支出乘数

求式(13—4)对G的导数,即可求得购买性支出乘数:

$$\frac{\partial Y}{\partial G}=\frac{1}{1-b}$$

购买性支出乘数表明的是购买性支出的变动对国民产出的影响程度。它的特点和作用是:(1)支出乘数是正值,说明购买性支出的增减与国民产出呈正方向变动。(2)政府增支时,国民产出增加,增加量为支出增量的$1/(1-b)$倍。假定边际消费倾向为0.8,则购买性支出乘数为5。(3)同税收乘数相比,支出乘数大于税收乘数的绝对值。这说明,增加财政支出政策对经济增长的作用大于减税政策。

(三)平衡预算乘数

政府在增加税收的同时,等量增加购买性支出,维持财政收支平衡,这种变化对国民产出的影响是怎样的?这就是所谓的平衡预算乘数。计算公式如下:

$$\frac{\partial Y}{\partial T}+\frac{\partial Y}{\partial G}=-\frac{b}{1-b}+\frac{1}{1-b}=1$$

平衡预算乘数说明,即使增加税收会减少国民收入,但若同时等额地增加支出,国民产出也会等额地增加。换言之,即使实行平衡预算政策,仍具有扩张效应,它的效应等于1。

第三节 财政政策与货币政策的配合

一、货币政策简介

所谓货币政策,是指一国政府为实现一定的宏观经济目标所制定的关于调整货币供应的基本方针及其相应的措施。它是由信贷政策、利率政策、汇率政策等政策构成的一个有机的政策体系。在计划经济体制下,货币政策从属于财政政策,独立的作用很小。随着社会主义市场经济体制的转变,银行的从属地位已经改变,在国民经济运行中的作用日益增强。货币政策作为国家经济政策的组成部分,如同财政政策一样,其最终目标与国家的宏观经济目标是一致的。我国货币政策的基本目标是稳定货币。稳定货币是指把货币供应量控制在客观需要的范围内。这就是说,货币供应量不能超过货币的客观需要量,但货币投放量究竟多少为宜,可以在货币需要量所允许的空间内进行选择。稳定货币与发展经济的目标是一致的。货币是发展生产的第一推动力和持续推动力,特别是当潜在的生产要素未被充分利用时,追加货币投放,可以使潜在的生产要素变为现实的生产要素,促进经济的发展。稳定货币与发展经济是互为条件、相互促进的。稳定货币是发展经济的必要条件。我国经济建设的实践证明,没有一个良好的、稳定的货币金融环境，要保持经济的稳定发展是不可能的；但发展经济又是稳定货币的前提，只有经济持续、稳定和协调发展，才能保持货币的稳定。不过，在稳定货币与发展经济之间也会出现矛盾，比如要发展经济，有时需要适度投放货币加以推动，而一旦投放过度，不但与稳定货币的目标相矛盾，而且会干扰经济的正常运行。这种发展经济与稳定货币的矛盾，在我国经济体制改革的过程中曾几度出现。因此，应把稳定货币与发展经济作为一个总体目标来把握，求得两者的最佳结合。

货币政策是借助于货币政策手段发挥作用的。目前，我国中央银行的货币政策手段主要有：(1)中央银行对各商业银行(专业银行)发放贷款。(2)存款准备金制度。即各商业银行(专业银行)要将吸收的存款按一定比例交存中央银行。(3)利率。中央银行根据资金松紧情况确定调高或调低利率。(4)公开市场操作，是指中央银行在金融市场上出售或购入政府债券，特别是短期国库券，用以影响基础货币。(5)贴现政策，是指中央银行通过变动对商业银行(专业银行)所持票据再贴现的再贴现率来调节贷款数量和基础货币量。

货币政策的核心是通过变动货币供应量，使货币供应量与货币需要量之间形成一定的对比关系，进而调节社会的总需求与总供给。因此，如同财政政策的分类一样，从总量调节出发也把货币政策分为扩张性、紧缩性和中性三种类型。扩张性货币政策是指货币供应量超过经济过程对货币的实际需要量，其主要功能是刺激社会总需求的增长；紧缩性货币政策是指货币供应量小于货币的实际需要量，其主要功能是抑制社会总需求的增长；中性货币政策是指货币供应量大体上等于货币需要量，对社会总需求与总供给的对比状况不产生影响。至于具体采用何种类型的货币政策，需要根据社会总需求与总供给的对比状况审慎地作出抉择。

二、财政政策与货币政策相互配合的必要性

在我国，财政与银行信贷是国家从宏观上集中分配资金的两条不同的渠道，两者虽然都能对社会的总需求与总供给进行调节，但在消费需求与投资需求形成中的作用又是不同的，而且这种作用是不可相互替代的。这可以从以下几方面来看两者的不同作用。

(一)两者的作用机制不同

财政是国家集中一部分 GDP 用于满足社会公共需要，因而在国民收入的分配中，财政居于主导地位。财政直接参与国民收入的分配，并对集中起来的国民收入在全社会范围内进行再分配。因此，财政可以从收入和支出两个方向上影响社会需求的形成。在财政收入占 GDP 的比重大体确定，即财政收支的规模大体确定的情况下，企业和个人的消费需求和投资需求也就大体确定了。比如，国家对个人征税，也就相应减少了个人的消费需求与投资需求；国家对企业征税或国家对企业拨款，也就减少或增加了企业的投资需求。银行是国家再分配货币资金的主要渠道，这种对货币资金的再分配，除了收取利息外，并不直接参加 GDP 的分配，而只是在国民收入分配和财政再分配基础上的一种再分配。信贷资金是以有偿方式集中和使用的，主要是在资金盈余部门和资金短缺部门之间进行余缺的调剂。这就决定了信贷主要是通过信贷规模的伸缩影响消费需求与投资需求的形成。至于信贷收入(资金来源)，虽然它对消费需求与投资需求的形成不能说没有影响，但这种影响一定要通过信贷支出才能产生。比如，当社会消费需求与投资需求过旺时，银行采取各种措施多吸收企业、单位和个人的存款，这看起来是有利于紧缩需求的，但如果贷款的规模不作相应的压缩，就不可能起到紧缩需求的效果。

(二)两者的作用方向不同

从消费需求的形成看,包括个人消费和社会消费两个方面。社会消费需求基本上是通过财政支出形成的,因而财政在社会消费需求形成中起决定性作用。只要在财政支出中对社会消费性支出作适当的压缩,减少公共部门的购买力,社会消费需求的紧缩就可以立即见效。而银行信贷在这方面则显得无能为力。个人消费需求的形成则受到财政、信贷两方面的影响。在个人所得税制度日趋完善的情况下,财政对个人消费需求的形成是有直接影响的。而银行主要是通过工资基金的管理和监督以及现金投放的控制,间接地影响个人的消费需求。至于说银行对个人消费需求的形成有直接影响,也主要是体现在城乡居民储蓄存款上。但居民储蓄存款毕竟可以随时提取,因而这种影响的力度就不像财政那样大。再从投资需求的形成看,虽然财政和银行都向再生产过程供应资金,但两者的侧重点不同。在我国现行体制下,根据财政、银行在运用资金上无偿与有偿的不同特点,固定资产投资理应由财政供应资金,而流动资产投资一般由银行供应资金。虽然随着银行信贷资金来源的不断扩大,银行也发放一部分固定资产投资贷款,但银行的资金运用的重点仍是保证流动资金的供应和短期的固定资产投资贷款。从这里也可以看出,财政在形成投资需求方面的作用主要是调整产业结构,促进国民经济结构的合理化,而银行的作用则主要在于调整总量和产品结构。

(三)两者在扩张和紧缩需求方面的作用不同

在经济生活中,有时会出现需求不足、供给过剩,有时又会出现需求过旺、供给短缺。这种需求与供给失衡的原因很复杂,但从宏观经济看,主要是由财政与信贷分配引起的,而财政与信贷在扩张和紧缩需求方面的作用又是有区别的。财政赤字可以扩张需求,财政盈余可以紧缩需求,但财政本身并不具有直接创造需求即"创造"货币的能力,唯一能创造需求、创造货币的是中央银行。因此,财政的扩张和紧缩效应一定要通过货币政策机制的传导才能发生。比如,财政发生赤字或盈余时,如果银行相应压缩或扩大信贷规模,完全可以抵消财政的扩张或紧缩效应;只有财政发生赤字或盈余,银行相应地扩大或收缩货币供给量,财政的扩张或紧缩效应才能真正发生。问题不仅在此,银行自身还可以直接通过信贷规模的扩张和收缩来起到扩张和紧缩需求的作用。从这个意义上说,中央银行的货币政策是扩张或紧缩需求的"总闸门"。

正是由于财政政策与货币政策在消费需求与投资需求形成中具有不同的作用,由此要求财政政策与货币政策必须配合运用。如果财政政策与货币政策各行其是,就必然会产生碰撞与摩擦,彼此抵消力量,从而减弱宏观调控的效应和力度,也难以实现预期的调控目标。

三、不同的政策组合

财政政策与货币政策的配合运用也就是扩张性、紧缩性和中性三种类型政策的不同组合。现在我们从松紧搭配出发来分析财政政策与货币政策的不同组合效应。

(一)松的财政政策和松的货币政策

松的财政政策是指通过减少税收和扩大政府支出规模来增加社会的总需求;松的货币政策是指通过降低法定准备金率、降低利率而扩大货币供给规模。显然,"双松"政策的结果,必然使社会的总需求扩大。在社会总需求严重不足、生产能力和社会资源未得到充分利用的情况下,利用这种政策配合,可以刺激经济的增长,扩大就业,但却可能带来通货膨胀的风险。

(二)紧的财政政策和紧的货币政策

紧的财政政策是指通过增加税收、削减政府支出规模来限制消费与投资,抑制社会的总需求；紧的货币政策是指通过提高法定准备金率、提高利率来压缩货币供给量。这种政策组合可以有效地遏止需求膨胀与通货膨胀，但可能会带来通货紧缩和经济停滞的后果。

（三）紧的财政政策和松的货币政策

紧的财政政策可以抑制社会总需求，防止经济过旺和通货膨胀；松的货币政策在于保持经济的适度增长。因此，这种政策组合的效应就是在控制通货膨胀的同时，保持适度的经济增长。但货币政策过松，也难以制止通货膨胀。

（四）松的财政政策和紧的货币政策

松的财政政策在于刺激需求，对克服经济萧条较为有效；紧的货币政策可以避免过高的通货膨胀率。因此，这种政策组合的效应是在保持经济适度增长的同时尽可能地避免通货膨胀。但长期运用这种政策组合，会积累起巨额的财政赤字。

从以上几种政策组合可以看到，所谓松与紧，实际上是财政与信贷在资金供应上的松与紧，也就是银根的松与紧。凡是使银根松动的措施，如减税、增加财政支出、降低准备金率与利率、扩大信贷规模等，都属于“松”的政策措施；凡是抽紧银根的措施，如增税、减少财政支出、提高准备金率与利率、压缩信贷规模等，都属于“紧”的政策措施。至于到底采取哪一种松紧搭配政策，则取决于宏观经济的运行状况及其所要达到的政策目标。一般来说，如果社会总需求明显小于总供给，就应采取松的政策措施，以扩大社会的总需求；而如果社会总需求明显大于总供给，就应采取紧的政策措施，以抑制社会总需求的增长。

至此，我们的分析还是要把财政政策与货币政策的调节效应放在对社会总需求的影响上，实际上，不管是松的政策措施还是紧的政策措施，在调节需求的同时也在调节供给。同样的道理，在社会总需求大于总供给的情况下，既可用紧的政策措施来抑制需求的增长，也可用松的政策措施来促进供给的增长。因此紧的政策措施和松的政策措施并不是相互排斥的，而是相互补充的。如果从结构方面看，问题就更清楚。在总需求与总供给基本平衡的情况下，也会有一些部门的产品供大于求，另一些部门的产品供小于求；在总需求与总供给不平衡的情况下，同样也会出现有的部门的产品供大于求，有的部门的产品供小于求。这样单纯地采取紧的或松的政策调节，都不可能使部门之间趋于平衡。因此，还要从结构失衡的具体情况出发，采取或紧或松的政策措施加以调节。由此可见，当我们运用财政政策与货币政策来实现宏观经济的调控目标时，不能只看到需求的一面，还要兼顾供给的一面。当然也要看到，采取紧的政策措施在压缩需求方面可以迅速奏效，而采取松的政策措施在增加供给方面往往要经历一个过程才能见效。

四、财政政策与货币政策的相对效力

（一）财政政策的效力

财政政策的效力可用图 13－2 来说明。

IS：投资对利率的弹性，LM：货币需求对利率的弹性。

IS 右移：国民收入增加→货币需求增加→货币供给不变→r 增加：IS 平缓，I 减少得多，财政政策弱：IS 陡峭，I 减少得少，财政政策强。

IS 右移：国民收入增加→货币需求增加→货币供给不变→r 增加：LM 平缓，r 增加得小，I 减少得少，财政政策效力强；LM 陡峭，r 增加得大，I 减少得多，财政政策效力弱。

（二）货币政策的效力

货币政策的效力可用图 13－3 来说明。

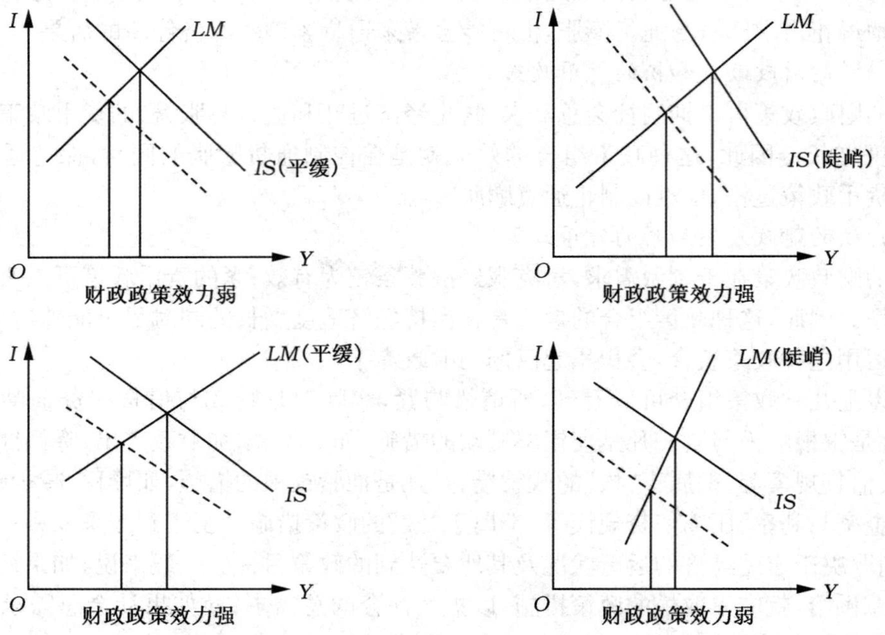

图 13—2 财政政策效力

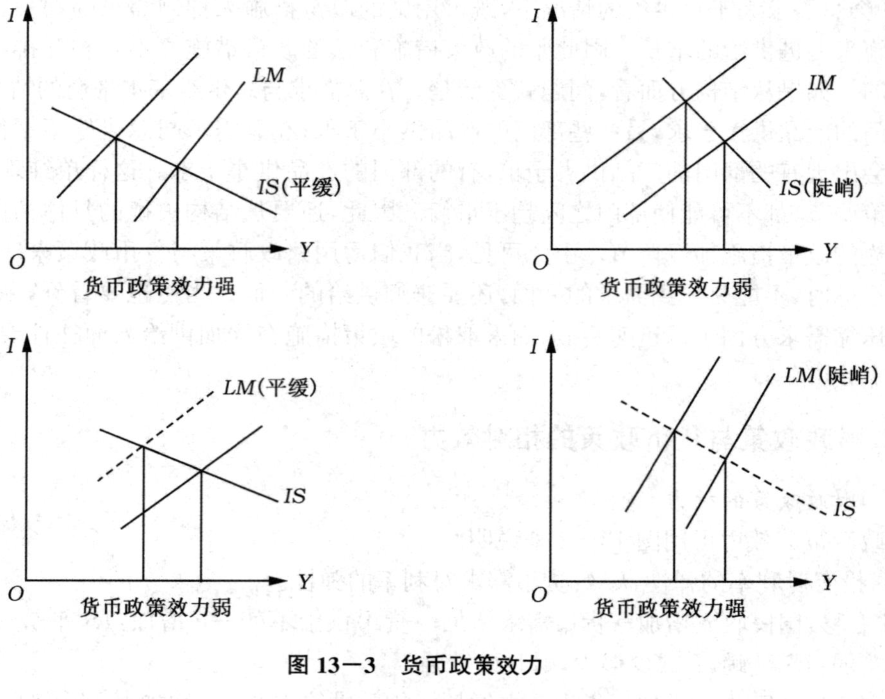

图 13—3 货币政策效力

IS:投资对利率的弹性,*LM*:货币需求对利率的弹性。

LM 右移:货币供给增加,*r* 下降:*IS* 平缓,*I* 增加得多,货币政策效力强;*IS* 陡峭,*I* 增加得少,货币政策效力弱。

LM 右移：货币供给增加，r 下降：LM 平缓，货币需求增加得大，r 下降幅度小，I 增加得少，货币政策效力弱；LM 陡峭，货币需求增加得小，r 下降的幅度大，I 增加得多，货币政策效力强。

五、财政政策与货币政策的时滞

经济学家认为，良好的经济政策不仅是单纯的政策配合问题，还要把握运用政策的时机，即还要考虑政策时滞问题。从相机抉择的财政政策来说，财政政策的实施一般会存在下列五种时滞，依次为：认识时滞、行政时滞、决策时滞、执行时滞和效果时滞。

认识时滞，是指从经济现象发生变化到决策者对这种需要调整的变化有所认识所经过的时间，这段延迟时间的长短，主要取决于行政部门掌握经济信息和准确预测的能力。行政时滞也称为行动时滞，是指财政当局在制定采取何种政策之前对经济问题调查研究所耗费的时间。这两种时滞只涉及行政单位而与立法机构无关。也就是说，这两种时滞只属于研究过程，与决策单位没有直接关系，经济学家称之为内在时滞。内在时滞的长短，一方面取决于财政当局收集资料、研究情况所占用的时间以及采取行动的效率；另一方面取决于当时的政治与经济目的，尤其是在希望实现的目标较多的情况下，必须对政策目标的优先顺序进行选择。

与内在时滞相对应的是外在时滞。外在时滞，是指从财政当局采取措施到这些措施对经济体系产生影响的一段时间。主要包括三种时滞：(1)决策时滞，是指财政当局将分析的结果提交立法机构审议通过所占用的时间；(2)执行时滞，是指政策议案在立法机构通过后交付有关单位付诸实施所经历的时间；(3)效果时滞，是指政策正式实施到已对经济产生影响所需要的时间。这三种时滞与决策单位发生直接关系，而且直接影响社会的经济活动，故称为外在时滞。由于经济结构和经济主体的行为具有不确定性，很难预测，因此，外在时滞可能会更长。

货币政策的操作或多或少地同样存在着上述五种时滞。就财政政策与货币政策的时滞长短比较而言，内在时滞只涉及经济问题的发现与对策研究，这对财政政策和货币政策来说，大体一致。因此，就内在时滞而言，无法确定这两种政策孰优孰劣。但是，就外在时滞来说，财政政策与货币政策的优势比较就较为明显。一般而言，财政政策的决策时滞较长，因为财政政策措施要通过立法机构，经过立法程序，比较费时；相比之下，货币政策可由中央银行的公开市场业务直接影响货币数量，时滞比较短。就执行时滞来看，财政政策措施在通过立法之后，还要交付给有关执行单位具体实施；而货币政策在中央银行决策之后，可以立即付诸实施。所以，财政政策的执行时滞一般比货币政策要长。但是，从效果时滞来看，财政政策就要优于货币政策。由于财政政策工具可以直接影响社会的有效需求，从而使经济活动迅速作出有力的反应；而货币政策主要是影响利率水平的变化，通过利率水平变化引导经济活动的改变，不会直接影响社会有效需求。因此，财政政策的效果时滞比货币政策要短。总之，就时滞方面来看，很难比较财政政策与货币政策的有效性。在研究这两种政策的时滞问题时，一定要根据不同的客观经济环境和不同政策的各种时滞加以比较，才能作出正确判断，选择有效的政策措施。

【本章小结】

财政政策是利用财政工具实现财政目标的一种经济调节方式，具有不同的类型。收入、货币、价格是财政政策的传导介质，乘数效应可具体给出量化标准。财政政策和货币政策可根据经济形势进行不同的组合，各自的效力也不相同，通过IS—LM模型可进行具体分析。

【思考题】

1. 辨析题：平衡预算乘数告诉我们，平衡预算政策对经济起不到扩张作用。

2. 知识应用题：央视在"双节"（国庆节、中秋节）前期，推出《走基层百姓心声》特别调查节目"幸福是什么"。央视走基层的记者们分赴各地采访了包括城市白领、乡村农民、科研专家、企业工人在内的几千名各行各业的工作者。请结合财政政策目标分析，"你幸福吗"这个提问如何体现财政政策目标？

3. 综合论述题：结合我国经济实际，我国财政政策应该重点使用哪个（些）财政工具？为什么？

【案例分析】

案例一

2012年3月，在十一届全国人大五次会议上，温家宝总理在政府工作报告中指出，继续实施积极的财政政策，保持适度的财政赤字和国债规模。今年拟安排财政赤字8 000亿元，赤字率下降到1.5%左右，其中中央财政赤字5 500亿元，代发地方债2 500亿元。8 000亿元的财政赤字规模，究竟处于一个什么样的水平？在一些西方发达国家纷纷陷入"主权债务危机"的国际背景下，这一赤字对中国当前的经济发展又意味着什么？从理论上看，财政赤字是财政支出大于财政收入而形成的差额，由于会计核算中用红字处理，所以称为财政赤字。这是一种世界性的财政现象，它反映着一国政府的收支状况，是财政收支未能实现平衡的一种表现。一国政府扩大财政支出规模、增加财政赤字，正是积极财政政策发力的体现。从我国实际情况看，在亚洲金融危机中，我国曾成功运用增发国债、增加赤字的办法来刺激经济增长。而在本轮积极财政政策实施之前，2003年曾创造历史最大规模赤字，为3 198亿元。但随着2008年国际金融危机全面爆发，包括中国在内的许多国家都启用了增加赤字的"扩张性"调控政策。一连串的数字变化，可以看出我国的财政赤字随着积极财政政策的实施，开始大幅攀升。2009年，中国财政赤字规模增至9 500亿元，到2010年，财政赤字更是突破万亿元，达到10 500亿元，创下新中国成立以来的最高赤字纪录。之后，随着全球经济形势变化和中国积极财政政策作用的发挥，2011年财政赤字降至8 500亿元。本次政府工作报告提出了8 000亿元的赤字规模，尽管这一数字较前几年有所下降，但与更早时间相比，绝对量上依然很大，意味着积极财政扩张力度依然强劲。赤字率是指财政赤字占国内生产总值的比重，是衡量财政风险的一个重要指标。按照国际标准，赤字率3%通常视为财政安全线。从政府工作报告看，今年预算的赤字规模，赤字率只有1.5%左右，远低于国际上认为的"警戒线"。

2014年3月5日，第十二届全国人民代表大会第二次会议听取国务院总理李克强作政府工作报告，审查计划报告和预算报告。李克强说道："实现今年经济社会发展的目标任务，要把握好以下原则和政策取向。第一，向深化改革要动力。……第二，保持经济运行处在合理区间。完善宏观调控政策框架，守住稳增长、保就业的下限和防通胀的上限，继续实施积极的财政政策和稳健的货币政策。今年拟安排财政赤字13 500亿元，比上年增加1 500亿元，其中中央财政赤字9 500亿元，由中央代地方发债4 000亿元。财政赤字和国债规模随着经济总量扩大而有所增加，但赤字率稳定在2.1%，体现了财政政策的连续性。”

（资料来源：《金融时报》、新华网）

请回答：

(1)从资料来看，什么是财政赤字？我国两届政府实施赤字财政的原因是什么？

(2)结合资料及所学知识，我国积极的财政政策想要实现的目标有哪些？你认为应该如何具体使用税收、公共支出、政府投资、国债等相关财政政策工具才能实现我国财政政策的目标？（可全面讨论，也可围绕一点深入阐述）

案例二

华昌化工再收1 518万元政府补贴：华昌化工2016年12月6日晚间发布公告，称公司收到节能技术改造财政奖励资金1 518万元。公告显示，2012年度，根据发改委相关通知，华昌化工原料结构调整技术改造项目符合政策规定并获得了财政奖励。2012年9月，首期财政奖励资金3 528万元划拨到账；2016年度经政策清算，项目奖励资金总额为5 046万元，12月5日剩余财政奖励资金1 518万元划拨到账。华昌化工表示，根据相关规定，上述奖励资金属于与资产相关的政府补助，应在项目投产后分10年摊销、确认当期收益。上述项目已于2015年4月建成投产，经计算受该笔财政奖励资金影响，2016年度将确认当期税前收益（利润）约为515.44万元。

中央定调2017年实施积极财政政策：2016年12月16日，一年一度的中央经济工作会议明确了2017年继续实施积极财政政策，且财政政策要更加积极有效，预算安排要适应推进供给侧结构性改革、降低企业税费负担、保障民生兜底的需要。上海财经大学公共政策与治理研究院院长胡怡建对《第一财经》记者分析，2017年财政政策力度或继续加大，财政赤字会增加，很可能突破3%。中国社会科学院财经战略研究院研究员杨志勇也表示，在经济下行压力下，2017年财政赤字率很可能突破3%，赤字率将在3%～4%。渣打银行大中华区首席经济学家丁爽则预测，明年预算内的财政赤字率会定在3.5%左右。近些年经济下行压力较大，中央一直采用积极财政政策，而且力度越来越大。根据年初预算，2016年财政赤字规模提至21 800亿元，财政赤字率提至历史最高的3%。

（资料来源：腾讯财经）

请回答：

(1)我国2017年为什么要实施积极财政政策？

(2)政府给予华昌化工的1 518万元政府补贴是基于什么样的考虑？对化工企业起到什么样的作用？

【翻转课堂任务列表】

1. 梳理本章知识框架，厘清内在逻辑联系。
2. 理解和掌握本章的重点、难点和热点。
3. 完成本章的课后题。
4. 提交一份学习笔记作业，可以是任务列表中的任务，也可以是学习过程中的“亮考帮”

等，为课堂讨论和展示提供支撑。作业评价标准为提交、认真和创新三个等级。

【学习实践】

做一次访谈，询问10位被访问者对“中国梦”的理解，分析财政政策如何助力实现“中国梦”。

参考文献

1. 陈共．财政学(第8版)．北京:中国人民大学出版社 2015.
2. 盖锐．财政学(第2版)．北京:北京大学出版社,2015.
3. 邓子基,陈工,林致远．财政学(第4版)．北京:高等教育出版社,2014.
4. 唐祥来,康锋莉．财政学．北京:人民邮电出版社,2013.